创新驱动中国

中国经济转型升级的新引擎

[美] 叶恩华（George S. Yip）[澳] 布鲁斯·马科恩（Bruce McKern）著
陈召强 段莉 译

中信出版集团 · CHINACITICPRESS · 北京

图书在版编目（CIP）数据

创新驱动中国 /（美）叶恩华，（澳）马科恩著；陈召强，段莉译. -- 北京：中信出版社，2016.7

书名原文：CHINA'S NEXT STRATEGIC ADVANTAGE

ISBN 978-7-5086-6210-7

I. ①创… II. ①叶… ②马… ③陈… ④段… III. ①企业创新－研究－中国 IV. ①F279.23

中国版本图书馆CIP数据核字（2016）第102181号

创新驱动中国

著　者：[美]叶恩华　[澳]布鲁斯 · 马科恩
译　者：陈召强　段　莉
策划推广：中信出版社（China CITIC Press）
出版发行：中信出版集团股份有限公司
（北京市朝阳区惠新东街甲4号富盛大厦2座　邮编　100029）
（CITIC Publishing Group）
承 印 者：北京通州皇家印刷厂

开　本：880mm×1230mm　1/32　印　张：12.75　字　数：210千字
版　次：2016年7月第1版　印　次：2016年7月第1次印刷
京权图字：01-2016-3349　广告经营许可证：京朝工商广字第8087号
书　号：ISBN 978-7-5086-6210-7
定　价：58.00元

服务热线：400-600-8099
投稿邮箱：author@citicpub.com

献给吴珍和朋友们

CHINA'S NEXT STRATEGIC ADVANTAGE

目 录

第一章　中国的创新驱动力

第二章　中国企业的创新模式

第三章　中外企业的创新差异

第四章　跨国公司在华创新行动

第五章 跨国公司在华创新组织方式

第六章 中国的开放式创新

CHINA'S NEXT STRATEGIC ADVANTAGE

第一章

中国的创新驱动力

苏颂设计的时钟，某种意义上就如同 11 世纪的苹果手机，表明过去的中国在创新方面是世界领先的。现在中国企业不断涌现出的渐进式创新预示着未来将会出现更加激烈和无序的竞争。

公元11世纪，在北宋都城汴京（今河南开封），人们可以看到世界上最先进的新技术应用。这是一个13米高的时钟，不仅可以报时，而且还可以显示天文测绘结果。这个由优秀学者、政治家、科学家和博学者苏颂设计的装置，以水为动力，采用链传动结构和先进的擒纵机构，技术上远超当时欧洲的任何一种装置。

苏颂的时钟只是中国早期的众多发明之一：中国发明的铸铁和炼钢技术比欧洲早1 000多年。在14世纪之前，中国的发明还包括水利工程、铁犁、肥料、手推车、马轭和兽医等农业技术。中国人还发明了纸、炸药、漆、医药、活字印刷，以及罗盘和装备有浮力舱、方向舵及机动帆的船只等先进航海设备。[1]

不知是何种原因，中国的创新能力在14世纪之后开始趋

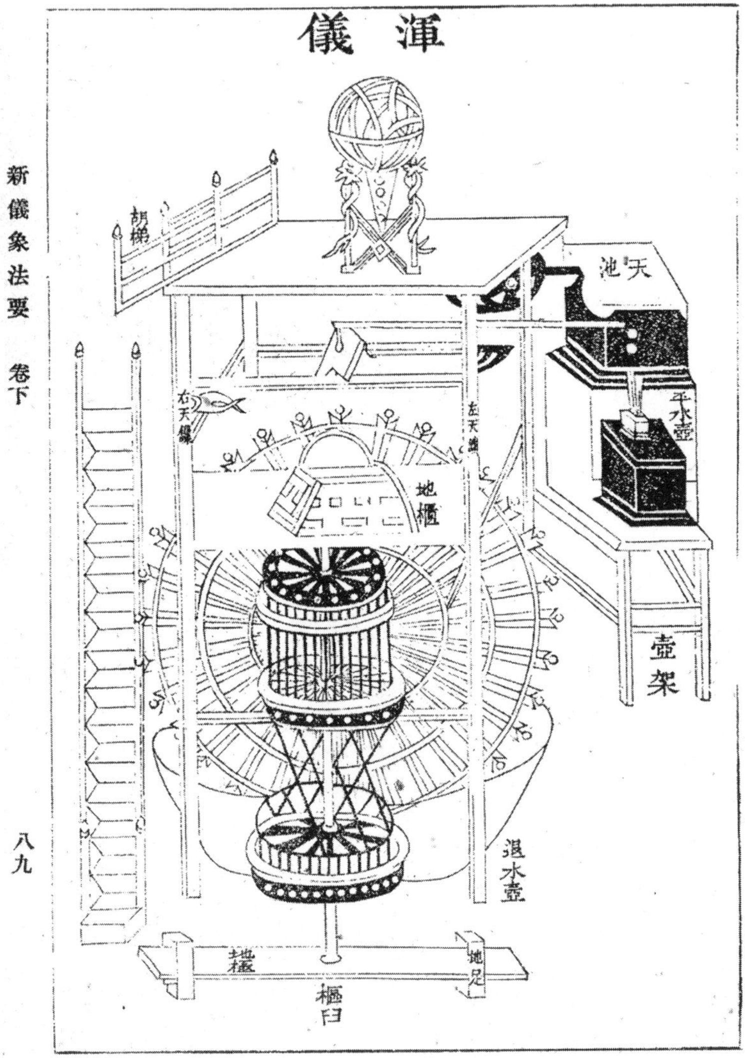

图 1.1　苏颂设计的天文钟，建于公元 1094 年

资料来源：李约瑟，《中国科学技术史》，第 4 卷（台北：敦煌书局，1986 年）。图片由剑桥大学李约瑟研究所东亚科学史图书馆提供。

弱。然而，当下的中国不仅决意追上西方，而且还决意重建其在技术创新领域的前沿优势。在本书中，我们描述了两种驱动中国创新浪潮的力量。一种是基于需求的驱动力量——中国亟须解决经济快速发展造成的无数国内问题。另一种是基于中国公司新战略方向的驱动力量：涉足国际市场，进军竞争激烈的高价值、高利润领域，并通过不断创新，赶超全球公司。

目前，这种新的驱动力量主要通过并购成功的西方公司来实现，意在获取它们的品牌、技术和市场。

本书概述

当下，西方公司的每一位高管都需要了解源于中国的、将会席卷西方市场的创新浪潮。中国公司的管理人员也需要了解创新在其公司发展和崛起中所扮演的角色。我们认为，这是全球经济前所未有的一个挑战，比 20 世纪 70 年代来自日本的挑战更大，持续时间也更长。我们还认为，应对这一挑战的唯一方式就是融入中国的生态系统。那些尚未进入中国的公司也需要了解这种新现象，因为它会影响到原本被视为避风港的本土市场。我们通过翔实的证据展示了中国创新能力的迅速提升，并向首席执行官提供了相关战略建议，即通过在中国开展创新活动应对这种挑战，当然这种创新也是为了争夺中国市场乃至世界市场。

什么是创新？《奥斯陆手册：创新数据的采集和解释指南》（经济合作与发展组织/欧洲共同体，2005年）提供了一个可用的定义：创新是指在商业实务、工作场所组织或外部关系中，推出的新的或有显著改善的产品（货品或服务）、流程、新的营销方法或新的组织方法。在本书中，我们采用了同样宽泛的创新定义。我们认为，创新是以具有商业价值的产品、流程、服务或商业模式等形式实践的新理念。虽然创新有时被认为只与世界范围内新理念的商业化有关，但我们的定义也包括（如同《奥斯陆手册》中的定义）国家或公司范畴内的新理念，而这些理念在世界范围内未必是新的。该定义既包括现有产品、流程或服务的改善，也包括向新的用户群体或客户群体提供相关产品、流程或服务。事实上，在对中国境内公司的研究中，我们确定了8种不同的创新模式，这会在第二章中做详细描述。

在本书中，我们详细讨论了中国创新能力的提升，并从四个因素方面描述了中国创新型公司的发展。为便于表述，我们将这四个因素称为“4C”。这四个因素可以归为两类：一类是客户（Customer）和文化（Culture）（从宏观层面解释了中国创新生态系统的发展，同时也解释了中国公司成长的前两个发展阶段，下文会详述），另一类是能力（Capabilities）和现金（Cash）（解释了在第三阶段及最新发展阶段进入全球市场的中国公司的竞争力）。在后面的章节中，我们会对4C框架进行详细描述。这里只是做简单介绍，图 1.2 为概括示意图。

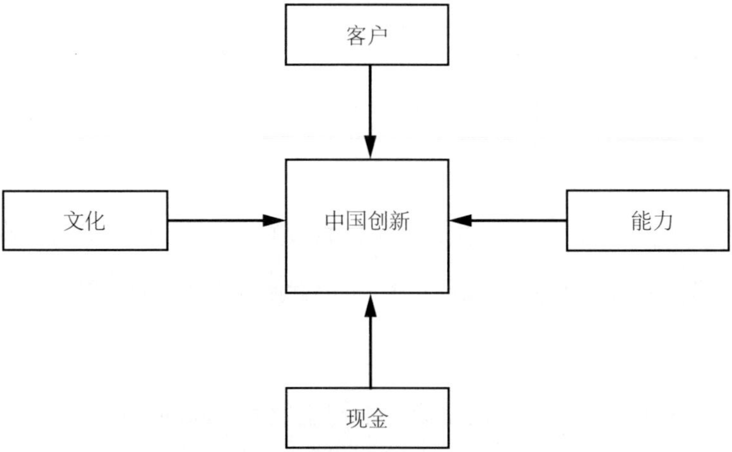

图 1.2　中国创新的四个驱动因素

客户是指中国公司在规模庞大和充满活力的中国市场中所获得的对客户的深刻理解。这种强大的力量对中国企业的快速成长及其竞争强度的提升起着基础性作用。关于这一点，我们会在第二章和第三章中论述。

文化不仅包括中国企业领导者的创业驱动力和愿景，也包括中国政府的远大抱负，即通过持续投资，建立国家创新体系，实现技术自主。中国政府旨在建立资助创新生态系统的宏大战略以及其他支持性战略，对中国企业通过创新满足客户需求起到了很大的帮助作用。我们会在本章详细论述这一战略及其影响。在第六章讲开放式创新时，我们还会谈到该战略。

客户和文化这两个因素解释了中国企业发展的前两个阶段，下文将会详述。但现在，中国企业已经进入到第三个成长阶段，而在该阶段，它们将会从寻求新资源转向寻求新知识。这个阶段与知名跨国公司的经历似乎是完全相悖的。在进入新市场时，跨国公司具有源于经验的竞争优势。对于后起的中国企业，在中国之外的市场面临知名跨国公司竞争者时，它们可以运用何种优势？

在第二章中，我们讨论了中国企业的创新能力，并以特别成功的公司为例进行了说明。在第三章中，我们解释了中国企业管理能力和创新能力的来源，详述了其与西方公司的十个不同之处。中国企业在国内的盈利能力为它们提供了进军国外市场的资金，而政府也提供了相应支持，这种扩张方式与传统跨国公司是不同的。

4C的威力有多大？跨国公司能否学到中国企业在其本土市场的成功经验？它们能否将这些经验运用到中国市场？我们认为它们能够做到，而要想做到这一点，它们必须参与中国的创新生态。在第四章中，我们详细讨论了在华跨国公司创新活动的演变：从成本驱动型研发到市场驱动型和知识驱动型研发。我们认为，时下外国公司必须把中国视为先导市场，在这个市场，它们是不能缺席的。它们需要进入中国市场，不仅要为日益成熟的中国消费者提供商品和服务，而且还要利用中国本土快速增长的知识和技术。通过参与这一生态系统，并植根于中国新知识的创造，它们就可以抓住中国乃至世界市场的机会。但同时，它们也需要有效的组织方式。在第五章，我们着重讨论了这一重要问题，并描述了跨国公司在华组织创新活动以增强其全球竞争力的方式。

在第六章，我们着重论述了中国企业中存在的一种普遍现象，而这种现象在已进入中国市场的跨国公司中也越来越常见：开放式创新。对中国企业来说，这种自然出现的开放式创新还处于初始阶段，但为了开展这种创新活动，很多中国企业现在都已经建立了综合平台。开放式创新为中国企业和跨国公司获取创意和技术提供了一个至关重要的平台，而在中国，这类创意和技术随时都会出现。不过，对跨国公司来说，在走进中国创新生态系统时，要特别注意知识产权的保护问题。在第七章中，我们单独论述了这个问题，并提供了一系列有助于公司在中国保护知识产权的策略。无论是跨国公司还是中国企业，它们都可以通过了解领先的创新动议，应对中国不同的客户和市场。在第八章，我们为这些领先动议提供了一些建议，着重强调外国公司如何改善创新流程以及管理的其他诸多方面。

我们在本书的主要论点是，无论是中国企业还是外国公司，其所形成的“对中国而言，差不多即可”（good enough for China）的思维模式，已经培养出了适用于它们开拓其他发展中国家市场的创新能力。这些能力很快也会适用于先进国家的细分市场，并最终让中国成为世界级跨国公司的家园。任何公司都不能忽视在中国的学习机会，因为这对它们的全球竞争力而言是至关重要的。

在本书中，我们并没有论述如何处理与政府之间的关系。关于这个话题，相关著述已经很多。[2] 中国经济在很大程度上是受政策影响的，政策的重要性不言而喻，而政策干预也经常被视为外国公司开展创新活动的壁垒或障碍。但这并不意味着外国公司在中国无法展开创新，也不意味着它们应该忽视政府关系。恰恰相反：这就好比是在西方国家，每家公司都必须制定一个非市场战略，用于应对股东而非客户。我们通过大量实证阐述了这些关系的重要性，并为公司如何建立和维护这些关系提供了相关建议。事实上，在对外国公司高管进行的大量采访中，我们并没有听到关于政策干预会成为创新壁垒的说法。一个突出的问题是知识产权保护，而在这方面，中国政府扮演的角色正在不断演进。我们在第七章中会着重强调这个问题，从中也可以看到，中国政府进一步加强了对知识产权的保护。同样，我们撰写本书的目的并不是批评中国的政治体制或其对创新的影响。[3]我们谈论现实生活中的中国政治体制，并为外国公司和中国企业的经理人提供相关建议，意在帮助他们在这一体制内成功开展创新活动。

我们重点阐述的，是所有大公司当前所面临的挑战和机遇：中国迅速提升的创新能力。对于那些希望更好地了解跨国公司和中国企业运营环境——政治环境和经济环境——的读者，我们也推荐了其他很多著作。比如，曾鸣和彼得 · J · 威廉森（Peter J. Williamson）合著的《龙行天下》(*Dragons at Your Door*）就是非常适合经理人阅读的一本书，也是第一本将成本创新作为中国创新一个方面来单独论述的书。[4]一些书以宏观经济政策或政府政策为视角，其中也谈到了教育体制对中国创新的阻碍等话题。[5]还有一些书为学术研究人员提供了极佳的研究视角，其中傅晓岚的综合性研究就极具代表性。[6]在《善用中印并进战略称雄全球》(*Getting China and India Right*）一书中，作者阿尼尔 · 古普塔（Anil Gupta）和王海燕认为，跨国公司需要制定针对中国和印度的战略。[7]虽然也有少量适合公司管理层阅读的图书，但都没有从战略角度阐述相关话题。[8]另外一本非常适合经理人阅读的书是维贾伊·戈文达拉扬（Vijay Govindarajan）和克里斯·特林布尔（Chris Trimble）合著的《逆向创新》(*Reverse Innovation*)，重点论述新兴市场的创新活动，而非仅仅局限于中国。[9]

我们认为本书会占有一席之地，因为我们在书中采用了全面的研究方法，从战略和国际商务的角度，为从事管理工作的读者而非学术研究人员提供参考建议。总之，我们这本书是从商业领导者的视角，基于我们自己的深入研究，对中国的商业创新进行了详细描述，旨在为首席执行官应对和管理中国的创新挑战提供全面指导。

就本书研究方法而言，我们采访了数百名负责研发和创新及相关领域的管理人员，以及一些首席执行官和其他“首席”级别的高管。他们来自几十家中国或外国公司，其中大多数公司的总部都设在中国，也有一些设在欧洲。此外，我们还开展了深层次的案例研究，所挑选的案例公司都是走在中国创新前沿的实践者。需要指出的是，这些公司并不代表统计平均值。经理人需要从实践者身上学习，而不是向平庸的公司学习。最后，我们还对过去 20 年的相关文献进行了广泛审议，并系统查阅了 2010~2014 年媒体的创新报道。在本书的第三章至第六章，我们详细描述了针对公司的实地调查。

创新：中国提升全球竞争力的路径

在中国，对创新的需求是显而易见的。自1978年以来，中国经济的飞速增长产生了诸多问题，而这些问题都急需解决方案，其中比较突出的有空气质量、水、能源、食品安全、卫生和养老保险等。中国的领导层已经意识到，在下一阶段的经济增长中，创新是解决这些问题必不可少的一部分。

中国企业追求世界级竞争力，这已经展示了它们对创新的进一步依赖。最近一些调查显示，与在华开展业务的西方公司的高管相比，中国企业高管更看重创新。在开拓国际市场、面临拥有深厚技术和经验储备的成熟竞争者时，这种理念会进一步深化。而最优秀的中国企业的领导者，对新的管理和组织方式持相当开放的态度，以期最大限度地发挥创新潜力。

以家用产品制造商海尔为例，目前该公司正在尝试新的“人单合一”（individual-goal）组织，以支持其成长战略。海尔表示，目前公司已经创建了2 000个自我管理的事业部，旨在“让每一名员工都成为他自己的首席执行官”，进而推动创新和创业。基于这种“愿景领导”（visionary leadership），海尔已经成为世界上最大的白色家电（大型家用电器）制造商。但这种新的组织是否适合海尔下一阶段的发展，目前仍不得而知。不过，重要的是，公司领导层已经决定进行重大组织创新，培育应对全球竞争的创业和创新环境。

自 1978 年以来，中国经济增长的规模和成熟度一直表现卓越，尤其对照“二战”前中国极低的工业化程度来看。我们没有理由相信中国的创新能力不会持续提升。在某个节点上，中国的经济增速将会放缓，事实上也已经开始放缓。但用不了几年，中国将成为世界上最大的经济体，而中国企业，在创新方面即便成不了全球领导者，也会成为强有力的竞争者。

这又让我们想到了苏颂的时钟。虽然目前中国还没有开发出可与蒸汽机、电力或青霉素相媲美的现代革命性创新成果，但就中国的发展阶段而言，它在创新方面取得的成就是非常大的，比如适应性创新和渐进式创新等。中国国内的批评者以缺乏可与苹果手机相媲美的消费者创新成果为证，表示中国缺乏创新能力。但这样的根本性创新通常出现在人均可支配收入较高的国家。目前中国较低的收入水平是一个制约因素，但它迟早会摆脱这个束缚。中国企业也早已开始抢占机遇，通过渐进式创新满足当前中国的需求，而这也是根本性创新的必要先导。

中国已经将宇航员送入太空，建造了世界上最昂贵的高铁网络，还创建了很多成功的公司——这些公司从重工业领域一直延伸到互联网领域。如同美国过去多年的做法，中国现在也加大了对研究机构和公立大学的创新扶持力度。在西方，很多根本性创新都源于政府机构资助的开拓性研究，而中国也决定拷贝这一模式。

苏颂设计的时钟，某种意义上就如同11世纪的苹果手机，表明过去的中国在创新方面是世界领先的。现在中国企业不断涌现出的渐进式创新预示着未来将会出现更加激烈和无序的竞争。这个未来并不遥远。对于这股即将到来的、发轫于中国的竞争浪潮，受影响最大的并不是中国市场，而是知名全球企业的传统高价值市场。中国将会在其竞争者的“后院”展开争夺战。中国现有的成功案例进一步强化了这一观点。

中国的成功创新

中国的创新型公司已经发起挑战，并取得了大量创新成果，举例如下：

• 华为的单一无线接入网络（Single RAN）技术，通过一个基站即可处理1G、2G和3G电话通信。

• TCL推出的“一屏双显”电视，可同时全屏收看两套节目。

• 创新型初创公司，比如苏州纳微生物科技公司制造的世界级纳米粒子，可用于生物制药纯化、医疗诊断和平板显示器等领域。

• 腾讯公司的即时聊天应用微信（WeChat），在中国广受欢迎，而且现在已经扩张到其他国家。

• 小米公司的手机商业模式，采用安卓系统平台，基于客户反馈意见进行迅速改进。

• 阿里巴巴，现在已成为世界上最大的B2B（企业对企业）网站。[10]

• 太阳能和风能技术创新。[11]

• 中国商用飞机公司推出的C919窄体客机，意在同波音737和空客同类机型竞争。

中国环境的不断改善意味着未来将会涌现出更多的创新成果。无论是本土公司还是跨国公司，都会从这一环境中受益，获得相应的机会和资源。比如：

• 在最近的两个“五年计划”中，中国政府都对创新做了大篇幅论述。

• 中国推出“千人计划”项目，通过税收激励等相关优惠措施吸引在西方一流大学和顶级公司学习和工作过的中国科学家回国效力。最近又推出了“万人计划”项目。[12]

• 华为、TCL和其他一些中国大型公司将10%乃至更多的收入投入研发领域。在提交国际专利申请最多的全球公司中，中兴和华为位列前三。

• 中国市场的庞大规模和增速以及中国人均可支配收入的不断增加，为高速列车和多功能移动设备等高精尖产品创造了机会和需求。

很多有远见的跨国公司已经注意到这种潜力，在中国设立了超过1 500个研发中心。[13]目前，研发中心的数量和规模都在不断扩大，很多公司也都将重点从成本驱动型或市场驱动型创新转向了知识驱动型创新。

中国创新的三个阶段

在不到40年的时间里，中国企业已经实现了从完全模仿到纯粹商业创新的转变，速度之快，可与中国经济增速相媲美，这一转变也推动了中国经济的飞速增长。这个转变过程可以分为三个阶段。虽然这三个阶段并没有严格的先后顺序，但从中我们可以清楚看到中国创新能力不断提升的过程。

我们把第一个阶段称为“从拷贝到追求适用”。根据中国市场需求对相关产品进行改造，是中国同全球制造商竞争的早期策略。简化和降低成本自一开始就发挥了强大效力。面对迅速发展的市场，中国企业会进一步完善这一概念，而“追求适用”也成为攻无不克的竞争策略。第二个阶段，我们称为“从追随者到世界标准制定者”。在拷贝其他地区的成功公司方面，中国企业很少会表现出犹豫。它们的拷贝速度很快，这得益于其强大的研发能力以及对客户需求的深刻了解。通过重新定义产品和商业模式，它们很快就会在相应市场脱颖而出。第三个阶段，我们称为“从追求新资源到追求新知识”。传统观点认为，中国企业海外投资完全是为了获取新兴经济体的初级资源。但我们认为，事实并非如此。中国企业追求的往往是市场准入、品牌、技术和专业技能等，因为这可以让它们对发达国家的领先公司发起挑战。我们会在下文对这三个阶段进行详细描述。

从拷贝到追求适用

企业必须学会创新。发达国家的跨国公司有着深厚的技术和知识储备，而长达几十年的投资和学习也给它们带来了丰硕的果实。在1979年中国市场开放之后，大多数中国企业都是从头做起。由于缺乏现代管理经验或技术，它们一开始先拷贝已有的产品或流程，然后进行小的改进，这些产品或流程多来自外国公司。公司将这种现象称为“山寨”（原义即土匪、强盗占据的山中营寨），引申义为拷贝名牌产品——从时装配饰到手机，不一而足。这些“山寨”产品价格低，质量也差，但只要价格合适，客户并不在意。

中国市场的变化是非常之快的。随着客户品位的不断提升，创业者开始从模仿走向渐进式创新，持续改善他们的产品和流程。相对于模仿，渐进式创新是一个巨大的进步，这表明企业已经认识到创新是长期竞争力的核心所在。位于珠三角、北京和上海的很多中国企业，其最初发展都与信息、计算和电信等行业的全球供应链相关，即为这些行业制造零部件。由于在成本和性能需求方面面临跨国客户的巨大压力，它们的技术能力必须接近行业先进水平。随着企业不断成长，它们会利用所学的技能，比如如何降低成本等，在相邻市场和其他客户身上发掘机会，并通过渐进式创新改进和提升它们的技术基础。而基于渐进式创新积累起来的能力，它们也一跃成为发达国家产品供应链上的重要参与者。[14] 消费产品的早期模仿者通常都得益于公开的标准零部件市场，比如用于个人电脑的英特尔微处理器和其他零部件、用于手机的联发科技无线芯片和后来谷歌的安卓移动操作系统。这些技术为它们开发适用于快速发展的国内市场的产品奠定了基础。

中国市场特殊的需求特征意味着在创新的第一阶段，中国企业只会提供中国客户愿意为之付费的产品或服务。这种“差不多即可”的策略既适用于低收入客户的市场，也适用于工业市场，比如食品加工、手机、家用电器和电动机械等。通过学习，企业会消除不必要的产品特性，降低材料成本（有时也会降低耐用性），减少浪费，并改进工艺流程。它们所提供产品和服务的质量并不是劣等的，而是“适用的”。它们满足了客户的需求，西方公司设计的产品可能具有更好的性能，但客户并不愿意为此支付高昂的费用。“适用性”是一个让企业超越拷贝和低成本生产的策略；同时也促使企业把重点放在新的需求上，而随着细分市场的不断成熟，它们还会推出质量更高的产品和服务。淘宝、百度、腾讯和其他很多中国企业都是从拷贝国外的产品、服务或商业模式起家的。比如，阿里巴巴创办淘宝，是为了应对eBay（易贝）进入中国。基于自身的灵活性、对中国市场和制度的理解，以及对中期盈利的主动放弃，淘宝最终将eBay逐出中国。百度拷贝了谷歌的搜索模式，但在付费搜索广告方面走得更快。腾讯最初也是以拷贝网络游戏和信息服务起步，但后来又推出了即时聊天应用微信，并大获成功，如今该应用已经扩张到其他国家。

学术研究证实，与在华外国公司竞争的过程中，中国企业不断学习，进而提升自身能力。[15] 这种适用性拷贝策略，保证了中国企业的快速成长，促使它们实现规模经济效应，了解客户的需求，开拓其他细分市场。有人称这个过程为“二次创新”，即基于外国技术，超越单纯的模仿和改造，创造出适于中国的独一无二的产品或服务。[16] 很多在华运营的跨国公司也都采取了相似的策略，以便渗透到与其本土市场迥然相异的中国市场。但它们需要打消公司内部有关质量和品牌声誉的忧虑情绪，而且在了解中国市场特殊性方面，还要追赶当地的竞争者。但中国企业没有这样的顾虑，而且它们对客户有着更深的了解。我们认为，这种能力也会帮助中国企业在全球市场赢得竞争；事实上，它们也已经对西方跨国公司发起了挑战。

从追随者到世界标准制定者

就追求适用阶段而言，其代表的是市场必要性驱动的创新。但很多中国企业选择了更具雄心的创新路径：推动市场的创新，而非市场驱动的创新。

很多中国企业最初主要依赖于低成本劳动力，为快速增长的中国市场提供产品，但现在，它们主要依赖创新为市场供应产品。这些企业包括三一集团和中联重科（制造建筑设备）、在线旅行服务公司携程和同程（即 17u.com）、从事消费电子和手机制造的TCL，以及经营网络游戏、即时通信和电子商务的腾讯等。部分公司自一开始就大力投资技术人才，部分公司以创新为提升未来竞争力的战略。目前，多家公司已经活跃在全球市场，同早前那些为它们提供商业模式的跨国公司竞争。电器制造商海尔可以说是这些公司中的佼佼者。1984 年，海尔还是一家濒临破产的国有企业，如今它已成为世界上最大的白色家电生产商。一路走来，海尔不仅从德国公司利勃海尔手中获得了冰箱技术，而且还不遗余力地学习西方的管理理念。到 2014 年，海尔的年收入已经达到 310 亿美元（按人民币对美元汇率计算），全球市场占有率为 10%。[17] 海尔先是进军服务尚不完善的利基市场，比如酒吧冰箱和红酒冷柜市场等，发展起来之后，则开始提供全系列的高质量电器。

海尔从一开始就看到了创新的重要性。它把 4%的年收入投入到研发领域，提交了超过 4 000 项国内专利申请，仅 2012 年一年申请专利就达到 541 项。但海尔知道，发明并不是创新。除技术能力之外，海尔的优势还在于对客户的深刻了解、广泛的分销和服务网络、高效的物流，以及服务被忽视的细分市场的意愿等。海尔时刻不忘创新，一个著名例子就是它推出了既能洗土豆也能洗衣服的洗衣机。

同海尔一样，很多中国企业在发展过程中都形成了强大的创新能力。迈瑞（医疗设备）、东软（软件工程、信息技术服务和医疗信息）、华为（电信）、好孩子（母婴和儿童用品）和鱼跃医疗（自我监测医疗设备）等公司都建立了高效的研发部门，并形成了强大的创新能力。现在，它们已经开始准备进军全球市场。

中国工业景观的一个显著特征是，每一个领域似乎都有数不清的初创公司，而且很多都已经具备了世界级的新产品开发能力。大族激光科技产业集团股份有限公司就是一个例子。它克服重重障碍，从一家小型初创公司成长为激光打印、激光打标、激光切割和激光焊接领域所占市场份额最大的企业。在很大程度上，它的这种市场主导地位就在于不断推出创新产品和专利产品。

还有一些公司创造了新的商业模式。比如，小米开发了一款基于安卓平台的智能手机。该款手机能够取得成功，并不仅仅在于它的高质量，还在于公司建立了适于中国市场的应用生态系统和客户关系。位于北京的四维–约翰逊实业公司是一家专业生产运钞车的公司。它采用“大批量定制”的商业模式：在中国制造车身板件，包装后运往欧洲，并在靠近欧洲市场的地区进行组装，从而获得比较优势。虽然这不是根本性创新，但却是一种基于相对能力的新型商业模式。

对于中国企业推出新产品的速度，在华运营的知名跨国公司经常会感到惊讶。它们遵循的是“从失败中学习”的信条（这也是艾迪伊欧等公司的设计思维原则之一）。新产品或许不完美，但也没有必要完美；基于客户的反馈，改进后的迭代产品很快就会出现，然后再继续改进。由于市场太大，在某一地区推出的产品并不会对公司的整体声誉产生大的影响。这样的策略虽然不适于拥有全球客户的大型公司，但对中国企业来说却非常有效。

从追求新资源到追求新知识

自 2005 年以来，在政府“走出去”政策的推动下，中国企业尤其是国有企业纷纷进军国外市场。官方颁布这一政策，是为了到 2015 年实现外商对华直接投资存量和中国对外直接投资存量的平衡，也是为了鼓励私营企业加大海外投资力度，包括设立海外研发中心等。中国政府承诺，全力帮助中国企业扎根国外市场。虽然中国对外直接投资存量这一目标在 2015 年未能实现，而且未来很多年也难以实现，但 2014 年中国对外直接投资规模已经达到 1 030 亿美元，同期外商对华直接投资规模为 1 200 亿美元，两者差距并不是很大。到 2015 年 5 月，中国对外直接投资已经达到外商对华直接投资的 94%（当月投资规模分别为 92 亿美元和 98 亿美元）。

基于所持的近 4 万亿美元的外汇储备，中国有能力从国外购买任何它认为需要的工业生产能力。但直到现在，中国对外直接投资主要还是集中在新兴经济体的矿产和能源部门，且以初级商品为主。2008~2012 年，中国对外直接投资规模虽然增加了一倍以上，但只有很少一部分进入到发达市场。据美国传统基金会预计，2005~2012 年，71%的中国对外投资流向了能源和金属部门，而根据我们自己的详细分析，在 2012 年和 2013 年（撰写本书时可获得的最新年度数据），66%的投资仍集中在能源和金属部门。[18] 有限的多元化投资也只是局限在金融、房地产、交通运输和农业等部门。制造部门所占比例仍然相对较低。

如果中国的对外投资仍集中在世界自然资源领域，那么它是不是就无法打造离岸制造和服务能力，也就无法建立国外创新平台了？我们并不这么认为：在这些新闻标题的背后，一件非常有趣的事情正在发生。

事实上，与世界其他地区不同，中国最近在欧洲的投资主要集中在制造和服务部门，驱动力来自那些在中国之外寻求新市场的企业。本土市场的成功让它们拥有了多余的资金（即我们所说的4C框架中的现金）、制造技能和消费者营销经验。虽然西方竞争者深受不景气的本土市场的拖累（进入中国市场的西方公司有时也会因利润未能达到预期或出现亏损而撤出），但中国企业看得更远，纷纷收购欧洲的制造资产，尤其是与市场准入和品牌相关的资产。

一系列并购事件表明，变化正在发生。比如，联想收购摩托罗拉移动，东风汽车（研发投入在全球汽车公司中排第31位）收购标致雪铁龙14%的股权，浙江吉利（一家雄心勃勃的汽车公司，但缺乏知名品牌和设计技能）从福特手中收购沃尔沃等。这与先前主要购买实物资产形成了鲜明对比。在2014年，2/3的中国离岸投资流入服务部门，而在这个部门，中国企业还有很多需要学习的地方。

虽然中国企业具备良好的制造技能，但它们对成熟市场缺乏了解，而且它们自己也知道这一点。此外，它们还知道自己缺乏全面的科学及工程技能，无法满足要求更高的客户的需求。这导致了一种新的现象：通过直接投资和并购，在美国和欧洲设立中国企业研发中心。中国企业设立这样一个中心，是为了将自身融入发达国家的创新生态系统，进而获取技术、品牌和营销知识，并加以提升。

中国企业非常清楚，在开展国际创新活动中，它们不仅要利用本土技能，而且还要把新知识吸纳到它们的全球网络中。它们对在华运营的知名跨国公司发起挑战。现在，这些跨国公司发现，它们最强劲的竞争对手并不是传统的跨国公司同行，而是中国本土企业。[19]这些企业建立起组织流程，在其设于中国和世界其他地区的研发中心共享新获得的知识。世界上最大的婴幼儿车生产商好孩子就是一个例子（虽然该公司产品在中国市场之外还没有以好孩子品牌出售）。好孩子在中国、欧洲、美国和日本设有设计和技术中心，从当地获取的知识和技能可确保其分支机构满足不同市场的需求，同时，这些关于消费者和产品的知识又可以在各个中心之间实现共享。2014 年，该公司发起首次涉外并购：收购德国儿童安全座椅品牌赛百适和美国婴童产品公司婴福乐。这些并购不仅扩大了公司的生产线，而且也提升了公司的品牌声誉，让公司获得了在儿童安全座椅等领域的互补技能以及在欧美的分销渠道等。

在投资国外市场的中国企业中，私营企业（相对于国有企业而言）所占的比例也在不断增加，从 2010 年的 4%增加到 2012 年的 9.5%。与国有企业相比，私营企业对提升自身能力有着更清晰的认识，而且行动往往也更快。它们知道需要获取品牌、技术和市场以及在发达国家的创新平台。就大多数公司而言，它们在中国本土市场就已经具备了创新能力，而且也都经历过激烈的竞争洗礼。

这不是中国第一次将它的资源和能力带入西方发达市场。早在 19 世纪，中国劳工在修建美国横贯大陆铁路加州段时就起到了重要作用。讽刺的是，21 世纪美国加州高速铁路的建设可能也需要中国的技术能力支持（如果该项目能够启动的话）。

中国企业的创新能力

中国经常被称为“山寨之国”，认为那里没有真正的创新。这是否意味着中国本土的创新目标是不现实的？实地调查让我们对这个重要问题有了清楚的认识。为了更好地佐证我们的发现，我们借助已公开发表的资料对相关数据进行了汇总。（对我们的论述持信任态度的读者，可以跳过这一节。）中国企业的创新投资和产出是我们的起始点。

多项指数试图以创新的成功度为标准对公司进行排名。比如，“2014 年欧盟工业研发投入排行榜”就以该年研发投入规模为指标对 2 500 家全球公司进行了排名。在上榜的这 2 500 家公司中，804 家为美国公司，633 家为欧盟公司，387 家为日本公司，另外 676 家来自其他国家。[20]

在“来自其他国家”的 676 家公司中，有 199 家是中国公司，平均研发强度为 1.5%，而在这 199 家公司中，进入前 1 000 行列的有 62 家。[21] 因此，在 2013 年，中国企业在 2 500 家研发投入最多的公司中所占的比例不到 8%，而平均研发强度也远低于这 2 500 家公司 3.2% 的平均水平。在进入前 100 名的公司中，中国只有两家：华为和中国石油。不过，它们的研发投入与发达国家的跨国公司相比，并不逊色。在欧盟的这个榜单中，华为排在第 26 位，2013 年研发投入为 36 亿美元，与排在第 18 位的思科系统公司（2013 年研发投入为 46 亿美元）相比，差距并不是很大。在专利申请方面，华为也是中国企业中的一个例外：基于庞大的科学家和工程师团队，它提交了相当数量的 PCT（专利合作协定）专利申请。2014 年，华为提交了 3 442 项 PCT 专利申请[22]（排名世界第一）。[23] 在这份排行榜中名列第 64 位的中国石油，2013 年研发投入为 170 亿美元，超过其他任何一家石油天然气公司。[24] 此外，按国别划分，中国企业 2013 年研发投入增长速度排名第一。

然而，研发投入与专利的产出或更为重要的创新产品的产出并没有直接关系。[25] 还有一些指数试图从公司层面测量创新产出的特定指标，而不是聚焦于各个国家。比如“汤森路透全球创新百强排行榜”就是从四个维度，对专利产出进行测量。在该榜单中，没有中国企业入围。[26]

基于研发投入和专利产出的方法存在不足之处，因为这两者都不是测量新产品成功度的直接标准。“博斯全球创新 1 000 强排行榜”试图克服这种障碍，在测量维度中引入国际高管的意见。这些高管每天都与竞争者打交道，他们对创新性的判断与前面提到的量化数据的关联度虽然不高，但却更接近现实。2014 年，有 114 家中国企业入围博斯排行榜，较上一年度增加了 39 家。[27]

然而，另一项排名，《福布斯》发布的“2014 年全球 100 家最具创新力企业”[28]，是以所预测的创新溢价（即创新给股东价值带来的溢价）为指标对公司进行排名的。[29] 在 2014 年的排行榜中，有 6 家中国企业入围 [30]，但这些企业都不是欧盟排行榜前 100 强中的中国企业。

这些数据表明，虽然很少有中国企业能够进入世界创新领导者行列，但它们的研发投入是稳步增长的，而且有的研发投入已经转变成源源不断的专利申请。虽然有些公司（比如海尔、中兴和华为）已经成为专利申请大户和成功的全球竞争者，但要想成为世界创新领导者，大多数公司都还有很长的路要走。这对跨国公司来说是个好消息，因为它们还有时间应对不断加剧的竞争挑战。但不管怎么说，轨迹是清晰的。越来越多的中国企业走出国门，参与全球竞争；它们知道只有创新才能取得成功，而且在这方面也进行了大量投资。

批评人士虽然看到了研发投入和专利申请数的增长，但对于这种增长能否为中国企业开展根本性和颠覆性创新奠定基础仍持怀疑态度。[31] 对于这个问题，我们的回应是，渐进式创新——中国企业在这方面已经非常成功——会为未来的根本性创新积聚能力，这同西方的路径是一样的。在第二章中，我们会进一步强调这个问题，并对创新演变三个主要阶段的能力发展进行详细描述。

中国的创新促成要素

1978 年邓小平发起的改革开放，从根本上改变了中国的经济，并在短短 35 年间，带来供给侧和需求侧的深刻变化。[32] 反过来，这些变化又促进了中国企业经营策略的改变和创新能力的发展。

无论是在供给侧还是需求侧，中国都具有多种创新优势，即便与发达国家相比也不逊色。这些创新促成要素为本土企业和跨国公司在中国的创新提供了有利条件。下文我们会列出主要的促成要素；在后面的章节中，我们会重点论述中国本土企业和在华跨国公司的具体创新战略。[33]

供给侧促成要素

中国最明显的创新促成要素，是它拥有规模庞大但成本相对较低的工程师和科学家团队，尽管目前这种成本优势正在迅速消失，尤其是在沿海地区。[34]中国每年毕业的科学与工程学（S&E）博士研究生数量与美国相当（2010年中国为31 410人，美国为32 649人[35]），而每年获美国大学科学与工程学博士学位的中国留学生还有约5 000人。中国和外国公司都在利用这些高技能劳动力发展创新能力，而在发达国家，这样的人力成本是极其高昂的。相比于跨国公司同行，中国企业在组织高技能人才开展创新项目方面更具优势，推出创新成果的速度更快。中国一家大型企业表示，其成功的原因之一就在于本国有着丰富的人力资源。该公司能以比较合理的成本招募很多员工，比如一年30万元人民币（相当于5万美元）就可以招到一名工程师，而在欧洲，同等薪水只能雇一名秘书。

比中国本土所培养博士（中国培养的很多博士生并没有达到国际标准）更具价值的，是在西方知名大学接受过教育的中国科学家，尤其是那些从美国大学毕业的留学生。[36]现在，留学生中回国的人越来越多。这些被称为“海龟”的中国科学家在世界顶尖大学接受过教育，又有在全球领先公司工作的经历，通常都怀有赤子之心，对报效祖国有着极大热情。他们可以独立开展研究工作，愿意承担大的责任，而回报就是高薪水或公司股权。目前来看，他们中的很多人都拿着全球水平的薪水，这样一来，成本优势也就不复存在，但在领导本土研发团队方面，他们发挥着极其重要的作用。

政府支持是中国创新的第二个促成要素——这也是我们所说的4C框架中文化要素的重要组成部分。正如我们在前面所提到的，中国政府在国家创新体系上的投入为中国创新赶超发达国家提供了很大的动力和支持。一个少为人知的事实是，中国很多省级政府——这些地方政府的开支占全国政府总开支的85%左右——也在为吸引投资而相互竞争，就像美国各州之间的经济竞争一样。这种国家和省级政府的支持并不仅仅体现在基础设施、教育、科技园区的投入上，还包括对很多国有独资或国有参股企业以及私营企业的直接拨款，用以支持它们的研发工作。

跨国公司也能从政府支持中获益，比如土地、建筑物和基础设施。但对于中央政府资助的科技计划，它们很少能够参与其中。不过，在第六章中，我们会为它们提供参与这一生态系统的建议。

供给侧的第三个促成要素（文化因素的另一组成部分），是中国商人有名的创业精神。在中国大陆之外，这种精神几十年来经久不衰。[37] 本书的作者之一 1982 年曾到中国进行巡回演讲，当时潜在的创业精神和商业机会给他留下了深刻印象。1978 年之后的改革释放了先前被压制的创业精神。这个时期，出现了在路边兜售盗版DVD的会讲英文的商贩，上海陆家嘴金融贸易区建起了高楼大厦，而创新型公司也如雨后春笋般涌现出来（我们将在下一章讨论）。另外，改革开放后的这一代人也表现出了强烈的独立意愿。

供给侧的第四个促成要素，是中国本土互联网相关产业的快速发展和创意演变，而这也得到了中国政府的广泛资助。最突出的是，阿里巴巴集团迅速成长为全球最大的电子商务企业。截至 2015 年 3 月 31 日，上一财年它旗下的淘宝、天猫和聚划算三大平台共产生了 3 970 亿美元的商品收入（公司收入为 124 亿美元），拥有 3.5 亿活跃买家和 1 000 万活跃卖家。[38] 同样，腾讯也在多玩家在线游戏领域建立起了自己的强势地位，还推出了语音通信服务平台微信。其他很多互联网公司也都确立了各自的市场地位，比如百度（网络电视、搜索、地图、百科），网易和搜狐（门户网站和在线游戏），携程（旅行）和新浪（网络搜索、微博）等。这些业务几乎全部为中国企业所垄断。

需求侧促成要素

需求侧的第一个促成要素是中国广阔市场的快速成长。在市场快速增长的情况下，无须取代现有企业就可以轻松引入新的产品和服务。另外，市场的快速增长也为创新失败提供了一个相对宽松的环境。这样一来，企业就可以冒更大风险，对新想法进行迅速测试，为创新成果找到市场。客户在国内某一地区的反应并不会传至另一地区，因而声誉受损并不是一个值得担忧的大问题。此外，中国客户对企业的态度相对宽容，所以实验的风险也比较低。

第二，中国有很多潜在市场，而客户习惯的传承几乎为空白。这为中国企业和跨国公司提供了机遇。比如，飞利浦就曾推出过一款由中国本土研发中心开发的蒸汽挂烫机，并取得了非常好的业绩，这一方面是因为该产品比传统烫衣板占的空间小，另一方面也是因为中国消费者没有熨烫衣服的习惯，所以对这类手持式蒸汽挂烫机持相当开放的态度。同样，IBM在上海设立了中国开发中心，致力于以中国为基地，打造其在诸多行业领域的全球领先地位，而究其原因，就在于中国有很多新兴产业的应用。中国是一片未经开垦的沃土，IBM可以通过开展实验，利用后发优势，开发跨越式创新成果。

需求侧的第三个促成要素是，与发达国家相比，中国需要更简易和更廉价的产品。基于对本土市场的深刻了解，中国企业能够通过一系列产品和服务，成功解决所谓的“对中国市场而言，差不多即可”的问题。虽然发达国家的公司也面临同样的机遇，但考虑到要保护全球市场，要保持全球质量标准[39]，组织压力常常会成为一种障碍，而且它们也经常会忽略客户细分市场和特殊需求的多样性。（关于这种多样性，我们在第八章中会提供一些最新案例。）中国企业和外国公司都开发针对中国市场的产品[40]，但后者成功的概率要低很多。

需求侧的第四个促成要素是，中国政府不断推出各种大型项目。在某种程度上，这与文化因素有关。尽管市场经济已经崛起，但中国政府在很多部门仍表现活跃，可以承担在其他国家可能需要数年时间才能实施的大型项目。这意味着中央政府，有时是省级政府，可以迅速实施高铁或新机场建设等大型项目，而反过来，这又会创造很多创新机会。

这些要素促进了中国市场的快速演变，迅速提升了公司寻找和利用新机会的能力。正如我们在前面所描述的，这种演变经历了三个主要阶段。

中国国家创新体系及其表现

一个国家大多数创新活动都源于其国家创新体系（National Innovation System，NIS），由大学、研究机构、政府政策、科学家和研究员等创新人员，以及国内外创新型公司生态系统组成。这在中国表现得尤为明显，一是因为自主创新正处于初始阶段，二是因为政府在大多数商业领域都扮演着重要角色。对跨国公司来说，了解中国的国家创新体系至关重要。在本节中，我们将讲述中国国家创新体系的主要特征及其运行机制。

不断完善的国家创新体系

通过发展国家创新体系，中国大力扶持“自主创新”。[41、42]这一体系的特征包括：持续增加创新投资，加大对主要研究机构和100所一流大学的支持力度，资助符合国家优先计划的商业研究项目，推动国外技术转移，以及逐步改革知识产权制度等。该体系的目标也很明确，即提升本土企业的竞争力，使之在中国和海外市场战胜国外竞争者。

中国的国家创新体系自2005年以来已经发生了深刻变化。[43]对于一批挑选出来的大学，国家给予慷慨支持，以提升它们的研究能力。很多公共研究所及研究中心也得到了政府的资助。

这些投入正在开花结果。有可靠来源显示，在知名期刊上发表的中国科学论文的数量呈大幅增长趋势，尤其是与化学、物理和计算机科学等相关的论文。[44]结果就是，一流大学和公共研究机构提供了很多创意，而这些创意会被进一步转变为创新产品和流程。另外，在中央政府的推动下，中国建立了超过100个科技园区。一些科技园区，比如上海的张江高科技园区和北京的中关村科技园区等，吸引了大型跨国公司和初创企业前来投资，而这，也已成为利用创新生态系统的重要方式。中国的技术强度（研发开支除以GDP）现在已经达到2.1%（欧洲水平），日益接近美国的水平（2.9%）。[45]而中国每年提交的专利申请数量已经达到60多万件，超过美国。此外，中国的法院和监管机构也越来越重视知识产权的保护。[46]

在《国家中长期科学和技术发展规划纲要（2006—2020年》（以下简称《纲要》）的序言中，就包含这样一段内容：

> 全面建设小康社会，既面临难得的历史机遇，又面临一系列严峻的挑战。经济增长过度依赖能源资源消耗，环境污染严重；经济结构不合理，农业基础薄弱，高技术产业和现代服务业发展滞后；自主创新能力较弱，企业核心竞争力不强，经济效益有待提高。在扩大劳动就业、理顺

分配关系、提供健康保障和确保国家安全等方面，有诸多困难和问题亟待解决。从国际上看，我国也将长期面临发达国家在经济、科技等方面占有优势的巨大压力。[47]

《纲要》肯定了中国在“两弹一星”、载人航天、高性能计算机和其他领域取得的一大批成就，但同时也指出了中国创新能力与其他国家存在的差距：

同时，还必须认识到，同发达国家相比，我国科学技术总体水平还有较大差距，主要表现为：关键技术自给率低，发明专利数量少；在一些地区特别是中西部农村，技术水平仍比较落后；科学研究质量不够高，优秀拔尖人才比较匮乏；同时，科技投入不足，体制机制还存在不少弊端。目前，我国虽然是一个经济大国，但还不是一个经济强国，一个根本原因就在于创新能力薄弱。[48]

在发展全面创新体系方面，《纲要》给出了如下指导方针：

今后15年，科技工作的指导方针是：自主创新，重点跨越，支撑发展，引领未来。自主创新，就是从增强国家创新能力出发，加强原始创新、集成创新和引进消化吸收再创新。重点跨越，就是坚持有所为、有所不为，选择具有一定基础和优势、关系国计民生和国家安全的关键领域，集中力量、重点突破，实现跨越式发展。支撑发展，就是从现实的紧迫需求出发，着力突破重大关键、共性技术，支撑经济社会的持续协调发展。引领未来，就是着眼长远，超前部署前沿技术和基础研究，创造新的市场需求，培育新兴产业，引领未来经济社会的发展。[49]

这份雄心勃勃的文件确定了 11 个国民经济和社会发展的重点领域，8 项“前沿”技术和 4 项重大科学研究计划。该纲要的目标是，建立包括科研、教育、风险资本和“市场驱动型创业”在内的“创新生态系统”。在第六章中，我们将论述该生态系统对开放式创新的极端重要性，而开放式创新，则是推动中国企业成长的强大力量。

没有哪个西方国家政府对本国当前形势做出如此关键的评估，或制订如此有远见的长期规划，为未来奠定技术基础。批评中国政府的这些抱负很容易，但要记住的是，在美国和其他西方国家，政府对基础研究的支持是创业成功的普遍先决条件。[50] 在中国，中央政府的资金流入国家研究机构、研究型大学、国有企业，以及《纲要》中所列重点领域的私营企业。同时，中央政府还一直致力于提升研究机构和大学的质量，帮助国内企业申请专利，完善知识产权保护制度。这一“生态系统”目前包括54个国家级科技园区[51]和众多省市自治区级高科开发区。国家级科技园区一直都是中国企业和跨国公司的入驻地，对所在省市自治区的产出和就业做出了重要贡献。平均而言，一个国家级科技园区会为当地贡献大约30%的工业产出。[52]跨国公司已经在规模较大的国家级科技园区建立了大约1 500个研发中心，其中多数位于沿海地区：北京、长江三角洲（上海和苏州）、深圳以及广州。比如，通用电气建立了三个主要中心和三个地区中心，甲骨文建立了四个中心。跨国公司建立的研发中心，起初大多数都是为了支持企业在本地的运营，但现在，它们也开始寻求利用中国的国家创新体系。我们认为，这对它们未来的成功是必要的，具体我们会在第五章展开讨论。

对跨国公司来说，如果它们愿意与一家中国企业和一家中国研究中心建立合作关系，那么就有可能参与政府资助的研究项目。富有远见的跨国公司已经认识到，充满活力的中国市场不仅为它们提供了收入增长的机会，而且也是开展创新活动的沃土。关于这一点，我们也会在第五章进行论述。

政治环境[53]

在中国，几乎所有的商业活动都带有强烈的政治色彩，创新亦不例外。就商业领域而言，中国与其他国家（不包括朝鲜、越南和古巴）最明显的区别就在于，中国政府、私营部门和多数国有独资企业及国有参股企业之间存在着紧密关系。拥有8 800万名党员的中国共产党（截至2015年数据；占中国全国总人口约6.5%，占中国成人总人口约8%），无论是在全国层面还是在省市级层面，都占主导地位。50人以上的企业都有党委书记。这种政治存在会影响投资和产品优先事项，让跨国公司处于不利位置，而且还会滋养腐败。虽然中国政府已经采取果断措施遏制腐败，但要想看到成效，还需要很长一段时间。

尽管存在这些担忧，但中国企业的创新活动还是以令人惊叹的速度发展着。在创建国家创新体系的问题上，中国政府已经下了巨大决心；而这，会让很多创业型企业受益。关于这一点，我们会在下文中详细论述。

中国研发投入：正在赶超西方

中国发展创新能力的想法，受到了美国、欧洲国家和日本的政策影响；多年来，这些国家都将政府在研发方面的投入视为国家创新体系的重要基石。国家项目的基础研究和应用研究非常重要，但同时，中国政府也希望公共研发资金能够像其他国家一样，在商业部门产生溢出效应。对于自主创新项目，中国的支持力度也越来越大。自 2005 年以来，政府研究机构和大学的平均研发投入约占当年 GDP 的 0.45%，并一直与 GDP（2012 年为 8.23 万亿美元）[54] 的高速增长保持同步，2013 年达到 430 亿美元。[55]

国有企业和公司的研发投入也在迅速增长，2013 年达到 1 460 亿美元 [56]（中国 2013 年总研发投入为 1.18 万亿元，约合 1 910 亿美元）[57]，研发强度为 2.08%。经济合作与发展组织预计，中国 2012 年的研发强度实际上略高于欧盟整体水平。[58]

中国在研发强度方面也正赶超美国。2012 年，美国政府的研发投入（包括国防研发开支 [59]）总计为 740 亿美元，占 GDP 的 0.45%（2012 年为 1.624 万亿美元 [60]）。州政府、大学和非营利组织亦有 310 亿美元的研发投入。这样一来，美国 2012 年非商业研发投入为 1 040 亿美元。美国 2012 年商业研发投入为中国的两倍，达 2 800 亿美元。三项相加，美国总研发开支为 3 840 亿美元，占 GDP 2.36%。以此计算，中国 1 630 亿美元的总研发开支为美国总开支的 42%；而就经济规模而言，中国 2012 年的经济规模约为美国的 50%。此外，中国的研发投入仍在快速增长。

中国将公共资金投向大学和研究机构，开展有助于促进本土创新成功的项目，越来越强调管理的重要性。比如，它宣称已引入的激励评估机制——以研究人员在国际期刊发表的文章质量为标准——不仅提升了科学论文的产出[61]，而且也改变了国内大学的排名名次。[62]

中国政府对研发的支持受到了美国的影响。美国国立卫生研究院、国防部、农业部和能源部等政府机构都出台了研发刺激措施。多年来，美国都是高风险研发项目的主要支持者，而很多领域的商业创新成果都归功于政府的研发投入，其中以计算、通信和制药领域最为突出。[63]美国的方法之所以可行，是因为在高风险研发项目中，政府资助很重要，但也只是其中一个组成部分；在这个生态体系中，除了政府，还有其他行为体，比如初创公司、风投、大学的商业化办公室和大型公司等。生态体系中的这些参与者对创新成果的商业化有着强烈动机——中国在这方面还需要进一步努力。在美国，研究机构通过竞争方式获取公共基金，基于同行评议拨发给最优秀的研究人员。比如，在美国联邦政府2013年拨发的研发经费中，大学就占了32%。[64]此外，美国体系还有一个重要特征，即基础研究项目由公共基金提供支持：在美国大学（很多都是公立大学）承担的研究项目中，75%可以归为基础研究项目。[65]基础研究为很多商业创新奠定了基础，比如《拜杜法案》（*Bayh-Dole Act*）就为大学提供具有吸引力的激励措施，支持它们寻求机会，实现研发成果的商业化。

中国在制订相关计划时，对于政府在推动创新方面所扮演的角色，很多人提出了不同意见。一个突出原因就是，国有企业的创新能力一直都很薄弱，而时至今日，它们在中国GDP中所占的比例仍超过30%。政府资助的很多大型项目都与国家优先事项相一致。批评人士表示，鉴于这种情况，再加上国家调控以及对大学和国有企业支持的过于倾斜，创造性会受到遏制。[66] 还有人认为，中国的环境并不是完全自由的，而中国的教育体系也不鼓励创新。[67]

对于中国的这种政策，还有一种批评观点是，它会迫使外国公司与中国的企业和研究机构分享技术。有限的证据显示[68,69]，外国公司并没有像外界想象的那样，把新技术转让给它们的中国同行，尽管这些公司在中国设立了很多研发中心。[70] 在中国的总研发投入中，外资比例仅为1.3%[71]，专利申请比例为18%（该数据包括合资企业的研发投入，但不包括外国公司的子公司。）

为改进这一体系，中国政府引入了针对研究人员的激励及评估措施，同时也改进了知识产权保护制度。2014年3月，中国总理李克强提议进一步扩大创新行动，实现中国政府公开宣称建立市场经济体制的目标。这些行动包括允许大学将创新成果推向市场，以及引入激励措施，将研究人员的报酬同其研究成果的市场价值联系起来等。[72] 李克强还表示，要让企业“在市场竞争中优胜劣汰”，“清理各种优惠政策”，以及“打造内外资企业一视同仁、公平竞争的营商环境”等。

建立竞争、开放的体系需要政府机构和国有企业做出重大改变，同时也需要耐心和时间。虽然政府看起来很重视这个问题，但也未必能够取得成功。为跨国企业打造更公平的营商环境，包括改变其参与中国国家创新体系的方式等，不仅惠及中国，也惠及外国公司。与中国政府保持一致的中国企业，其研发投入逐年增加。如今，这种投入已经在中国企业的科学论文、专利和商业创新成果的产出上有所体现。在此过程中形成的能力，是中国企业在国内乃至国外市场推出新产品、新流程和新商业模式的基石。这会为中国企业的根本性创新和参与全球竞争奠定基础。中国的研究中心和企业的创新产出可以佐证这一观点。

中国不断增长的创新产出

为对中国的创新产出进行比较，我们引入了 5 项指标，总体上较为混杂。当然，在这 5 项指标中，任何单一指标都无法充分衡量创新性。研发将现金转变成想法，而创新则将想法转变为现金。但研发产出是成功的重要“先驱”，尤其是对根本性创新而言。我们的产出指标包括科学学术成就（以论文发表和国际专利为衡量标准），中国在全球高技术制造领域所占的份额，中国在全球高技术出口领域所占的份额，以及中国的创新指数排名。

科学学术成就

在领先的国际科学期刊中，中国论文所占比例连年增长，从1999年的2.6%增长到2011年的11%[73]和2012年的14%。[74]同期，欧盟所占比例下降到31%，美国下降到19%，日本下降到4%。[75]虽然中国目前仍落后于美国和欧盟，但它的增长速度很快。[76]

在化学和计算机科学领域，中国论文所占比例增速超过其他任何一个国家。2012年，中国在这两个领域所发表论文数量均领先于美国，排名第一。在数学、物理和天文学领域，中国仅次于美国，排名第二。但在生物化学、分子生物学、医学和制药学领域，中国的排名远远落后于美国和欧盟；显然，这与政府早前资助的优先项目有关。

就科学论文引用率（衡量某项研究重要性的指标）而言，美国仍然遥遥领先。虽然中国论文的引用率增长较快，但引用者绝大多数是韩国和中国台湾的研究人员，因为相比西方人，中文对他们造成的障碍较小。另外，最近曝光的论文造假事件以及通过金钱交易在非主流刊物上发表论文的情况，让这些成就黯然失色。[77] 古普塔和王海燕 2011 年指出，“中国的科研文化重数量轻质量，且仍坚持以国内标准而非国际标准对科研生产力进行评估和奖励”。[78] 正如前面所指出的，中国现在正采取措施，加大对高质量科研工作及论文的奖励力度，在知名期刊上发表论文的数量也在迅速增加。

专利申请

中国公司和国有企业在专利申请方面表现活跃：2012 年，通过中国国家知识产权局提交的发明专利申请数量为 648 219 件[79]，超过美国专利商标局受理的实用专利申请数量（571 612 件）。[80]（中国国家知识产权局和美国专利商标局分别以“发明专利”和“实用专利”描述原始创新。）82%的中国发明专利申请是由国内企业提交的。

除了发明专利申请外，中国国家知识产权局还受理了 692 845 件“实用型”专利申请和 412 467 件外观设计专利申请。[81, 82] “实用型”专利只需提供少量原创证据即可申请，审查流程也比较简单。有时候，中国的专利持有者会利用这种专利，阻止国外的专利持有者在中国国内市场的相应行为。美国虽然没有这样的专利类别，但设计专利注册是受理的。2013 年，美国设计专利申请数量为 36 034 件，亦远远落后于快速增长的中国。

中国企业普遍倾向于在本国申请专利。2013 年，它们向其他国家的专利局仅提交了 3 万件专利申请，在全世界国外专利申请总量中占比低于 4%。[83] 在某种意义上，这反映了中国国家知识产权局接受标准较低或专利申请的质量普遍较低，因为中国发明者担心，他们提交的专利申请在其他国家的专利局可能不会获批。为进一步考察这种状况，我们可以使用两个衡量专利质量的国际指标：三方专利局（在美国、欧洲和日本三方专利局提交的专利申请）和通过 PCT[84] 流程提交的专利申请。对走向全球的企业来说，三方专利局和 PCT 专利申请及专利授权是衡量宝贵知识产权的更好的指标。

2011 年，来自日本的专利申请占了三方专利局受理总量的 31.4%，欧洲为 27.5%，美国为 29.0%，中国仅为 2.2%。[85] 但这些数据低估了中国向三方专利局所提交专利申请的增长速度，因为专利授权是需要一定时间的。事实上，中国企业向美国专利商标局提交的专利申请数量正呈快速增长趋势，从 2000 年时的 422 件增至 2011 年的 8 619 件，年均增长率为 31%。[86]

中国的专利申请成功率也颇为有趣：授权专利的比例现在已经达到 79%，与韩国和日本不相上下。对于这种较高的成功率，美国专利商标局推测，部分原因或许在于，更多的申请是由在跨国公司工作的中国发明者提交的；他们对如何在美国申请专利有着更丰富的经验。[87]这个推测是否正确，目前仍不得而知，但一个不可否认的事实是，中国向美国专利商标局提交的专利申请数量正在迅速增长，就像20世纪80年代的韩国一样。

有助于发明者在多个国家取得专利权的PCT流程，比单一国家的专利申请流程更为严苛。[88]2013年，美国在PCT专利申请中所占比例超过24.1%，欧洲为28.2%，中国为10.5%[89]（与德国所占比例相当）。也就是说，虽然中国企业在本国提交了大量专利申请，但通过PCT流程申请的数量相对较少（尽管从数量上看，还是远超三方专利局的授权数量）。另外，中国在全球PCT专利申请中所占份额增长迅速，而美国、日本和欧盟则呈下降趋势。事实上，在2011年和2012年的企业PCT专利申请者中，中兴和华为技术两家中国企业分别排第一和第四位。[90]2013年，还有一家中国企业进入前50强：深圳市华星光电技术公司，排在第17位。

在全球政府研究机构中，中国研究机构2013年通过PCT流程申请专利的数量也表现突出，两家中国政府研究机构排名靠前：中国电信科学技术研究院排名第三，中国科学院微电子研究所排名第五。[91]

中国政府必须关注在华跨国公司至今仍相对低迷的专利活动。尽管政府鼓励外资企业参与智力资本的创造，但中国企业2011年提交的专利申请中，仅8%有外国发明者参与。[92]出现这种情况，原因之一就是移民中国的发明者的人数太少。（就全球移民发明者而言，美国所占比例超过50%[93]，而在"《财富》500强"企业中，40%由移民或其后裔创建。[94]由移民带来的多样性对创业来说似乎是有利的。）但这里还有一个原因，那就是缺乏足够的激励措施以及完善的知识产权保护制度。以2006~2010年为例，在获美国专利商标局授权专利最多的10家美国企业中，有5家公司的中国分部同期没有获得该局的任何授权专利。而在这些公司中，有9家公司的印度分部获得了该局的授权专利。[95]令人振奋的是，中国似乎已经开始重视这些问题，并已就如何为跨国公司建立更公平的竞争平台展开了讨论。

高技术制造与出口

在创新产品开发方面，一国成功的第三个指标是其在全球高技术制造领域所占的份额。中国在全球高技术制造产出[96]中所占份额正在不断增长，2010年达到18.8%，接近欧盟19.5%的份额，也逐步接近美国27.6%的份额。[97]

就世界高技术出口而言，中国2010年所占份额为22%，超过美国的15.7%和欧盟的15.2%。在机械和电气工程相关领域，中国的表现尤为抢眼。2012年，中国的电信设备出口占世界份额的38.5%，而计算机出口更是达到45.4%。[98]不过，需要指出的是，在中国出口的制造产品中，大约60%是由跨国公司生产的，其中有大约50%为“加工类”出口，而这部分产品的附加值低于其他出口产品（苹果手机就是一个典型）。[99]

中国本土企业比较活跃的领域，也是中国专利申请的重点领域，这包括数字通信、计算机技术、电力机械和能源等。[100]在科学仪器和半导体领域，中国虽然表现活跃，但并不占主导地位。在制药和航天领域，中国的话语权更小。不过，在商业航空领域，中国有着明确目标：在撰写本书时，中国商用飞机公司计划在2016年实现C919窄体飞机的首飞，而中航航空电子系统公司则与通用电气建立合资公司，开发航空电子系统。

小结

本章所列数据表明，相对于发达国家的公司，中国企业的全球创新排名正在迅速提升。创新能力排名靠前的中国企业的数量逐年增加，而中国政府在国家创新体系方面的大规模投入为它们的能力提升提供了支持。高质量科学论文和专利申请的产出就是这种投入的结果，而反过来，这又为中国企业的技术发展奠定了基础。在为国内企业提升创新能力和获取宝贵创新经验方面，中国的国家创新体系发挥了支持作用。我们列举了一些成功的中国创新型公司，并描述了它们所经历的三个创新阶段以及如何在国内市场挑战西方跨国公司。麦肯锡全球研究所 2015 年底发布的一份研究认为，目前中国企业利用创新在两类工业部门（效率驱动型部门和客户聚焦型部门）取得了全球性的成功，但在另外两类部门（以工程和科学为基础的部门），中国的全球影响力并不是很大。[101] 我们同意这个观点，但预计，所有这些部门都将迎来快速发展大。《经济学人》杂志上一篇文章强调说，在中国，推动商业创新的是私营企业，这与我们在本书中所阐述的观点是一致的。[102] 此外，该文还指出，尽管国有企业得到了政府的支持，但它们在创新方面并不成功，这是因为在它们的决策中，政府干预太多。该文援引的世界银行的一份研究报告表示，国有企业生产率的提升速度仅为私营企业的 1/3。该研究还进一步显示，在科研方面应给予大学和研究机构更大的自由度，在将发明转变为创新方面应让市场力量发挥更大的作用。虽然我们也同意这种观点，但我们在本书中要表明的是，中国企业在创新方面所取得的成功远超先前的预期，而外国跨国公司也需要积极了解中国动态，并参与中国的创新生态。

中国日益增长的实力，不应被视为一种“日本式的现象”；它不会在几年之后就黯然失色。对于下文要详细讨论的四个要素，我们认为它们是强大的和持久的。除了这四个要素之外，中国人口的规模，成功企业的数量，市场和客户细分群体的多样性，创业者的驱动力，政府的决心，以及成熟的、高要求的新客户群体的出现，都会成为推动中国企业发展的强大力量，并进一步加深它们对客户、管理体系和创新能力的认识。

中国广泛存在的创新实验室让在华运营的跨国公司受益匪浅。那些尚未积极参与中国市场的公司，需要重新考虑它们的战略，以便利用中国这个全球先导市场。如果不参与或不积极参与中国的创新活动，那么它们将会错失本世纪的机遇。在本书接下来的章节中，我们将会进一步探讨这种挑战，诠释 4C 框架中的主要因素[103]，阐述中外企业在华开展创新活动的方式，以及中外企业从这种前所未有的联合力量中所能获取的知识等。

CHINA'S NEXT STRATEGIC ADVANTAGE

第二章

中国企业的创新模式

在中国掀起的这波全球化浪潮中，中国企业也会推动创新体系的全球化；事实上，它们也已经在行动。这波全球化浪潮——某种意义上更像是创新海啸——将会建立在中国企业的传统根基之上。同时，它们也会创造性地应对当下的现实。

在第一章中，我们认为中国企业在创新方面的表现超出了很多人的预期。它们积极应对规模庞大的、多样化的和迅速扩张的中国市场中一个巨大刺激力量，即我们所说的4C框架中的客户。在第三章，我们将全面探讨该因素的10个组成部分。本章会就下文内容的背景进行讨论，进一步阐述4C框架，并对具体的企业进行考察。我们会对它们开发的研究成果进行描述，介绍它们所运用的众多方式，并解释这四个因素是如何促成它们的成功的。

中国企业深知创新的价值和威力。它们知道自己在全球公司中所处的层级，以及所要遵循的发展路径。海尔集团现在已是全球最大的白色家电生产商，在其位于青岛总部的展示柜中，就保存着一把大锤。这是为了纪念很多年前的一个事件，当时海尔首席执行官张瑞敏决定销毁 76 台冰箱。这些冰箱并没有太大的质量问题，只是存在一些小的瑕疵，比如划痕等。但张瑞敏希望向员工传递这样的信息：小的质量问题也是质量问题，海尔有着赶超世界任何竞争者的远大抱负。于是，他和经理们挥起大锤，砸毁了所有存在缺陷的冰箱。这个故事至今仍在中国企业界流传。任何了解中国企业史的人都知道这个故事，而其中的一把大锤现已被中国国家博物馆收藏。

中国式创新的八种模式

传统观点认为，中国企业的大多数创新都与流程或成本而非产品或技术有关，而且这些创新通常都是渐进式创新而非颠覆性或根本性创新。这种观点只能说部分正确，它是对各种复杂现象的简单化认识。正如我们在第一章中所描述的，中国企业经历了创新的三个阶段，而在这三个阶段背后，有八种不同的创新模式；随着中国的市场、基础设施和生态系统的变化，创新模式的重点也在发生变化。在下文详细的案例讨论中，我们会更清楚地看到这种演变。在中国企业的全球扩张过程中，我们认为它们也会运用这些创新模式。下面，让我们看一下中国企业是如何在中国本土运用这些创新模式的。正如我们所展示的，单一创新结果可能包含不同的创新模式；比如，有的产品创新包括技术创新，有的则不包括。此外，我们还从不同的维度对创新模式（产品、流程或其他方面）和创新度（从渐进式创新到根本性创新）进行了考察。[1]

成本创新：中国的第一优势

如果产品设计、生产流程、交付流程、技术或材料的变化导致生产或交付成本下降，这便是成本创新。低成本劳动力替代高成本劳动力，其本身并不特别具有创新性，但低成本劳动力可以运用到创新的所有维度。

众所周知，由于中国拥有大量低成本非熟练劳动力或半熟练劳动力，很多中国产品的成本都低于发达国家制造的同类产品。关于这一点，曾鸣和彼得·威廉森有详细论述。[2]不过，现在很多中国企业在研发和工程方面也开始使用高技能劳动力，以降低整个价值链上的成本，但它们付出的雇佣成本要低于富裕国家的竞争对手。此外，中国企业还经常用低成本劳动力代替高成本资本和机械设备。比如，生产变压器和电源供应器等电气设备的正泰集团，灵活运用劳动力来代替自动化设备，这既是为了降低成本，也是为了更好地将自动化生产线与人工生产线结合起来。[3]再比如，中国远洋运输公司利用本土清洁能源研发成果，减少集装箱船的燃料消耗。按中国交通运输部发布的能源消耗指数计算，该公司集装箱船 2010 年的燃料消耗较 2009 年降低了 6%。

流程创新：从亨利·福特到广起集团

如果一家公司以一种新的流程或技术来生产或交付已有产品或服务，这便是流程创新。流程创新经常与产品或服务创新连在一起。最有名的例子就是亨利·福特引入的装配线。大规模定制是后来出现的一种流程创新，兼有灵活性和规模经济特性，且常常会催生原始流程无法生产的新产品种类。在中国，很多流程创新都是为了降低生产成本。比如，广起集团率先使用单面焊接而非双面焊接技术焊接起重机部件，既保持了原有的性能，又降低了成本。[4] 这种简单的创新可以为客户提供更好的解决方案，并促使企业转变所在行业的商业模式。

通过产品创新和流程创新，远大集团发展成为世界上最大的非电空调系统制造商。在它的流程创新中，包括安装周期从 100 天减少到 14 天。[5] 此外，远大集团还进军可持续建筑领域。利用工厂制造的模块，它可以在一天之内建起一栋 6 层楼建筑。与其他很多建筑物相比，远大集团的可持续建筑可以将能源效率提升 5 倍，且不会产生所谓的“病态建筑物综合征”，而建筑垃圾也只占 1%。

雷柏科技 2002 年创建于深圳，原本是一个从事电脑鼠标及其他周边产品设计的公司。在十年的时间里，雷柏从原始设计制造（ODM）转型到原始品牌制造（OBM），并进入国际市场。现在，它已成为世界上最大的三家无线外设公司之一，是 2.4 无线连接、智能连接器和蓝光追踪领域的领导者。基于领先的技术、新颖的外观设计和高效的生产管理，雷柏在无线鼠标市场拔得头筹。公司的无线产品赢得多项 iF 设计奖。

同计算、通信和消费电子（3C）领域的其他很多公司一样，雷柏在 2000 年前后也面临严峻的劳动力短缺。工人工资年均增长率达到 15%~20%，公司利润的增长速度因此放缓。此外，人员的高流失率也影响了生产和交付。为此，雷柏从 2008 年开始推行大规模自动化项目，购买了大量机器人以提高生产效率。到 2011 年，雷柏已经在生产线上使用了超过 70 台机器人，取代在重复性条件下工作的 300 多名工人。由此，雷柏也成为中国最先实现组装线全自动化操作的 3C 公司。

应用创新：低挂的果实

如果现有产品、服务或者技术以新的方式结合起来创造出新的产品，这便是应用创新。三明治和信用卡是两个典型的例子。注重实用主义和客户需求的中国企业，热切拥抱应用创新。为便于使用，广州市安泰化学公司对建筑工业用丁烷密封胶的成分进行了修改，并采取了新的包装方式。远大集团利用余热或天然气为高楼、机场或其他大型建筑物直接供应冷气。

供应链创新：中国的机遇

如果将一个或多个新要素（相对于世界或一国而言）引入到供应链中，或将供应链中的现有要素以新的方式组合起来，这便是供应链创新。[6]相关例子包括亚马逊、其他网络零售商和全球采购网络等。一个颇为矛盾的现象是，虽然中国在外国企业的全球供应链中扮演着极其重要的角色，但中国国内的供应链却还有很大的改进空间，这主要是因为基础设施建设未能跟上经济快速增长的步伐。但中国企业的供应链创新案例越来越多。比如，万科是中国第一家在住宅建筑建设中广泛使用预制装配材料的房地产公司。先前，中国的建筑方法主要是工地建造，涉及脚手架的使用等。万科率先采用工地外大规模生产方法，减少了对传统建材原材料供应链的依赖，并实现了及时交付。

同样，海尔集团也以完善的供应链而闻名。海尔自一开始就非常重视制造质量和产品交付质量，其所创建的供应链不仅消除了零部件供应的障碍，也确保了零部件供应的质量。同时，基于自建的物流网络，它能够将产品和服务安全、及时地交付给客户。对于全球订单竞价、订单处理和库存控制，海尔采用了电子化管理方式。它在中国建立了42个物流中心，打造了一支由16 000辆车组成的车队，并已开始采用电子方式追踪交付情况。据海尔表示，这些改革大大降低了企业采购和物流成本，仓库面积减少了90%，原材料的持有期缩短了77%。[7]

产品创新：从渐进式创新到根本性创新

如果最终产品或服务能够给全球或一国客户带去新的价值，这便是产品创新。[8]根本性创新会改变人们生活和工作的方式，比如个人电脑等。在中国，真正意义上的产品创新相对较少。但中国的快速发展刺激了很多领域的渐进式创新。比如，大桥、公路、城市交通系统、高铁和摩天大楼的建设就促进了装备工业的很多渐进式创新。

一些中国企业正从渐进式创新转向根本性创新。华为技术公司就是一个例子：在2010年度LTE（长期演进）全球峰会上，电信行业重点关注4G技术发展，该公司赢得了多个奖项，其中就包括“LTE研发最佳贡献奖”。需要指出的是，华为6个研发中心的2 500名工程师参与了该领域的研究，用时超过6年，共申请专利181件。[9]同样是在2010年，它还展示了一项突破性移动技术，下行传输速率达到每秒1.2GB。然后，在2015年的5G世界峰会上，华为又获得"5G最杰出贡献奖"。如今华为的研发工作，越来越接近根本性创新。

远大集团研发的非电空调产品采用了直燃型吸收式制冷技术，将燃料直接用于空气制冷，而余热回收则提升了能源效率。目前，它的空调设备已经销售到80多个国家。美国的一个空军基地、一个海军基地，以及其他国家的很多机场，都在使用它的产品。在另外一个产品类别中，远大集团还开发了一种小型手机般大小的空气质量检测仪，可在30秒内检测出直径小至2.5微米的颗粒物及其他有害物质。

技术创新：中国的下一个发展阶段

如果产品或服务采用了相对于世界、一国或某个行业类别的新技术，或者，这种产品或服务的生产或交付采用了这样的新技术，这便是技术创新。[10]第一台电视机和第一部手机就是典型的根本性技术创新和产品创新。目前，中国还没有具有全球影响力的重大技术创新，但中国企业已展现出了利用世界一流技术开发创新成果的能力。苏大维格是一家利用纳米技术生产超薄薄膜的初创公司；这种薄膜可被用来制作身份证件类全息图，而且很难复制。基于此，中国现在的身份证在防伪程度上已经超过了欧美国家的驾照。在中国大学和研究机构的帮助下，苏大维格利用自己的工程师和科学家团队，开发出了这一技术。苏州纳微科技也是一家活跃在纳米技术领域的公司，其所生产的、具有统一尺寸和形状的极微粒子，可以满足不同客户的需求。尺寸和形状高度精确的粒子在一些尖端应用中发挥着重要作用，比如生物制药的分离和提取，用于液晶显示屏的薄膜间隔物，以及LED（发光二极管）光扩散灯罩——可以提升光效高达40%。这种技术创新源于中国创业者发现的可满足客户需求的本地研究应用。

大疆创新科技公司是一家开发和制造高性能小型无人机飞行系统的中国企业。依托自动驾驶仪技术和常平架稳定系统等核心技术，配备相机的远程控制的直升机可以拍摄和传送照片；这些照片的质量与载人直升机拍摄的人工照片的质量不相上下，但成本要低。此外，大疆还将其开发的技术运用到一个包括云平台、相机和影像传输设备的全集成系统中。它的产品被广泛使用在救灾工作和电视节目制作中。美国运动相机制造商GoPro生产的高清摄像机经常被用于拍摄极限动作视频，甚至也寻求与大疆合作，为GoPro品牌设计一款集成化航空摄影产品。（由于在价格上存在分歧，双方最终并未展开合作。）

商业模式创新：常常通过拷贝和适应性改变来实现

如果一个商业模式（即企业创造价值和实现盈利的方式）两个或两个以上要素发生了变化，并催生出新的营商方式，这便是商业模式创新。[11] 联邦快递就是一个典型的例子。它仿照电话交换网络创建了一个分配系统，最初只在孟菲斯设立了一个单一中心，所有包裹都需绕经该中心。在中国，大多数商业模式创新都是从借鉴西方模式开始，然后根据中国国情进行适应性改变，并在此基础上进行进一步创新。

在产品商业化方面，中国最大的门户网站腾讯也尝试过多种商业模式。如今，它的大多数收入都来自互联网增值服务，围绕即时通信服务平台QQ建立起了一个服务产品生态系统。同其他互联网服务公司一样，腾讯采用的也是"免费增值"模式，即免费提供一种基本产品或服务，对其他产品或服务收费。以腾讯游戏为例，用户注册是免费的，但虚拟商品是收费的。

不过，对于即时通信服务软件QQ，腾讯并没有拷贝全球领导者ICQ的非营利模式。相反，它创建了一种率先开展广告业务的新商业模式。在这种商业模式下，围绕免费即时通信应用QQ，腾讯实现了所有增值业务的商业化。此外，腾讯还与电信巨头中国移动和中国联通合作，可在手机上安装QQ，从增值服务中获利。腾讯是中国少有的几家能够实现品牌特许收入的公司之一：对广受欢迎的企鹅标志开展特许经营，开设商店，出售QQ产品。

非客户创新：另一个巨大机遇

如果一家企业能够服务于某个先前从未服务过的细分客户群体，这便是非客户创新，无论这个群体成员来自世界各地还是只限于一国范围内。苹果的iPad就是一个例子，其简便易用的特性吸引了很多年龄较大的用户，而这些用户先前根本不会用那些操作复杂的个人电脑。中国的现代化市场经济是如此之新，以至于在几乎每个领域，都有很多潜在客户。比如，很多小企业至今仍未开设银行账户。中国民生银行率先开拓小企业业务，并获成功。2009年，该行推出一款专为小企业设计的产品——商贷通。到2011年，单单这一款产品就提供了2 000亿元的贷款，占民生银行贷款总额的19%。该产品服务的个人客户超过12万，不良贷款率仅为0.13%。仅仅用了两年多的时间，民生银行就成为世界上最大的小企业金融服务提供商之一。

中国四大创新领导者

前面我们通过案例对中国的8种创新模式进行了简单描述。

现在，我们将基于我们的一手研究和公开资料，对中国领先的4家创新型公司进行深度讨论。

在这4家公司中，有3家经常被评为中国最具创新力的公司（我们和思略特在2013年、2014年进行的调查中也有提及[12]），它们是海尔、华为和阿里巴巴。在本节中，我们会做专门介绍。此外，我们还会就鱼跃医疗展开讨论。鱼跃医疗是一家中等规模的医疗设备制造商，其所运用的创新方法越来越受关注。这4家公司均代表了中国企业所采取的一种或多种创新模式。

海尔：分步创新

海尔集团现在是世界上最大的家用电器生产商，也可能是国际化程度最高的中国企业，代表了中国企业经典的分步式、渐进式创新路径。据海尔描述，其发展经历了五个阶段：国内品牌建设（1984~1991年），多元化（1991~1998年），国际化扩张（1998~2005年），全球品牌战略（2005~2012年），网络化战略（从2012年开始）。[13]

在中国市场，海尔以其独特的产品改造而闻名——只需对产品进行简单改造，就会受到消费者青睐。最有名的例子当属对洗衣机的改造，农民可以用这种新产品洗土豆和蔬菜。在进军国际市场时，海尔采用了同样的策略。以美国市场为例，在针对大学生群体的小型冰箱上，它安装了一个台面；在部分家用冰箱中，增加了一个用来保存冰激淋的分隔层，该隔层的温度高于冷冻室，因而也就省去了用户等待冰激淋化冻的时间。

以客户为中心的渐进式创新

现在，海尔更多是从技术方面进行产品创新，旨在为用户提供更高性能的产品。比如，它将多项技术整合在一起，推出新一代的洗衣机：通过两套水流系统，在洗涤衣物的同时清洁洗衣机内桶。在传统洗涤过程中，衣物清洗完之后，洗衣机内桶上仍可能留有一些污垢。这种新的设计避免了此类情况的发生。

海尔的渐进式改进是为了应对中国市场的多样性，同时也是因为在这个市场用户对产品还未形成先入之见。比如，很多用户希望能以更快的速度完成整个洗涤过程，于是海尔推出15分钟不间断洗涤功能。虽然这不是革命性改进，但实现这一功能，需要大功率、高性能的机器。这项突破就在于提高能效，通过与新西兰公司斐雪派克（Fisher&Paykel）合作，海尔获得了该项技术。后来，海尔又收购了该公司。这种先合作后收购的创新路径，在中国企业界越来越常见，目的就在于利用所获得的知识和人才，实现从渐进式创新到根本性创新的转变。海尔在这方面已经先行一步。目前，海尔同外部资源合作开展的一项潜在的颠覆性创新是，能够在洗涤过程中对水进行清洁的洗衣机。该洗衣机会像过滤器一样工作，而最终排出的“废水”将会达到饮用水的质量标准。海尔在中国、美国、日本、欧洲和澳大利亚设有5个研发实验室，在中国及其他国家已经获得3 299项专利。各大实验室不仅承担各种技术改进任务，也参与雄心勃勃的创新项目，比如低水耗、无噪声洗衣机，无绳电视，以及低能耗冰箱和空调等。如果能够取得成功，很多研发成果都将会对家电行业产生根本性影响。在第六章的详细讨论中，我们将会看到，作为先锋企业的海尔，致力于通过开放式创新平台在全球范围内寻求创意。同时，它还将自己视为一家全球公司，并制订了雄心勃勃的“三个三分之一”计划：在海尔产品中，国内生产、国内销售的占三分之一；国内生产、海外销售的占三分之一；海外生产、海外销售的占三分之一。

中国的售后服务：正在加速发展

中国企业已经开始重视服务，而海尔在这方面一直走在前列。早在1990年，海尔就设立了计算机化服务中心，对客户进行追踪，并对所生产机器提供10年保修期，而先前这样的服务水平是闻所未闻的。[14] 现在的海尔同时提供送货和安装服务，并致力于改进网络购物的送货方式。不过，在海尔看来，送货上门并不是服务的终点，而是一个新的开始。产品的真正价值应该体现在日常使用中。虽然这样的理念早已为西方公司所实践，但在中国，这却是一个新事物。对此，跨国公司应保持警惕，用不了多久，它们可能就会失去在服务方面的竞争优势。

商业模式创新：为竞争者打造平台

在商业模式创新中，海尔创建了一个分销平台，不仅销售它自己的产品，也销售国内外竞争者的产品。这个平台在中国叫日日顺。通过日日顺，海尔与各大公司开展合作，比如美国小型家电制造商百得（Black&Decker）等。借助这个平台，百得不仅强化了食品搅拌机和熨烫机等在华业务的地位，在产品设计、制造、质量控制和物流等方面，也得到了海尔的支持。海尔认为，它现在更像是一个虚拟和实体网络的结合体，而非传统制造商。对中国企业来说，这是一个大的飞跃，与海尔所坚持的理念，即知识是最重要的竞争力是一致的。

自主经营体的意义

在海尔的创新流程中，最不同寻常的部分就在于它的组织。该公司制定了一个新的管理策略，在综合运营和创新中采用它所谓的自我管理团队模式。

在整个公司，每一名经理人或普通员工都要加入自我管理团队。一名经理人解释说："以前我们在不同的部门，在目标上可能存在冲突，有时还会发生争吵。现在我们为了同一个目标努力，但在考核上采用不同的'关键绩效指标'（KPI）。这是一个重大区别。比如，李女士过去可能关心客户满意度问题，但现在，她同时负责送货和安装。之前，为她安排任务的是她的直线经理，而现在，她必须直接面对客户。我是团队负责人，但她不需要向我做任何承诺。"目前，海尔已经成立了 2 000 个这样的自我管理责任中心。这种自下而上的管理方法已经被引入创新领域。公司鼓励员工贡献新创意，并会给予奖励，虽然有时这种奖励只有 10 元钱（不到 2 美元）。海尔首席执行官张瑞敏非常重视这一方法，他说："每天早上起来，我都会用三个字提醒自己，'不满意'。我们必须不断挑战自我，这样才能找到更好的解决方案。"

华为：创新能量工厂

1987 年，一个名叫任正非的中国人酝酿成立一家技术公司，并希望通过创新赢得竞争，而在那个时候，西方国家还很少有人听说过中国企业。任正非选择的是电信领域。他看到了这个领域的巨大机会，因为当时中国的电信设备几乎完全依赖进口。

他的第一款产品是一种简单的小型PBX交换机（即用户级交换机，办公室用或酒店用），可支持48名用户。但任正非并未止步于此，他有更大的抱负。之后，他建立了一个由年轻的工程专业毕业生组成的团队，着力开发适用于未来的电信产品。在早期的研发努力中，有一些无果而终。对这些有才能的年轻工程师来说，他们更关注的是新技术而不是客户需求。公司推出了很多新的产品，但没有吸引到客户。最终，任正非决定放弃这种为了创新而创新的策略。在1997年，为纪念这个决定，他举行了一个仪式，将没有卖出的原型产品发给了研发工程师，并对每一名工程师说："带回家中，作为你工作努力的纪念品。"从那时起，以客户为中心开展创新成为首要任务。任正非创办的这家公司就是华为。到1993年左右，华为成功研发和推出了数字交换系统C&C08，将门数（最大潜在语音用户数）从2 000提升到1万。

一直以来，华为都被认为是中国最具创新力的公司之一。它提供了广泛的ICT（信息、通信、技术）解决方案，覆盖企业网络、云计算和数据中心、企业无线、网络能源和基础设施服务等；近来，又将消费设备尤其是手机涵盖在内。2014年，华为实现销售收入465亿美元，全球员工17万人，超过瑞典公司爱立信成为全球最大的电信设备供应商。[15]现在，华为的产品和解决方案已经应用到170多个国家，服务30亿用户以及全球50大电信运营商中的45家。目前，华为还是一家私人持有的公司，创始人任正非及公司的8万多名员工持有大多数股份。[16]

《经济学人》杂志数字编辑汤姆·斯坦迪奇（Tom Standage）表示："华为推翻了一个普遍的先入之见，那就是中国企业只是模仿者而非创新者。"[17] 截至2014年底，华为在中国提交专利申请48 719件，在中国之外的其他国家提交23 917件，共获授权专利38 825件。它将超过14.2%的收入投入研发领域，在17万名华为员工中，有7.6万人从事研发工作。

华为在国际市场的巨大优势就在于，作为一家新进入的公司，它愿意倾听客户的需求，而在解决方案的开发上，不会持有先入之见。比如，在2013年，华为参与了荷兰的一个大型项目。它的客户荷兰国家电信服务提供商KPN刚刚获得建立3G网络的新许可证。但在拥挤的阿姆斯特丹和荷兰其他城市，客户设施中没有安装华为设备的空间。于是，华为将冰箱大小的传统基站一分为二。一部分可以安装在建筑物顶部，通过光纤连接到其他地方的基站。仅此一项措施，华为就将产品足迹减少了70%。这并不是一项重大技术创新，它是一项应用创新。同时，该项措施还将客户的运营成本降低了至少50%。现在，华为在全球 3G 电信设备市场占有 1/3 的份额，而它的基站也已成为行业标准。

华为的创新流

我们应邀参观了华为在深圳的公司总部，并采访了部分负责研发的高管。一直以来，它都被认为是世界上最神秘的公司之一。[18]

华为还推出了其他很多创新产品。在手机基站方面，华为从 GSM（全球移动通信系统）开始，然后进入 3G，后又进入 4G。对网络运营商来说，每一代移动技术基站都需要配备一个小型衣柜大小的机箱，还需要另外两个机箱，用于安放主电池和备用电池。华为的创新在于将所有这些单元放置到一个插箱中，这样客户就可以通过一个基站节点接入多个无线网络——GSM、3G 和 4G。这就形成了单一无线接入网络（即所谓的 Single RAN），不仅会降低运营成本，还会节省资本开支。对于这些基站，华为发现传统设备室使用空调降低室内温度，这会耗费大量电力。通过在主设备中安装制冷系统，华为降低了设备温度，将电力消耗减少了至少 30%。这类创新是建立在客户需求和对实际运行条件的观察之上的。也就是说，它所考虑的是客户需要什么，愿意付出多少成本，而不是工程师能做什么。

在创新活动中，华为广泛聘用西方咨询师，并采用了适于自身的特别方法。在20世纪90年代，华为同大多数中国企业一样，并不习惯正式的管理流程，管理风格也非常松散。但在1999年，该公司开始推行集成产品开发（IPD）计划，旨在从业务角度而非技术角度规范产品开发评估。华为集成产品开发流程的实施与IBM在咨询方面所做的巨大努力是分不开的：数百名IBM员工进驻华为，全力打造"以客户为中心"的创新结构。

起初，华为员工很不习惯IBM的流程；实际上，他们对任何流程都不习惯。华为董事长任正非承认，华为员工的确很不适应IBM的流程，但他仍坚持推行。在实施IBM集成产品开发计划的过程中，华为并没有改变该流程的基本结构，但在技术层面上做了一些调整，以满足华为的特殊需求。比如，原始的IBM体系并没有明确的产品测试功能，于是华为在集成产品开发序列中引入了一个产品测试的步骤。为建立和调整这个体系，IBM和华为至少用了5年的时间。之后，两家公司在流程实施和新产品开发流程方面一直保持着合作。

创新结构

在华为，当我们问由谁负责研发时，得到的答案多少有些出人意料：没有具体的负责人。创新是由集成产品开发流程驱动的。虽然公司新组建了一个管理所有研发活动的团队，但该团队主要负责人事相关事宜。资金拨发亦是如此：对于占华为收入10%的研发资金的安排，相关决策同样是以集成产品开发流程为驱动，以团队为基本单元。

从公司层面上讲，虽然华为在研发方面没有总的负责人，但每个大的业务部门都设有研发主管。华为拥有三个主要业务群（运营商业务、企业业务和消费者业务），下设20个业务部门，每个业务群都安排有一名研发负责人。华为的理念是，现在的公司不应让一个人来领导复杂的研发工作。在华为，每一个业务部门都要提交所需研发资金数额，并交由战略决策委员会决定。目前，该委员会由华为轮值首席执行官徐直军负责。（华为的三名副董事长轮流出任首席执行官一职，任期为6个月，向公司董事长兼创始人任正非汇报工作。）

创新流程全球化

进入21世纪以来，华为已经建立起了一个全球创新体系，研发中心分布在美国的硅谷、圣迭戈和达拉斯，以及德国、意大利、英国、法国、芬兰、印度、中国台湾、新加坡、爱尔兰、俄罗斯和中国大陆等地。华为的70个研发中心负责实施针对公司战略业务部门发起的项目或“2012项目”（详见下文）。华为设立如此多的研发中心，是为了利用当地的力量，而不是为了接近客户。比如，在美国，华为并没有运营商客户，其设立研发中心的目的在于获取新技术。同样，华为在意大利设立研发中心，是为了获取微波技术，因为这个国家在该领域拥有世界上最顶尖的科学家和研究力量。

除了70个研发中心之外，华为还与14家领先的电信运营商建立了28个联合创新中心，旨在深化与客户之间的合作关系。比如，在电信业务领域，华为与沃达丰、英国电信、法国电信、中国移动、中国电信和中国联通等建立了联合创新中心。当下，信息技术和通信技术的趋同化越来越明显，对华为造成了技术上和竞争上的双重挑战。为此，华为和每一家主要的电信客户都设立了至少一个联合创新中心。比如，作为颠覆性创新的单一无线接入网络，就是华为和沃达丰在2008年时联合开发的；我们在第六章将会讨论到，现在这一技术已经覆盖了整个电信领域，且已成为行业标准。在最近举行的一次会议上，沃达丰首席执行官在被问及沃达丰和德国电信的区别时，他回答说："我们拥有华为的单一无线接入网络技术。"

自2011年以来，华为开始运营一家专注于技术研发的实验室，着眼于未来5年的可行性技术。这家实验室最初以2009年上映的灾难影片《2012》命名，致力于研究公司所谓的"愚蠢想法”，因为有一天，这些想法可能看起来不再那么愚蠢。

华为创新的未来

目前，华为在多个领域已经全球领先，掌握着众多先进技术。但华为管理层仍坚定表示，他们不会单纯为了自身利益而追求技术创新，因为与过去相比，现在的华为是一家规模更大、实力更强的公司。以客户为中心依然是华为的第一原则，每一个员工都要把它放在第一位。此外，华为还认为，作为行业领导者，它有责任塑造这个行业，比如与竞争者爱立信合作，共同制定5G标准。

华为是一家非上市公司，它认为不上市是一种优势，并以摩托罗拉为例进行了说明。在手机技术领域，摩托罗拉曾经占主导地位，但在面临股价压力时，它减少了对3G的投入，结果就是后来没有推出新的产品，导致客户转向华为。

我们预计，华为将会继续以谦逊的态度开展创新活动。在交谈中，我们多次听到华为高管提及“谦逊”一词。一名高管说:“我们不会把我们的解决方案塞给客户，而是采取联合开发的方式。这非常复杂，因为它涉及垂直整合，而且很大程度上还取决于客户。合作对华为来说非常重要。”

同很多中国企业一样，华为也希望改变自己的企业文化，加大对失败的容忍度。这对华为来说是一个重大变化。正如该公司一名研发负责人所说，那些失败者应被视为英雄，因为他们让我们知道什么不奏效。

阿里巴巴：一千零一个创新

阿里巴巴集团经常被评为中国最具创新力的企业。目前，它是世界上最大的电子商务企业，2014 财政年度交易额超过 3 970 亿美元，活跃用户数和卖家数分别超过 3.5 亿和 1 000 万，收入超过 55 亿美元。[19] 2014 年 9 月，阿里巴巴在纽约证券交易所挂牌交易，市值高达 2 300 亿美元（超过亚马逊和eBay市值总和），一跃成为世界上最具价值的公司之一。[20] 阿里巴巴集团（包括关联公司）在中国、印度、日本、韩国、英国和美国的大约 70 个城市拥有超过 2.4 万名员工。

阿里巴巴集团 1999 年成立于中国东部城市杭州，通过三个市场提供在线业务服务：www.alibaba.com（全球在线批发市场），www.1688.com（中国国内贸易在线批发市场），和 www. aliexpress. com（针对小型买家推出的全球交易型批发平台，致力于实现少量商品的快速交货）。阿里巴巴的其他平台还包括淘宝（提供C2C在线购物服务）、天猫（与品牌供应商合作，专注于B2C购物服务）、聚划算（中国最受欢迎的在线团购市场）、阿里旅行（中国领先的在线旅游服务预订平台），以及阿里云（云计算服务平台）等。

此外，阿里巴巴集团还通过其与蚂蚁金融服务集团达成的合约安排，为旗下相关市场提供支付和担保交易服务。蚂蚁金融服务集团也是支付宝的运营方。

阿里巴巴集团通过其持有48%股权的关联公司——浙江菜鸟供应链管理公司（即先前的中国智能物流骨干网），经营着一个连接中国多家快递公司的中央物流信息系统。

特立独行的创新型创始人

阿里巴巴集团创始人马云曾经做过教师，有时会被称为“中国的史蒂夫·乔布斯”，是一个特立独行的、战略明确的人。他在2005年时曾经说过：“eBay是海里的一条鲨鱼，可我是扬子江里的鳄鱼。如果我们在海里交战，我会输，但如果在江里对峙，我稳赢。”[21]

已辞去集团首席执行官职务，现担任董事局执行主席的马云，在阿里巴巴的成功中扮演了极其重要的角色。在这条成功道路上，留下了他的很多个人印记，同时也展现了中国创业者富有远见的乐观主义心态。马云被认为是一个乐观的、意志坚定的和富有远见的创新型人物。他的管理理念包括比本土企业更国际化、比国际企业更本土化等。他还强调，阿里巴巴需要做好准备，在企业运营、团队管理、融资能力、技术、人力资源和全球市场开发等方面要超过竞争对手。他认为，只要有一支专业团队，领导者就可以行使领导职能，即便这名领导者不是所在领域的专家。对西方人来说，这不足为奇，但在马云阐述这一理念时，很多中国人则不以为然。

自阿里巴巴创立时起，马云就意识到他必须同普遍存在的不诚实行为做斗争。他的真实想法是，通过与不诚实行为做斗争，将阿里巴巴打造成一个值得信赖的、独一无二的品牌，进而实现盈利目的。马云坚持客户注册实名制原则，而且从一开始就制定了严厉的规则，任何有欺诈行为的买家或卖家都会被逐出公司平台。

阿里巴巴的很多创新成果都源于对中国客户的深刻了解。虽然它提供的很多服务都是对已有服务模式的适应性改变，比如美国eBay和亚马逊的服务模式，但基于对中国国情的了解，它有能力赢得对西方公司的优势。阿里巴巴是“中国式改变”的拥护者。所谓“中国式改变”，就是按照中国本土需求对外国公司（比如亚马逊和eBay）的产品和服务进行适应性改变。

一个平台，多种创新

阿里巴巴的B2C平台淘宝是专门为应对进入中国的eBay而开发的。淘宝的发展至少涉及我们在本章前面讨论的三种创新模式：技术创新，结合现有技术，为电子转账系统提供便利（克服了当时中国银行系统存在的弊病）；商业模式创新（促使卖家多方位开展自我创新）；非客户创新（开发了很多电子商务新用户，而在先前，这种需求和供应是很难匹配的）。淘宝拉近了个体供应商和个人买家之间的距离，提升了信息分享的速度，创造了规模庞大的B2C业务，日交易额超过52亿元（约合8.7亿美元），年销售额超过了中国所有传统零售商的销售总额。阿里巴巴确实已经成为中国消费者的“开门暗语”，它还帮助建立了数量众多的创新型小企业卖家。

阿里巴巴的商业模式是，为买家和卖家提供交易市场，并从中赚取交易费用。它不会同入驻公司平台的卖家或各种服务提供商进行竞争，其发展战略包含三个要素：增加客户数量及其开支，扩大产品种类，以及提升移动商务的渗透率（现在已经占到阿里巴巴在线购物的20%以上）。2014年，公司的移动设备支付应用——支付宝钱包（2015年更名为支付宝9.0）拥有超过1.9亿活跃用户，移动支付日交易量超过4 500万笔，占支付宝交易量的一半以上。

阿里巴巴商业模式的核心在于其推出的在线业务平台群，由云计算系统提供支持，不仅确保交易的正常进行，而且还为供应商、客户、应用开发者，以及相关服务供应商提供全方位支持。卖家活动由千牛（通信和生产力工具集成平台）和微淘（卖家可以向买家提供信息的移动社交媒体平台）提供支持。此外，这些平台还为广泛的参与者提供其他诸多功能。

从交易服务到融资服务

在中国，融资一直是中小企业面临的难题，因为银行更愿意为大企业尤其是知名国有企业提供贷款。虽然中小企业创造了超过 75%的就业机会，贡献了超过 50%的GDP，但在银行贷款中，它们所占的比例不超过 5%。于是，Alibaba.com（阿里巴巴集团的B2B平台）找到了一个帮助中小企业获得融资的独特方式。Alibaba.com拥有该平台所有中小企业成员的在线交易记录，它们中的 80%需要融资服务，但由于不具备差不多即可的信用评级或信誉，很难从银行获得贷款。为帮助这些创业者，Alibaba.com将这些小企业的交易记录提供给银行（它不提供任何担保，只是提供交易信用记录），进而创造了中国首个小企业信用评级体系。

基于这些客户信用信息，阿里巴巴于 2010 年推出中小企业贷款业务，通过地方政府许可的贷款工具，为进驻其批发和零售市场的卖家提供“小额贷款”。截至 2013 年底，中小企业贷款业务用户超过 34.2 万，净贷款余额达 124 亿元（约合 20 亿美元）。2015 年 1 月，蚂蚁金融服务集团成立中国首个信用机构——芝麻信用。我们在前面已经提到，蚂蚁金融服务集团是支付宝的运营机构，阿里巴巴拥有该公司 37.5% 的股权。

低信用度经济体中的信用支付

2004 年，先前已经多次挑战服务滞后的中国国有银行的阿里巴巴开发了自己的在线支付系统——支付宝，为数百万个人和企业用户提供易于操作、安全可靠的在线支付方式。截至 2013 年底，支付宝已拥有超过 3 亿注册用户，日交易量约为 1.88 亿笔，其中有 4 500 万笔是通过手机完成的。在截至 2014 年 6 月 30 日的财政年度中，支付宝处理了近 8 000 亿美元的交易[22]（日均 22 亿美元）。此外，在支付宝的合作伙伴中，有超过 180 家银行和金融机构，其中包括中国的 19 家全国性银行和 142 家区域性银行、两家外资银行，以及万事达卡和维萨卡等。

支付宝获得成功的关键在于信任。虽然运营方式类似于 PayPal（贝宝），但支付宝采用的是担保交易服务，买家收到货物，如满意则通过支付宝付款给卖家。对此，马云曾经有过这样一段描述："中国需要30年才能成为一个富裕国家，但中国和中国人需要50年才能理解这种富裕；在现实中，这种文化是很难建立的……诚信是这种文化的一个要素，但由于一些历史原因，过去并没有强调这一点。"[23]

阿里巴巴的生态系统

阿里巴巴集团推出的各种市场吸引了数百万买家和卖家。除此之外，第三方服务提供商也在这个生态系统中开发自己的业务，并推动阿里巴巴业务的发展。阿里巴巴已经公布"小而美"战略，提供平台、金融和数据服务，发展100万家年营业收入超过100万元的商家，并帮助这些"小而美"的商家从商户转变成制造商。

阿里巴巴已经建立起来一个庞大而又复杂的生态系统，涵盖平台、连接和协议，既能满足自身运营需求，也可以为第三方服务提供商所使用。举例如下：

- 阿里妈妈（Alimama.com）。通过超过62万个营销联盟成员向商户提供广告和营销服务。
- 代理运营商——第三方零售运营合作伙伴。借助电子商务专业技能，为入驻阿里巴巴互联网市场的卖家提供相关服务，比如产品规划、供应链管理、库存管理、市场推广和店面管理等。

• 淘女郎平台。淘宝推出了一个网站项目，拥有超过 4 万名“淘女郎”，她们展示自己的美的同时，也展示时装搭配，提供网络模特或个人送货等服务（淘女郎送货服务由淘宝签约的一家物流公司负责）。2013 年，该平台创造了超过 30 亿元的收入。与此同时，提供网店装饰和客服外包服务的设计公司、摄影师和服务外包经纪人的数量超过 10 万，提供店铺管理、营销推广、数据分析、客户关系管理等各类软件服务的独立软件服务商约有 1.5 万家。

• 电子商务课程。在中国，设立这类课程的高等院校已经超过 300 所。2014 年，有近 5 000 人接受了电子商务培训。

• 云计算平台飞天。阿里巴巴 7 000 名工程师基于专利技术打造的飞天平台，为公司提供全面云服务，包括弹性计算、数据库存储和服务，以及大规模数据处理等。此外，它还为阿里巴巴的卖家和第三方提供云计算服务。直接或通过独立软件服务商使用阿里云计算服务的客户超过 98 万。这些客户包括移动应用开发商、网络游戏运营商和系统集成商等。在公司 2013 年 11 月 11 日开展的“双十一”

促销中，飞天在24小时内处理了2.54亿个订单。

• 淘宝广告网络和交易平台（TANX）。由阿里云计算支持的这一实时在线广告交易平台，自动处理第三方每日高达数十亿条的广告印象买卖。参与者包括发布商、商户、需求侧平台，以及第三方数据和技术公司等。

• 2013年，阿里巴巴和其他8家公司共同成立了中国智能物流骨干网。2014年，该网络在中国各地雇用了超过95万名快递员，处理包裹50亿个。

电子商务典范

阿里巴巴展示了中国企业是如何以创新方式在迅速演变的互联网领域实现快速发展的。这家公司看到了所有业务领域的创新机会，并为范围广泛的相关第三方的成长及其业务发展提供了支持。规模庞大的人口和数量众多的互联网用户让中国成为电子商务创新的开拓性来源地。任何涉足电子商务的公司都应密切关注中国互联网企业是如何引领发展之路的。

鱼跃医疗：多模式创新

江苏鱼跃医疗设备公司是一家年收入15亿美元的中等规模公司，专注于生产针对老年人的医疗器械及其他健康监测器械，产品包括康复护理设备和医用供氧产品等。6 种产品占了公司收入的 2/3：分子筛制氧机、超轻型氧气阀、喷雾器、血压计、听诊器和轮椅。但鱼跃医疗的创新并不仅仅局限于产品创新。

鱼跃医疗创始人兼董事长吴光明解释说，企业是建立在创新和变革的基础之上的。这原本是一家名为“鱼跃”的村镇企业。“鱼跃”这两个字取自中国的一句古话——“鲤鱼跃龙门”，指古代学子在科举考试中中榜。时至今日，这句话也被用来指一家公司取得成功，并获得新的身份。鱼跃医疗在 2008 年上市，并于 2013 年将公司英文名中的“Yuyue”改为“Yuwell”，一是为了凸显医疗保健使命，二是为了在中国之外的市场获得更好的辨识度。[24]

产品和流程创新

通过在生产运营、产品营销和质量控制等方面的持续改进，鱼跃医疗在医疗器械市场取得优异业绩。鱼跃医疗称，“这是公司实现稳定增长与进步的秘密引擎”。目前，该公司已经提交了近 100 件产品专利，而借助自身的系统性创新，它进行了流程再造，将 273 项复杂制造流程简化为 69 项精简流程，打造出世界上速度最快的台式血压计生产线。此外，通过将人工操作与自动化相结合，鱼跃还打造出全球最长的制氧机带电测试生产线。鱼跃医疗也是中国首家获得美国食品药品监督管理局（FDA）许可的制氧机出口企业。对于公司推出的每一款产品，鱼跃医疗都拥有设计专利，而且至今还保持每月推出一款新产品。

电子血压计是鱼跃医疗的创新重点之一。虽然该产品并不是建立在新技术之上，但它提升了血压测量的准确性。就个体而言，血压测量取决于多个因素，比如血管结构、年龄和性别等。有超过 10%的人不适于用传统方法测量血压，因为这种方法不能区分个体差异。为了解这些差异，鱼跃医疗的研发团队对患者的脉冲模式进行了研究，开发出自适应性示波器系统，从而确保了更准确的测量结果。仅仅这一款产品，在推出后的头三年就产生了大约 1 亿元的收入（约合 1 700 万美元）。[25]

创造性地接触客户

通过了解和影响客户偏好，鱼跃医疗取得了商业上的突破，并以此培育新的医疗器械市场。之前，中国尚未出现真正意义上的家用医疗器械市场。比如，轮椅主要是为残疾人准备的，但同该公司生产的其他大多数医疗器械一样，鱼跃医疗认为轮椅也可以成为赠送长辈的礼物。赠送轮椅被描述为年轻一代人向家中长辈表达感激之情和体贴之意的新方式，而这种情感在中国备受尊重。公司为这些先前从未被视为礼物的产品设计了礼品包装盒，比如血压计、血糖仪、耳温计和计步器等。在宣传推广中，轮椅便于家庭出游，而氧气浓缩机可以辅助学生学习。鱼跃医疗销售与市场总监眭秀华曾经说道："创新，并不一定意味着是技术创新；有时候，它也指文化的重新创造。我们经常邀请时装模特参加展会，意在传递我们的宗旨——'把美带到人们生活中'。在我们的营销战略中，外观占了大约1/4。"

此外，与竞争者的同类产品相比，鱼跃医疗的产品通常都具有自身特色。比如，它推出的空气净化器被归为医疗器械，具有更全面的功能，而且还可以用于空气消毒，因为在中国，空气质量已经成为一个广受关注的问题。这样一来，鱼跃医疗就在国内消毒应用领域创造了一个全新的利基市场，使其产品在竞争激烈的传统市场脱颖而出。

以并购与投入提升创新力

同我们所研究的其他中国企业一样，鱼跃医疗也不是单纯为了创新而创新，它所采用的并购方式，也是为了满足"市场需求第一"的战略。在鱼跃医疗的并购案中，人才、技术和独一无二的产品是主要目标。当前，它的研发能力就是通过多轮并购建立起来的，比如它引入的一个由20名工程师组成的团队，就是电子血压计的直接开发者。2009 年，鱼跃医疗收购苏州医疗用品厂公司（华佗）的全部股份，在传统医药领域获得区位优势。苏州医疗用品厂是符合ISO（国际标准化组织）标准的针灸针的主要生产厂商，在传统医药产品方面拥有雄厚实力，持有医疗器械注册专利 22 件。

就投资而言，公司内部资金和政府财政的投入同样重要。虽然鱼跃医疗将研发开支从2007 年占销售收入的 3%提升到2012 年的 5%，但政府也扮演了重要角色（2012 年，鱼跃医疗的研发开支为 7 100 万元，约合 1 200 万美元）。正如我们在第一章指出的，中国的一个重大优先事项就是要实现从“中国制造”到“中国创造”的转变。由此，各级政府部门都加大了对当地企业在创新方面的扶持力度。比如，作为一家“双软企业”，鱼跃医疗享有 14%的增值税退税优惠政策。“双软”认定不仅涵盖软件产品开发能力和技术，而且还包括企业的管理体系、公司文化和可持续发展能力等。要想成为一家“双软企业”，50%的员工应从事软件开发工作，50%的收入应来自软件销售。具体来说，鱼跃医疗开发的两种X 射线机器获得了政府 5年的补助；鱼跃医疗 2012 年非营业收入中，约有 72%为政府扶持资金。

鱼跃医疗的创新流程

鱼跃医疗开发了一套有效的创新流程，鼓励所有层级员工贡献创新想法。这些自下而上的建议会经审批系统评估，其中约有 30%~40% 会被公司最高管理层采纳。一旦采纳，这些想法就被迅速付诸行动。比如，电子血压计的开发，鱼跃医疗只用了 3 个月的时间。

此外，鱼跃医疗还采用了“开放式创新”协作方式。这里可以举两个例子。第一个例子，通过与大学和政府合作，鱼跃医疗成立了医疗诊断护理设备工程技术研究中心。第二个例子，通过与中国科学院合作，鱼跃医疗帮助一家省级实验室开发了专注于基础研究的基础设施，并为硕士研究生、博士研究生和博士后研究人员提供实习基地。

鱼跃医疗在创新方面为中国的很多中小型企业提供了一个模式。基于自身的制造优势，鱼跃医疗稳步推进渐进式产品创新、技术创新和流程创新，迅速从拷贝转向“追求适用”，然后再转向世界标准。在每一阶段的创新中，都包含着关于如何满足客户需求的创造性思维。

在中国的医疗或生物技术领域，还有其他很多创新型私营企业，比如生产主动脉心脏瓣膜的杭州启明医疗器械公司和生产人工耳蜗的浙江诺尔康神经电子科技公司。[26] 它们中的很多公司现在都已走在世界前列，尽管初期它们并没有太多的原始积累。生物技术领域的华大基因就是一个突出的例子。华大基因是中国科学院的衍生机构，也是一家在深圳运营的私人企业，基因组测序产出能力占全世界的 50%。它是非典（SARS）病毒序列的破译者，目前亦为中外客户提供制药研究相关建议。[27]

中外企业创新比较

在本章前面一部分，我们已经举了很多小型案例，给出了 4 个中国企业研究案例，并对它们的创新进行了描述。现在，我们将对中国企业和外国跨国公司的创新能力进行比较。从 2012 年到 2014 年的 3 年里，我们同思略特（原博斯公司，现在已并入普华永道）合作，就中国创新问题对领先的跨国公司和中国企业的高管进行了一年一度的调查。这些调查是在线进行的，再发送给思略特、中欧国际工商学院中国创新研究中心和其他调查合作伙伴。[28] 通过分析，我们发现中国企业在创新方面有迅速赶超在华西方公司的趋势。如图 2.1 所示，越来越多的跨国公司高管认为，中国企业在创新方面已经赶上或超过在华跨国企业。更具体来说，这些高管认为中国企业在供应链、服务和商业模式方面有着更强的创新能力，但在新产品创新方面能力偏弱（见图 2.2）。

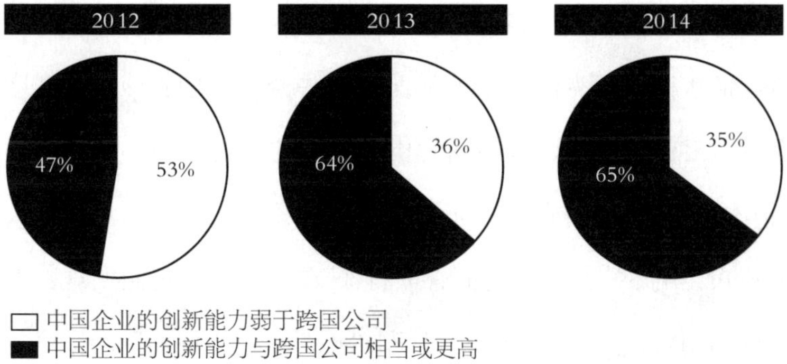

数据显示，中国企业已成为创新型企业。（对应问题：“请对贵公司在中国大陆的创新表现打分。”）

图 2.1　中国企业的创新表现

资料来源：思略特，《2014 中国创新调查：中国创新走向全球》

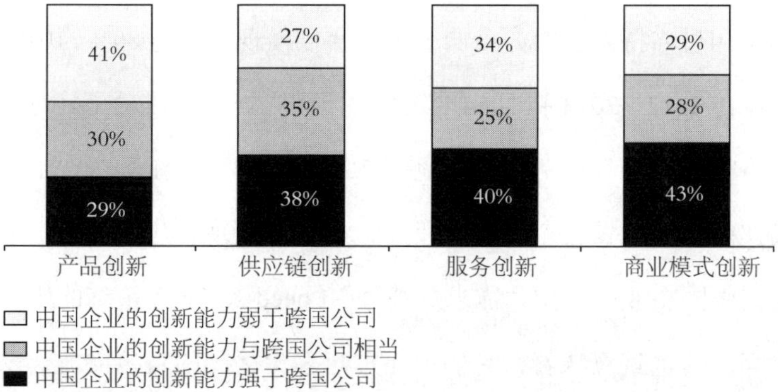

按创新类型划分的中外企业创新能力比较。（对应问题：“请对贵公司在中国大陆的创新表现打分。”）

图 2.2　中国企业的创新表现

资料来源：思略特，《2014 中国创新调查：中国创新走向全球》

我们怀疑在华跨国公司高管对中国企业的创新能力存在一种夸张认识，因为他们每天都面临这些企业的创新威胁。在中欧国际工商学院中国创新研究中心发布的一份报告中，我们发现中国企业的创新表现并非如此突出。该报告对中国规模最大和最知名的59家创新型企业进行了重点研究。我们发现，在“相对于中国企业的创新能力”和“相对于世界标准”两个维度上，这些中国企业的前者评分均高于后者。换句话说，这些最具创新力的中国企业被普遍认为落后于世界标准。该发现同第一章中的企业排名是一致的，即鲜有中国企业跻身全球最具创新力企业行列，尽管现在它们的数量在不断增长。不过，在咨询公司思略特发起的一项调查中，我们发现，超过80%的中国企业在2012、2013和2014年的国内创新投入，亦推动了针对国外市场的产品和服务开发（见图2.3），此即我们在第一章中所描述的创新的第三个演变阶段。该调查还发现，与跨国公司相比，中国企业中采用“需求寻找型”（need seeker）策略的比例更高。这也就意味着，它们更注重与客户之间的直接交流，以便获得新的创意。[29]

一个可能的结论是，中国企业在国内拥有相对于跨国公司的竞争优势。它们的“需求寻找型”策略展示了对客户的重视程度，而客户也是我们前面讲的4C框架中的第一个因素。由此可见，在中国，客户是推动创新的强大力量，而相对于跨国公司，中国企业更重视以客户为中心的发展战略。在下一章中，我们将更详细地讨论这背后的原因。

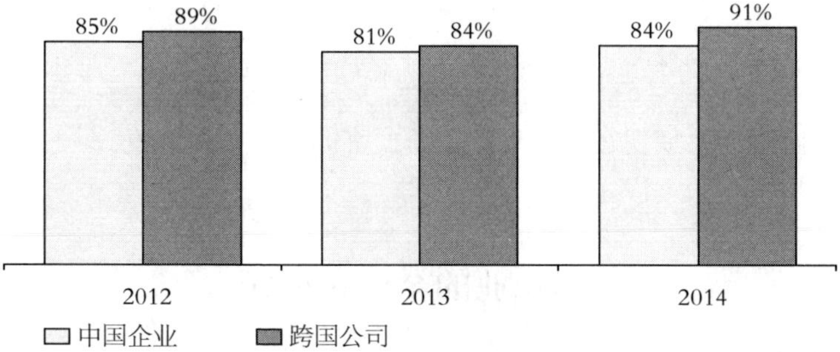

在中国开展面向国外市场的创新活动。（对应问题：“贵公司在中国大陆的创新活动是否有助于针对国外市场的产品和服务开发？”）

图 2.3　中国企业的创新表现

资料来源：思略特，《2014 中国创新调查：中国创新走向全球》

此外，《2014 中国创新调查：中国创新走向全球》还表明，中国企业在很大程度上已经将创新作为一种全球化工具。事实上，中国企业在开拓国际市场过程中对创新的重视程度，要超过跨国公司在拓展中国市场时对创新的重视程度。这种战略选择在很大程度上反映了中国高管对创新制胜的深刻理解；在他们看来，创新是不分地域的。同时，这可能也反映了跨国公司对中国知识产权保护的担忧（我们会在第七章做详细论述）。另外，这也表明，客户响应已经融入中国企业的能力，成为市场扩张的根本，而能力也是我们前面所讲的4C框架中的第三个因素。

随着中国企业走向全球，创新的门槛也会逐渐提高。我们已经看到，中国企业正在利用创新解决新客户群的问题，尤其是在利基市场。它们渴望提升自身的全球创新能力，因为很多企业认为它们在这方面仍处于落后位置。全球范围内，跨国公司很快就会面临现在它们在中国所面临的那种创新强度。

中国企业的全球化创新

美国、欧洲、日本以及新近的韩国都曾经掀起过全球化浪潮。每一波浪潮都伴随着企业的创新能力、流程及体系的全球化。同样，在中国掀起的这波全球化浪潮中，中国企业也会推动创新体系的全球化；事实上，它们也已经在行动。这波全球化浪潮——某种意义上更像是创新海啸——将会建立在中国企业的传统根基之上。同时，它们也会创造性地应对当下的现实。

基于《2014中国创新调查：中国创新走向全球》所述，我们可以更好地定义中国独特的全球化创新方式：[30]

- 中国企业更有可能通过全球化创新来获取人才和技术。换句话说，它们寻求的是创新能力而非简单的事实或知识。中国企业设立创新中心的首要驱动力（68%）是获取或监测领先技术，中国企业着眼于长远规划。跨国公司的首要驱动力（90%）与中国企业截然不同，它们设立创新中心是为了掌握客户趋势和洞见。之所以出现这种差别，我们认为原因就在于中国企业更理解客户需求，而且也有能力弥补自身不足。国内业务的成功为它们提供了资金（即我们所说的第四个因素——现金），从而使得获取外国能力成为可能。

• 相对于跨国公司，中国企业对内生式扩张的依赖程度较低。它们更有可能通过合作乃至并购其他组织的方式进行扩张，即通过财务实力并购其他品牌，抢占市场份额，以及获取自身所不具备的技术。

• 相比于跨国公司，中国企业更有可能与常规价值链外部的以及内部的组织建立合作关系；外部组织如大学和研究机构，内部组织主要是供应商，但也可能是竞争对手。比如，77%的中国企业与大学建立了合作关系，跨国公司中这一比例为45%；在与供应商建立合作关系方面，中国企业的比例为68%，跨国公司的比例为46%。然而，在与客户建立合作关系方面，跨国公司的比例为48%，中国企业的比例仅为27%，这或许是因为中国企业对其客户已经有了相当了解。另外，在与跨行业公司建立合作关系方面，中国企业表现得也很谨慎，这是因为这些合作企业有可能跨过行业界限，争夺市场份额。在第六章中，我们将会就这些特点做进一步讨论。在第六章论述开放式创新时，我们会发现中国企业之间的合作非常普遍，这种合作也得到了中国政府系统扶持的创新生态系统的有力支持。

总而言之，中国采取的是一种独特的全球化创新策略。在全球化进程中，中国企业持开放态度，它们寻求合作，打造能力，创建网络，并在必要时通过收购获取能力。相比之下，在此前的几轮创新浪潮中，企业更注重自力更生，侧重从内部培养能力。[31] 中国企业之所以采取这样的策略，是因为它们已经建立起了获取、理解和吸收新知识的内部能力。

小结

在本章，我们展示了中国企业所采取的 8 种创新模式。它们不遗余力地寻求竞争优势，在创新方面有的已经超过在华外企，有的已经达到了世界水平。此外，我们还提供了 4 个案例研究，就这些公司如何打造创新能力进行了论述。这些案例进一步解释了4C框架中的根本性变量。

在上述案例及调查结果中，我们看到第一个因素即客户，是企业的主要考量。首先，中国企业采取的任何一种创新模式，目的都是为了满足其所感知的客户需求。其次，相比于在华跨国公司，它们更关注客户需求。本章案例表明，中国企业对其客户的了解在不断深化，而它们的创新能力也从最初的拷贝发展到“追求适用”，再到世界标准。

第二个因素即文化，包括领导力和创业驱动力。大多数成功的中国企业以及上述案例公司都清楚地表明了这一点。我们在下一章还会就此进行深入讨论。在4C框架中，我们所使用的“文化”一词，其涵盖范围超越传统意义上的民族文化。它还包括中国政府的雄心：提升本国在世界上的地位和影响力，并致力于打造世界级的创新环境。而正如我们所看到的，相对于跨国公司，中国企业更愿意与其他组织建立合作关系（但在与客户或行业外公司建立合作关系方面，中国企业的表现逊于跨国公司），以便实现跨越式转变，即从获取新资源到开拓新市场。

我们在本章及前面一章中也看到，尽管中国政府对世界贸易组织做出了承诺，但它仍在帮助和支持中国企业在本土市场的发展，以便企业获取进军其他市场的能力和现金。在从寻求新资源到寻求新市场的转变过程中，中国国有企业很少能建立起进军创新密集型市场所需的管理流程、文化或内生力。而据我们同思略特进行的联合调查显示，私营企业更有可能形成所需的能力，尤其是在了解客户方面。而对于本土企业所缺乏的能力，比如品牌和技术等，它们可以现金收购。

在第一章中，我们总结了决定中国创新能力的四个因素。在本章，我们更进一步，对这四个因素如何影响中国企业的成长展开论述。基于案例研究以及针对客户因素、文化因素和现金因素所展开的调查，我们对中国企业获得的能力进行了概述。总之，这四个相互作用的因素，共同解释了创新能力在三个阶段的发展过程。这四个因素并不单独发挥作用，彼此之间的互动关系也难以区分。但不管怎么说，它们为我们了解中国创新异军突起背后的驱动力提供了一个简单视角。

CHINA'S NEXT STRATEGIC ADVANTAGE

第三章

中外企业的创新差异

中国正朝着创新型国家迈进，速度超过先前的预期；它的竞争愿景已经不再是“中国制造”，而是“中国创造”。中国正在恢复其作为“中央国家”的历史地位，这对中国乃至全球企业来说，都具有深远意义。

在本章中，我们将进一步解释中国企业和跨国公司在创新活动方面的典型差异。很多中国企业也是跨国公司，但在中国，跨国公司通常是指来自发达国家的大公司，尤其是那些来自美国、西欧、日本和韩国的公司。

本章论述基于我们对中国企业进行的众多采访，西方公司高管对其中国竞争对手的评论，我们对研究文献和媒体报道的研究，以及管理界和学术界人士对我们所提供分析的确认及评论。

我们发现中国企业在创新活动方面与跨国公司有十大差异：

- 更关注本土需求及客户
- 接受“差不多即可”的标准

- 倾向于渐进式创新而非根本性创新
- 愿意照顾特殊需求
- 大规模人力投入
- 激发员工工作热情
- 分拆流程，速度更快
- 快速试错
- 受老板干预更多
- 与政府关系更密切

在我们的4C框架中，这些都是能力因素的根本性要素。它们源于企业的创业驱动，源于中国国内竞争激烈的客户环境中的试错学习，源于创新体系中政府的支持和投入。

更关注本土需求及客户

在创新活动中，所有企业都会关注客户需求，只不过中国企业在这方面表现得更明显。比如，很多西方技术公司会让技术力量主导它们的创新行动，有时难免会损害客户需求这个重点。然而，对大多数中国企业来说，由于缺少这样的技术优势，它们不得不将更多精力放在客户需求上。另外，基于快速的、低成本的执行能力，中国企业更容易通过产品改造应对客户需求。

中国的一些特殊因素也驱使国内企业更关注客户需求：

- 很多中国客户都有着与西方发达国家客户截然不同的需求和品位，而中国企业更容易了解他们的这些需求。前面我们讲过，为满足农民需求，海尔推出了可清洗蔬菜作物的洗衣机。而对一家西方公司来说，它可能只会在洗衣机上贴一张警示标记，告知用户不要将机器用于该用途。

- 中国经济的迅速发展意味着客户需求的变化要快于发达国家。同样，基于快速的、低成本的执行能力，中国企业可以迅速应对这些不断变化的需求，而西方竞争对手则表现迟缓。

- 中国地理环境、气候、发展程度和城镇化水平的多样性带来了需求的多样性。中国的三一集团现在已经发展成为全球领先的建筑设备制造商之一。它解释说，正是由于这种多样性，它所开发的每一种机械产品都有多种不同类型，且数量远多于西方竞争对手，以满足不同的客户需求。比如，三一集团对一种主要用于机场建设的机械进行了特殊改造，开发出新的产品类型。由于华南地区土质松软，地下水位高，所以该机械需在摊铺砂石后对路面进行压实处理，而传统机械在压实方面表现较差。

• 中国是世界上层级文化最明显的国家之一，因而客户需求总是被置于优先地位。这一点在企业对企业的关系中表现尤为明显；在这种关系中，中国客户的每一项需求都要得到满足。

搅拌机创新，九阳超越飞利浦

多年来，荷兰皇家飞利浦公司推出的榨汁机和搅拌机在中国市场一直占据第一的位置，其同类产品在其他国家也都有着出色表现。但当一家中国企业确定了本土客户的特殊偏好之后，情况开始发生变化。这家名为九阳的企业知道中国消费者喜欢喝豆浆，于是开发了一款“煮豆浆机”——实际上就是搅拌机和电饭煲的结合品。很快，九阳就抓住了市场机会。到 2011 年，九阳在榨汁机和搅拌机市场的销售收入已经达到 45 亿元，是飞利浦同类业务的 10 倍。要知道，在这个市场，飞利浦已经深耕了十几年。随后，九阳在搅拌机和榨汁机市场采取了更积极的策略，导致飞利浦每年收入递减 10%。截至 2012 年，九阳在中国榨汁机零售市场所占份额达到 42%，而飞利浦只有 20%。[1] 如果飞利浦率先确定并照顾到中国客户对豆浆机的特殊需求，那么它不会遭遇如此激烈的竞争。（该段论述基于我们的独立研究，而非源于飞利浦所提供的资料。）

对跨国公司的威胁

九阳和飞利浦的这个案例表明，中国企业可以通过其对本土客户的深刻了解，挑战跨国公司的固有优势。此外，如果跨国公司不加深对中国本土需求的了解，不积极采取行动满足这些需求，那么中国的竞争对手就会在相应市场站稳脚跟，进而对这个市场构成威胁。中国企业还会利用它们在中国市场获得的经验和财务资源，进军国外细分市场，并会成为这些市场强有力的竞争者。

另一家不愿具名的欧洲巨头也将中国企业对客户的深刻了解视为其在中国的最大威胁，尤其是在进入门槛最低的大众市场。这家欧洲公司认为，中国企业进军大众市场的策略与跨国公司截然不同。中国企业采取的是“强力”策略，它们与客户密切合作，并尽最大努力满足客户的需求。它们向客户学习，并能迅速采取行动，在产品中增加客户所需要的功能。这样一来，它们就会攀上价值阶梯。对此，一家美国跨国公司评论说，在美国市场，它面临的是少数几家大公司的竞争，但在中国它却面临数百家专注于相关产品的小公司的围剿。大众市场上的这些公司，最终大多数都会倒闭（比例或高达95%），但那些活下来的公司，都有着强大的生命力和创造力。

接受“差不多即可”的标准

由于中国的经济发展水平远低于大多数发达国家，而且对于很多产品，中国的大多数企业和个人客户都是第一次购买，因此价格低廉的适用性产品（即“差不多即可”）有着巨大的吸引力。鉴于这种“差不多即可”的标准，发达国家的公司通常需要降低其优异产品的复杂性。[2] 这对它们来说是很困难的。比如，汽车零部件厂商全球领导者、德国企业博世的一名高管，向我们讲述了其安全气囊在中国面临的问题。博世认为，其所生产安全气囊的弹出时间，在全球范围内理应是一致的。在西方国家，一辆汽车装有6个、8个乃至更多安全气囊，但现在，中国制造的汽车只有2到4个安全气囊。从工程学的角度讲，博世不会简单地降级其全球产品。为保证安全气囊的性能，博世必须对安全气囊控制系统进行新的工程设计，否则其在中国的生产成本将过于高昂。但如果在欧洲开展这个研发项目，不仅工程成本极高，而且通常还会遭到博世的德国工程师的心理抵制，因为他们接受的教育是设计最高标准的产品；如果要求他们对某种产品进行“降级”处理，他们在心理上难以接受。于是，博世大量雇用中国本土工程师，进行重新设计。这些工程师了解中国客户的需求，也知道博世的标准，所以能够平衡处理。尽管如此，对西方公司来说，满足“差不多即可”标准需要额外的投入和资金。其中一个经验之谈是，进军中国市场的欧洲或美国公司应将其产品价格降低30%~60%。走“差不多即可”路线需要当地工作人员的帮助，也需要母公司改变思维模式。一家专门生产食品加工设备的跨国公司发现，其性能卓越的工程产品难以在中国取得成功，而最便捷的解决方案是收购当地一家“差不多即可”的竞争者。它保留了这家被收购公司的品牌，用于当地销售。这项举措还给它带来了两个令人意想不到的结果：首先，它在印度发现了适于“差不多即可”产品的市场，并在发达市场开发了动物饲料用新途径；其次，随着时间推移，在中国，人们越来越关注食品质量问题，一些中国客户开始转向购买母公司的优质设备。这样一来，中国就成为促使该公司“逆向创新”的先导市场。

与跨国公司相反，大多数中国企业都是从低端市场发力的，所以它们最初的挑战是建立而不是降低适于中国的“差不多即可”的标准。在满足本土客户需求并获成功之后，中国企业会迅速占据大多数低端市场，进而挤压西方公司空间。如今，它们正从低端市场迈向中端市场，而跨国公司则相反，它们正从高端市场进军中端市场。[3]

奇瑞QQ：足够可爱的汽车

奇瑞、长城和吉利等中国汽车制造商利用成本创新开发相关车型，以极低成本提供“差不多即可”的标准。以奇瑞QQ为例进行说明。奇瑞QQ是一款专为年轻白领客户打造的微型汽车。2002年12月18日，第一辆奇瑞QQ下线，比通用汽车为中国市场打造的新型微型汽车——乐驰（Spark）早了6个月。到2003年8月，奇瑞QQ的销量已经突破1万辆。[4]这款奇瑞QQ具备适于中国市场的所有“差不多即可”的性能。该款车型配置了0.8升和1.1升两款汽油发动机，装备相当齐全，有空调、CD播放器、电动车窗和电动助力转向系统等。但同时，它也有很多不足之处。一份评论表示，“电动车窗在行驶至1万公里时会发生故障，排档拉索在3.8万公里时需更换，交流发电机在4.1万公里时会熄火，汽车头灯在4.2万公里时会熄灭，电动助力转向系统油管在4.4万公里时会漏油，倒车灯开关在4.5万公里时会失灵”。[5]与西方国家相比，中国的客户满意度数据来源还有不完善的地方，而对中国客户来说，他们更关心的或许是初始购买价格而非全生命周期成本。

尽管存在各种缺陷，奇瑞QQ在中国市场的销量还是超过了通用汽车的乐驰和大宇的马蒂兹（当时世界上最成功的微型车）。在进入21世纪的前十年里，QQ基本上都是奇瑞的最畅销车型，而公司自己也宣称，该车是“中国汽车史上的一个传奇……中国累计销量最高的微型车”。[6] 自2010年以来，随着中国客户对汽车性能要求的提高和社交网络中用户信息的广泛分享，奇瑞QQ跌出了中国汽车工业协会评选的十大畅销车型行列。虽然受欢迎程度已不如前，但奇瑞QQ仍保持着低廉的价格：2012年，奇瑞QQ的售价约为4 000美元。

基于这些适于本土和国际市场的“差不多即可”的产品，奇瑞（1999年第一辆车下线）现在已经成为中国第三大汽车制造商，仅落后于创办已久的上海通用和上海大众。

适于西方大众市场的“差不多即可”标准

中国企业也会对西方高端产品进行简化改造，以较低价格推向广大客户。比如，海尔对经典的高端消费品——红酒冷柜进行简化改造，大幅削减成本，推出了针对中端市场的同类型产品，进而获得了60%的全球份额。[7]

从“差不多即可”到世界一流

越来越多的中国企业开始采用“差不多即可”这一标准抢占相应市场，然后以此为基地，向各种中高端市场进军：先是从中国国内市场开始，然后再进入世界其他地区市场。比如，原本只是一家网络设备分销商的华为，通过打造和收购其所需的技术及管理能力，从低端市场发力，迈向中高端市场。[8] 明确的研发投入承诺推动了华为的发展。我们在第二章中讨论过，华为的众多产品已全球领先，而它的美国研发中心，在一些通信技术领域的先进程度已经超过了美国竞争对手。

倾向于渐进式创新而非颠覆性创新

渐进式创新会提升产品设计，降低成本，改善运营流程，缩短上市时间，而且无须根本性技术变革，就可以照顾到客户的特殊需求。它会在维持现有产品、商业模式和制造流程现状的同时改进或增加一些要素。由于大多数中国企业的技术能力都落后于发达国家的竞争对手，所以它们大都追求渐进式创新而非根本性创新。另外，中国市场的需求性质尚不需要颠覆性创新。不过，中国企业正在学习开展颠覆性创新所需的基本技能，只要机会出现，它们很快就会具备颠覆性创新者的能力。

正如克莱顿·克里斯坦森（Clayton Christensen）所指出的[9]，颠覆性创新通常始于庞大市场中的小型利基市场，且常常被现有市场领导者所忽略。在这些利基市场，很多中国企业正在以多种方式开展渐进式创新活动，而在不久的将来，这将会对西方发达国家的领先公司造成威胁。作为风力机技术领域的领导者，新疆金风科技公司就是这样一个例子。金风科技通过渐进式创新获得竞争优势。它开发了一种直驱式风力发电机，由于淘汰了变速箱，活件数量减少，发生成本高昂的机械故障的可能性也随之降低。再加上永磁体中稀土元素（中国拥有丰富的稀土资源）的使用，该发电机的运营成功率高达98%，从而确保了金风科技的竞争优势。

变型产品充斥市场

最初进入美国冰箱市场时，海尔销售的是针对大学生群体的小型冰箱。除了价格低廉之外，海尔还创造性地在冰箱顶部安装了一张折叠桌，使之兼具办公桌的功能，这在拥挤的学生公寓是非常实用的。中国企业在渐进式创新方面也超过跨国公司，因为它们可以承担创造变型产品所需的工程实践。但中国企业并不仅仅依赖于渐进式创新；通常情况下，它们会在相关市场投入数量庞大的变型产品。以好孩子为例，它所提供的婴儿车、儿童汽车座椅、摇篮和婴儿围栏的种类超过 1 600 种，4 倍于其最大竞争对手，而且价格也都考虑到了不同的细分市场：从高精尖市场一直延伸到大众市场。对于模仿者，好孩子行动迅速，会在第一时间向大众市场推出针对模仿产品的新型产品，同时在高端产品上增加创新性功能。海尔也采用了类似方式，不断提升生产线性能和产品规格。比如，海尔冷柜的容量从 62 升到 535 升不等。基于这种方式，海尔在生产中采用规模经济，推出了针对所有细分市场的产品。

TCL 现在是世界上最大的消费电子企业之一。从产品组合来看，它和海尔一样，也在不断地提升生产线性能和产品规格。TCL 推出的创新电视产品具有"一屏双显"、"电视卡拉 OK"和"智能触控笔"等功能。"一屏双显"技术可以让两个人在一个屏幕（高清乃至 3D 屏幕）上同时收看不同的频道；当然，这需要借助特殊的眼镜来实现。"电视卡拉 OK"采用的并非新技术，但同很多创新产品一样，它也是结合不同行业的已有技术，创造出来的一种新应用。内容来自互联网，不需要 CD 或 DVD，用户可以轻松获取各类歌曲。在中国，这是一种适于很多卡拉 OK 迷的渐进式创新。不过，"智能触控笔"是一项极具创新性的成果。只要孩子用这种笔指向一种经过特殊设计的卡通书，书的内容就会显示在电视屏幕上。这是一种具有潜在价值的早教工具。

务实创新偏好

中国企业很少追求“登月式”创新。它们并不羡慕苹果公司，而是更倾向于务实的和可预测的创新。据华为的一名经理人表示，该公司在运营中信奉的一个理念是，“任何技术，如果领先市场一年，那么你会取得成功；如果它太先进，领先市场五年，那么你会成为烈士。开发‘太过先进’的技术是大学和实验室的职责，不是公司的职责”。

渐进式创新

在中国，企业的成功通常是因为“它们能在规范化细分市场为客户提供卓越的产品选择”。[10] 这种方式依赖于很多渐进式创新而非单一根本性创新。显然，从短期来看，这一选择更实用，而且也很好地契合了中国人追求低风险和短期利润的偏好。

愿意照顾特殊需求

与中国企业偏爱渐进式创新相关的一个事实是，它们比跨国公司更愿意照顾特殊需求，而这些特殊需求通常都需要额外创新。之所以有这种意愿，一是因为它们密切关注客户需求，二是因为它们有能力以较低成本开发和打造变型产品，三是因为它们知道，在中国，一种可以满足新需求的产品的市场规模将会很大。

领先的电视机制造商海信在撒哈拉以南非洲地区赢得了庞大的市场份额。在非洲，很多村庄的居民只能买得起一台公用电视机，所以该电视机既会在室内也会在室外播放，而室外播放会面向更多的观众，也需要更高的画面亮度。只有海信愿意斥资开发这种增强亮度的创新技术及相关操作技术。

海尔的水晶系列洗衣机展现了该公司照顾特殊需求的意愿。通过用户调查，海尔确定了三种特殊需求：美国用户希望购买可以清洗厚重布料的洗衣机，比如毛巾和床单被罩等；法国用户希望购买可以清洗昂贵、精细织物的洗衣机；日本用户希望购买可以大幅降低运转噪声的洗衣机。为迎合这些特殊需求，海尔进行了 2 001 次用户调查和 11 879 次在线调查，另外举办了 628 场讨论会。2012 年，海尔引入水晶系列洗衣机，全面满足上述需求，最大脱水转速为 1 400 转/分钟，且维持了较低的工作噪声（40 分贝）。海尔的这些创新成果不仅让一项新技术应用于广泛的产品线，而且也帮助“中国制造”树立起了新的、积极的形象。[11]

大规模人力投入

中国有着数量庞大的工程师和科学家。与发达国家公司相比，中国企业的雇佣成本要低得多。当然，在中国设立创新运营机构的跨国公司也可以雇用同样的专业人士，但一般来说，它们会在数量上设限。基于庞大的工程师和科学家团队，中国企业在创新方面可以更多地采用“强力”方式，借助大团队，就创新的方方面面进行协作。比如，一些中国制药公司将很多水平较低的科学家组成团队，让他们协同合作，就杂多化合物或制剂进行测试。西方一家大型制药公司的中国研发中心的负责人告诉我们说，在西方，一家公司的科研团队可能需要决定先对 6 项测试中的哪一项进行测试，而在中国，一家公司的科研团队可以开展全部 6 项测试。这种“并行处理”方式类似于 1997 年击败国际象棋世界冠军加里 · 卡斯帕罗夫（Garry Kasparov）的 IBM 机器“深蓝”的工作方式。

通过大规模使用工程师和科学家，中国企业可以将创新流程分解成很多个小的步骤，然后安排团队逐一攻克。目标是建立一个可以加快创新流程的装配线系统。药明康德（一家制药、生物制药和医疗公司）在产品开发方面就采用了这样一种工业化模式。每年，该公司都会从行业内院校招聘数千名毕业生，专职从事研发工作。[12]

在大规模使用工程师和科学家方面，四维–约翰逊实业公司是一个典型的例子。作为一家以制造运钞车为主营业务的大型企业集团，四维–约翰逊大量雇用低成本工程师，以高度创新的方式改变生产流程——不仅针对中国，也针对整个行业。因为每个国家规定不同，其产品规格在每个国家都是不一样的；除此之外，产品还会按照银行和运钞公司的不同要求进行定制化处理。另外，运钞车的销量也很低（比如在英国，运钞车年销量只有 500 辆）。这种情况下，四维–约翰逊的竞争对手基本都是本土公司，采用的也都是劳动密集型的批量生产流程。但最终，它找到了将本土运营转变为全球运营以及将小批量定制转变为大规模定制的方式。四维–约翰逊在中国雇用了 500 名工程师，用 3 年时间来确定运钞车的全球性共同需求。比如，它研究了所有车型的应急逃离窗，确定了 4 种全球共同类型，并要求客户在下订单时挑选其中一种类型。然后，它又开发了一种新的商业模式：在中国制造车身板件模块，通过扁平包装运到英国并在那里进行最后组装，因而也就将定制化同低成本大规模生产结合了起来。为获取所需技术，四维–约翰逊在 2004~2007 年间确立了进军国外市场的策略，并于 2007 年收购了为其运钞车提供专业安全技术的英国合作方约翰逊安全公司。

2010年，它又收购了德国救护车生产商KFB Extramobile公司。在中国“非典”流行期间，这些特殊车辆因为采用先进的空气净化技术，发挥了尤其重要的作用。

激发员工工作热情

中国文化非常重视工作和成就，因而中国人更看重工作而非休闲。中国企业在这方面比跨国公司在华分支表现得更明显。另外，相对于西方公司雇员，中国企业的员工和跨国公司在华分支的中方雇员工作时间也都更长。

中国的创业者和商业领导者通常都持有这样一种观点：中国企业不应跟随跨国公司的步伐；相反，它们应该走更“中国化”的道路。[13] 由于中国在劳动力成本方面具有竞争优势，再加上其自身历史源流的独特性，中国的创业者更倾向于在公司内部培育艰苦奋斗的精神，而不是像跨国公司一样注重强调个体尊严和独立性，降低成本是他们的首要考量。

个人奖励措施的广泛使用，进一步强化了这种工作伦理。很多制药公司都“以里程碑为基准”，这与传统的以规模为基准相比是有优势的，因为这种方法可以让企业对参与项目的每个人的绩效进行单独评估。这会激励研发人员，鼓励他们在工作中投入更多的时间和精力。[14]

复星医药的 24 小时研发流程

复星医药公司研发部门前负责人曾经跟我们这样说道：

> 在我们公司，研发人员需要非常努力地工作。正常情况下我们是下午五点半下班，但研发人员通常都要加班，因为正在进行的实验离不开他们。一般情况下，他们会工作到晚上 8 点或 10 点，有时还会更晚，因为要等到实验结束。不同于以任务目标为考核基准的其他员工，研发人员是以里程碑为基准进行业绩考核的。如果研发人员一天只工作 8 小时，那么他们很难在规定时间内到达里程碑。所以，研发人员通常都会加班，延长工作时间；有的人会放弃周末乃至更重要的节假日，比如春节。

除了激励员工努力工作以加快研发进度外，复星医药还建立了"24 小时研发"团队，这是利用公司全球资源的一种新方式，旨在加大研发活动的投入时间。复星医药微分子团队将公司在美国旧金山和中国重庆的资源成功地整合在了一起。在旧金山，复星医药组建了一个小型团队，从事基础性工作，比如药物设计和早期实验等。当在旧金山一天的工作即将结束时，当天的实验进度会直接传给重庆的团队。然后，重庆团队开展相关实验，并将结果反馈给旧金山团队。这样一来，研发活动就实现了一天 24 小时不间断地推进。

华为的“狼性”

华为创始人兼董事长任正非曾经说道:“华为人，尤其是其领导者将注定操劳终生，要比他人付出更多的汗水和泪水，经受更多的煎熬和折磨。”[15] 这是任正非自公司成立时就创建的企业文化——有时也被称为“狼性”文化。它强调的是个人抱负要无条件地服从公司需求。具体来讲，任正非曾把这种企业文化描述为三大特性的混合体：一是敏锐的嗅觉，二是不屈不挠、奋不顾身的进攻精神，三是群体奋斗的意识。他说，“在与狮子作战时，狼群有着惊人的战斗力。它们对胜利有着疯狂的追求，对失败有着不懈的忍耐。它们有坚定的目标，利用各种可能的手段，去打败狮子”。[16]

目前，华为拥有 76 000 多名研发人员——据说超过其全球员工总数的 45%。在公司成立初期，研发人员的办公桌下面都放着可卷叠的床垫。这样一来，他们午休时就可以躺下休息；如果加班太晚，无法回家或不想回家，也可以拿出来睡觉。

在华为，经理人面临着同工程师和技术人员一样严苛的政策。比如，一名研究人员发现，在选派驻外经理人方面，该公司1998年曾制定过一项严厉政策：被选拔派驻海外开拓新市场的经理人，如果拒绝接受派驻安排，将不会再得到提拔。[17]现在，该公司告诉我们说，海外工作经历已经不再是必要条件；不过，它会为驻外工作人员提供更多奖励，尤其是那些在艰苦地区工作的员工。除了奖励之外，驻外工作人员还会获得更多的职业发展机会。

分拆流程，速度更快

中国企业做任何事情都快于跨国公司。关于这一点，我们从很多中外企业员工那里都听到过。我们发现，中国企业在创新方面行动迅速，而跨国公司则受制于总部设定的复杂的流程。如上文所述，中国企业通过同步活动或并行活动，加快推进创新进程。比如，联想在整个流程中运用并行工程，将创新周期缩短了一半。在每一个项目中，参与成员都会在一名主管的指导下，平行处理不同事宜。[18]

对于速度问题，一家德国大型企业的创新高管这样总结道："这与工程师的成本没有关系，而是与他们的思维和行动有关。"中国的创新者知道，市场和竞争者是不会等待落后者的。

近年来，互联网行业见证了用户偏好从个人电脑到移动设备的转变。这在互联网行业的各个细分领域都引起了变化，比如通信、社交网络、在线游戏、网络媒体和电子商务等。移动应用已经成为大多数互联网公司的主流产品。作为中国互联网行业巨头，腾讯在应用创新和开发方面的速度超过全球任何一家竞争对手。

腾讯 2011 年发布的创新产品微信就是一个很好的例子。作为一种移动文本与语音信息服务应用，新推出时的微信与西方的ICQ颇为相似。ICQ是由一家以色列公司于 1996 年发布的，后来卖给了美国在线公司。按照典型的中国方式，腾讯迅速对微信进行适应性改造，使之更适合中国市场。这种快速创新方法是微信取得非凡成功的重要原因之一。截至 2015 年，微信中国用户已经超过 8 亿，而在世界其他国家和地区，用户数也已达到数百万。通过迅速追踪用户偏好，腾讯采用了具有凝聚力的、强调客户价值功能的特征驱动开发流程。同其他很多公司的流程一样，该流程也分为 5 个步骤：概念形成、设计、开发、测试和发布。[19] 不过，为加快创新进程，腾讯并未严格遵循各阶段流程规制。比如，在开发和测试阶段，公司经常会从用户群中挑选外部测试用户，其中订阅用户会获得优先权。[20] 腾讯推出的很多产品和服务都会经过一个“灰度发布”流程：不是让所有用户参与测试，而是基于他们的社会背景、性别、居住地以及其他特征，挑选部分用户进行测试，以便逐步推出产品，并系统了解用户反应。腾讯在21世纪初就已经取得成功，而且也拥有庞大的用户群，所以这个流程可以让它迅速测试相关产品，比如开展一项百万用户参与的实验，第二天它可能就会收到30万条评论。腾讯开发一款基础产品的时间，通常为3个月左右。产品推出后，每周都会更新：不断增加新功能，并保留最有价值的功能。

快速试错

除了追求创新速度之外，中国企业在承担快速试错风险方面也表现出了更强的意愿，也更认同“失败越快，成功越早”（西方知名设计公司艾迪伊欧创始人戴维·凯利语）的理念。它们之所以这样做，是因为中国快速增长的市场比西方国家缓慢增长的市场更具包容性。中国企业很快就意识到，在一个快速增长的市场，更大的风险是怯于行动，即因担心犯错和亏损而不敢尝试新事物。这种试错方法与中国的实用主义文化是极为契合的。事实上，中国的第一位改革派共产主义领导人邓小平，就喜欢说“摸着石头过河”。通用汽车中国公司前总裁兼董事总经理甘文维（Kevin Wale）曾经这样说道：“与世界其他地区相比，中国的优势在于商业创新，而不是像西方那样，不断地钻研和完善理论。”[21]

互联网企业的时空速度

在中国，很多互联网公司都采用快速试错法对市场进行测试，从错误中学习并加以调整，尤其是在公司成立初期。蘑菇街（mogujie.com）就是一个例子。蘑菇街是一家“社会化购物”电子商务网站，为年轻时尚女性提供产品导购服务（衣服、鞋子、手提箱和化妆品等），旨在解决她们在大型网站面临的购物选择性难题。最初，蘑菇街未经测试就将很多产品放到了网站上。依靠卓越的执行力，它迅速收集客户数据，并采用快速试错法，一旦发现受欢迎的产品，就会加大资源投入。

上线一个月后，蘑菇街首席执行官陈琪看到了美国视觉探索工具网站Pinterest的“图片墙”，兴奋地认为这种呈现方式可以平衡商品展示和用户体验。因此，公司团队当天晚上就开始尝试，并在三天内推出了蘑菇街的“图片墙”。这次快速试验让蘑菇街主页在最初一段时间变得凌乱不堪。现在，随着客户数量的迅速增加，公司在类似试验方面已经采取了相当谨慎的态度。

众所周知，小米公司善于和用户共同开发产品：先向用户发送测试版，然后再联合用户，进行共同开发。虽然有的产品会失败，但通过这种方式，小米可以迅速找到适用的产品。

电动汽车的飞速发展

甘文维观察到中国汽车行业的一个现象：在将产品推向市场前，汽车企业一般不会在研发、测试和验证等阶段投入大量时间。他指出：[22]

> 中国的制度允许失败，只要是在政府支持的方向上失败。它允许犯错误，只要你能取得进展……如果这是整个国家支持的方向，就不会有人指责你的尝试。电动汽车是一个很好的例子。中国人认为电动汽车不可能做到完美，一开始也不打算做到完美。这需要几轮改进，但同时还要不断寻找客户的真实需求，并加以调整。

正是由于这种态度，电动汽车行业的发展阻隔颇多。近年来就出现了多起电动汽车事故，比如杭州的自燃事故和深圳的爆炸事故等。这些事故将电动汽车的安全问题放到了聚光灯下。在上述事故中，虽然没有发现设计缺陷和质量问题，但客户的信心受到了损害。[23]不过，由于中国政府公开支持电动汽车，所以中国的电动汽车行业仍会继续保持创新，并有可能成为全球领导者。

工行鼓励分支机构开展创新活动

作为中国最大的银行和2014年全球市值最高的银行，中国工商银行鼓励国内各地区分支行针对新产品开展快速“实地测试”，并收集客户反馈。“在2011年，”工商银行自豪地表示，“我们推进头脑风暴活动，收集到员工贡献的银行服务创新金点子263条。大多数建议都来自一线员工，非常实用，也很有启发性。”[24] 2011年，工商银行发起“产品创新日暨产品体验月活动”，并要求中国国内所有分支机构都要参加这一全国性活动。不同地区的分支机构根据自身情况选用了不同的主题。比如，浙江、山东、江苏和河南等地分支机构向客户推广创新性的iPhone手机银行服务，并对他们的体验进行调查和评估。基于对当地经济状况的深刻了解，深圳分行推出了针对高收入客户的“逸贷信用卡”，这也是国内银行推出的首张专用消费分期信用卡。

空肥皂盒的解决方案

中国的这种快速试验偏好往往会收获高效解决方案。一家西方顶尖咨询公司的合伙人告诉我们，他的两位中国客户从欧洲一家大型商品包装公司引进了肥皂生产线，相关费用在 2 000 万~3000 万元之间。但对于这种高度自动化的生产线，这两家中国企业在生产过程中都遇到了问题。具体来说，就是有些肥皂盒是空的，没有装入肥皂。对此，两家中国企业采用了不同的方法。一家企业雇用了一名在西方接受过教育的博士来解决这个问题。该博士组建了一个 15 人的团队，并给出了 300 万元的预算。经过 3 个月的努力之后，团队最终拿出来一个解决方案：利用自动化机器人检测空盒子，并从生产线上取走。这一解决方案还需 200 万元的实施费用。而另外一家企业则采取了经典的中国方法。工厂负责人找来生产线主管，告诉他在一周内解决这个问题，否则就走人。在尝试了很多不同的实用解决方案之后，该主管在顶棚安装了一台大型风扇。这样，生产线上的空肥皂盒就会被吹走。

受老板干预更多

“专断”和“干预”经常被用来区分中国老板和西方老板。有两方面的原因。第一，仁慈型家长制和强制型等级制度相结合的文化在中国有几千年的历史，受此影响，中国员工期待自上而下的领导。在中国，人们希望跟随充满激情的、有干劲的强力领导者。在这种情况下，虽然中国高管认识到必须给予员工真正的决策权，并将责任下放到组织的各个层级，但他们面临着悠久历史的羁绊。[25]此外，中国教育体制的单向教学模式，也进一步强化了这种听命于老板的文化。第二，不同于普遍观念，中国人只有在被密切监视时才会服从权威。一家中国企业的负责人告诉我们说，你必须紧盯着采购主管，确保他不会为自己谋利。这句话印证了中国一个俗语：山高皇帝远。一名观察人士这样说道："在中国，你不能做甩手掌柜。如果你放权，那你不会做长久。"[26]

中国最大的家用空调制造商格力的负责人董明珠，就是一个典型的中国式老板。有人说，董小姐走过的地方，寸草不生。中国的高管喜欢以苹果公司的史蒂夫·乔布斯为例，认为这个有着辉煌创新成果的人就是强力型老板。但在西方，老板所发挥的作用并没有想象的那么大。中国的一位首席技术官曾经告诉我们说："在西方，90%靠流程，10%靠老板。在中国，30%靠流程，70%靠老板。"我们在中国见过很多由老板推动的成功的创新项目，这些老板包括海尔的张瑞敏、联想的柳传志、华为的任正非和远大集团的张跃等。张跃告诉我们说，在远大，90%的创新项目都是由他负责的。但老板的这种强力干预既会带来积极效果，也会产生消极影响。在中国是这样，在世界其他地区也是如此。为寻找平衡点，海尔的张瑞敏引入了一个拥有2 000个责任中心的新型组织结构，意在让每一名员工都承担起创新和执行的责任。随着中国年轻一代逐步走入企业，老板的角色无疑会发生变化，因为这些年轻人不再像过去那样，如此重视辈分和权威。

专断治理下的比亚迪[27]

电池和电动汽车制造商比亚迪经常被评为中国最具创新力的企业之一。它在电池领域推出了很多产品创新：技术创新（比如铁电池及其磷酸铁锂技术）、成本创新（比如半自动化生产流程和成型工厂）和商业模式创新（比如自主研发、自主生产和自主品牌）。

基于在电池制造领域取得的成功，比亚迪首席执行官王传福2009年成为中国大陆首富[28]，其公司亦获得世界最具智慧投资人沃伦·巴菲特2.3亿美元投资。然而，仅仅两年过后，光环便褪去，比亚迪陷入困顿，2011年净利润较上一年度下降45%。老板的过度干预几乎让这个新兴的电动汽车行业遭遇灾难性危机。王传福的野心太大了。在他的带领下，比亚迪在电动汽车行业投入了近100亿元，意在为电动汽车找到新的应用。比亚迪的经理人和观察人士均认为，“老板的巨大胃口是造成灾难的原因”。

除了战略偏差之外，王传福有时候还参与微观管理。他非常重视质量管理，对于公司推出的每一款新车，他都会亲自试驾。“仅仅一款车，在半年的测试期内，我们的首席执行官就给出了超过 100 条建议，”比亚迪的质量控制主管说，“他只会挑问题，从不提我们的努力和进步。”

垂直层级下的灵活性

在自上而下、“唯老板是瞻”的层级制度下，有些中国企业也展现出了高度的灵活性，确保了资源和知识在各业务部门及职能部门之间的快速、顺畅流动。有研究将此称为解决问题的“抱团行动”模式，也就是说，问题的解决更多的是基于个人关系而非正式流程。[29]

不与老板唱反调

个人经历或许最能概括这种中国式老板。本书一位作者的父亲（中国人）就说过：“你永远都不要反驳我，尤其是在我错的时候。”

中国企业的强力领导者会身体力行来激励员工，而且常常伴随着各种光鲜行动或口号。阿里巴巴创始人马云就激励员工以“蚂蚁的方式”对抗eBay。我们在第二章中也指出，海尔首席执行官、早年用大锤砸烂公司缺陷产品的传奇人物张瑞敏，每天早上起来，都会用三个字来提醒自己："不满意。"在推行IBM的集成产品开发流程遇阻时，华为董事长任正非据说曾告诉公司员工，"即便夹脚也要穿新鞋"。这些领导者对成本、质量和艰苦奋斗精神的专注，对于中国在创新方面赢得战略优势，中国政府实现技术自主的长期愿景都具有极其重要的作用。

与政府关系更密切

国家所有制和行政干预力量，要求中国企业（无论是国有企业还是私营企业）同政府保持密切合作关系。与大多数西方公司相比，中国企业与政府之间的密切程度更高。当然，中国企业也比西方公司更能建立这种密切关系，无论是在国家、省级还是省级以下地方政府层面。比如，很多研发拨款，尤其是来自中央政府的研发拨款，仅针对中国企业。但令人惊讶的是，一家欧洲公司表示，它找到一个方式，可以把部分研发实体注册为中国实体，这样就有资格获得政府拨款。然而，对外国公司来说，它们在创新领域面临的重大问题是，中国政府不断施压，迫使它们与中国分享技术。正如一篇文章所指出的，"政府改变了数十年来放宽外国公司进入中国市场的规则，使得这些公司的首席执行官陷入窘境：他们要么遵循这些规则，与中国的竞争者分享技术；要么拒绝这些规则，退出中国这个世界上增长最快的市场”。[30]

在创新方面，中国企业从国家和地方政府那里获得的更多是直接支持。对一家中国企业来说，它可能没有麻省理工学院或斯坦福大学这样的资源，但它可能有一位非常支持它的市长。其实，跨国公司也可以寻求地方政府的支持。关于这一点，我们会在第六章进一步讨论。

快轨上的中国铁建

在向国有企业交付先进技术方面，政府也发挥了强有力的作用。跨国公司通常需要将简单零部件的制造转包给国有企业，同时将端到端系统移交给地方参与者。从 2009 年开始，中国中央政府提出要求，参与竞标高铁项目的外国公司需与国有设备生产商中国南车和中国北车成立合资公司。[31] 庞巴迪、川崎重工、阿尔斯通和西门子赢得了合同；作为交换，它们需要与中国北车和中国南车成立合资公司。需要指出的是，中国南车和中国北车在 2005 年时合并组建为中国中车。

轨道及相关基础设施建设是中国铁建公司的主营业务。得益于技术转让、持续的大规模投资，以及公司自身和地方机车车辆制造公司的快速发展，中国铁建在短短几年间就建起了世界上覆盖范围最广的高铁网络。截至 2015 年，中国高铁运营里程达到 1.6 万公里，并计划到 2020 年增至 2.5 万公里。

作为中国高铁轨道的主要承建商，中国铁建旨在成为该领域以及其他基础设施领域的世界领导者。2011 年，中国铁建在“《财富》世界 500 强”企业中排第 105 位。在这家大型国有企业，政府激励措施是主要的创新驱动力。2011 年，中国铁建获政府拨款 1.732 亿元，约占该公司 5.215 亿元营业外收入总额的 33%。

除了铁路之外，中国的“十二五”规划纲要还明确支持七大类“战略性新兴产业”中的国有企业的发展。这七大类战略性新兴产业包括节能环保产业、新一代信息技术、生物产业、高端装备制造业、新能源产业、新材料产业和新能源汽车。一份报告显示，“政府期望，这些产业到 2015 年对 GDP 的贡献率能从目前的约 1% 提升到 8%，到 2020 年达到 15%”。[32]

得益于政府的大规模投资，中国铁建在建立国家级创新平台方面取得了突破。中国铁建子公司中铁十二局集团下设技术中心被认定为国家级企业技术创新中心。2011 年，中国铁建科技投入达 84.7 亿元，列入国家重大科研项目 3 项，新增省部级科研项目 22 项。提交专利申请 1 037 件，其中 57 件获发明专利。此外，中国铁建还进军高科技建筑项目。作为京沪高铁线路的一部分，丹昆特大桥是世界上最长的桥梁（全长165公里），设计速度最高达每小时350公里。

目前，中国在高铁领域的经验超过世界上其他任何一个国家，而高铁也成为一个持续增长的出口部门。仅2010年，中国铁建就新签署了156个海外合同，总额达到259.125亿元。1975年，中国铁建下属子公司完成了中国首个海外铁路项目——连接坦桑尼亚和赞比亚的坦赞铁路；如今，它正在建设总投资为83亿美元的尼日利亚铁路现代化工程项目，这也是迄今为止中国承接的最大海外项目。2015年7月，中国首列出口欧洲动车组在中国中车子公司株洲电力机车公司下线。[33]

搭乘政府东风

替代能源是中国政府大规模投资的一个“朝阳”产业。总部位于新疆乌鲁木齐的新疆金风科技公司，是中国第二大、世界第三大风力涡轮机制造企业，同时也是世界上最大的直驱永磁风力涡轮机制造商。作为更稳定和更高效的直驱永磁技术的研发者，它曾两次入选《麻省理工科技评论》杂志（*MIT Technology Review*）“全球最具创新力50强企业”。中国国家能源局官方网站表示，金风科技也是备受瞩目的美国市场的参与者。[34]2011年，金风科技在美国市场实现突破，在伊利诺伊州开建总装机容量为106.5兆瓦的Shady Oaks风电场，这也是首个美国使用中国风机的大规模项目。该项目使用的金风科技1.5兆瓦直驱永磁风力发电机组，已经通过天祥集团的电子测试实验室（ETL）认证，符合美国和加拿大的安全标准。金风科技是中国首家获此认证的风力发电机组制造企业。

中国政府主要通过资金扶持和支持性政策推动金风科技开展创新活动。“政府给予的研发项目和生产设备升级补贴”是金风科技所报其他收入的主要构成。2011年，金风科技其他收入总额为7.7亿元，较2010年的6.66亿元增加15.7%，这源于政府补贴和风电场处理收益的增加。在中国中央政府的批准下，金风科技于2008年建立国家风力发电工程技术研究中心，并与17所高等院校联合开发研究项目和设计工程课程。2010年，国家开发银行与金风科技签署战略协议，为后者拓展海外市场提供60亿美元授信额度。

此外，中国政府还针对跨国公司设立高门槛，加大对金风科技的支持。这些跨国公司发现，它们在中国找不到合适的本地供应商，无法有效提升供应链水平。自2005年以来，外国公司在中国没有拿下任何一个由中央财政支持的风能项目。

金风科技的高管担任过很多具有影响力的政府相关职位。比如，公司董事长兼首席执行官武钢曾任中国循环经济协会可再生能源专业委员会副主任，同时也是新疆维吾尔自治区人民政府专家顾问团成员；独立董事王友三 1991~1996 年担任新疆维吾尔自治区人民政府副主席，此后 5 年又担任新疆维吾尔自治区政协副主席。3 名董事会成员享受国务院特殊津贴；大多数公司高管，或与政府关系密切，或有良好的政治声誉。2009 年，时任中国国家主席胡锦涛第二次视察金风科技时，对公司取得的成绩给予了认可，并强调了政府的“自主创新”战略。[35]

小结及建议

上文讨论的十个显著特征构成了中国创新的鲜明风格。传统的产品生命周期理论[36]认为，发展中经济体中的企业只能缓慢积聚力量，然后才能在全球范围内同来自发达经济体的跨国公司竞争，因为这些跨国公司在本国已经建立起了支撑它们进入全球市场的技术、品牌和管理优势。中国的迅速崛起从根本上动摇了这一概念。政府干预、中国市场的复杂性，以及中国数量庞大的创业阶层，缩短了产品生命周期，而这，也对成熟跨国公司的创新模式发起了挑战。[37]中国正朝着创新型国家迈进，速度超过先前的预期；它的竞争愿景已经不再是“中国制造”，而是“中国创造”。中国正在恢复其作为“中央国家”的历史地位，这对中国乃至全球企业来说，都具有深远意义。在中国这个大跨越式发展过程中，跨国公司还有很多需要学习的地方。

我们的建议是，中国企业应该继续学习这十个独特的创新特征，因为这是它们竞争优势的主要来源。同时，它们还应采用西方公司更系统的创新方法，并加以调整。这并不意味着它们应该放弃创新的速度和强度，而是说，对于了解相对较少的西方市场，它们应该更注重分析，减少对直觉的依赖。中国政府最近出台行动纲领《中国制造 2025》动议[38]，要求在创新等众多方面实现重大转变，鼓励本土企业加深对海外文化和市场的了解，提升运营风险和金融风险管理能力。[39]

西方公司需要全面了解中国创新者的这十大特征，并将这些经验教训应用到它们的在华业务中。以下行动尤其会让它们受益：进一步了解当地客户和当地决策者；对在华部门进一步放权，便于它们更快地推出产品原型；基于适用性标准的产品再造，如有可能，与本土公司建立合作关系；寻求机会，将中国的理念推广到世界其他地区。跨国公司拥有先进技术、强势品牌和行之有效的系统创新流程等丰富资源，这是它们的宝贵优势。我们在后面第八章会讲到，在此能力基础之上，学习中国的创新经验，将会促进它们在世界其他地区开发出极有助于其业务发展的创新成果。

CHINA'S
NEXT STRATEGIC
ADVANTAGE

第四章

跨国公司在华创新行动

跨国公司在华研发已经从成本驱动型创新演变到市场驱动型创新，其中有一些公司已经开始利用在华开发的知识。

在本章，我们将从中国企业转向外国跨国公司，并对它们的在华创新和研发活动进行考察。由于跨国公司在华创新活动呈多元化趋势，而且演变很快，所以可以用历史和演变的角度来考察。[1]

中国现在已经成为很多跨国公司开展研发活动的全球首选地。从我们的4C框架来看，中国正在利用本国日趋成熟的技术能力提升自身创新实力。中国本土企业的技术越来越成熟，而且它们对本土客户和文化有着更深的了解，这都对跨国公司构成了挑战。如此一来，跨国公司将创新能力的基本组成部分，同时也是企业重要资产的技术部署到中国也就不足为奇了。由于很难观察到跨国公司的所有创新努力，我们使用研发中心这一相近指标对全部创新活动进行测量。目前，中国境内有超过 1 500 个外企研发中心，而且每年数量都在增加，增速高于其他任何一个国家。[2]比如，自 2003 年起，通用电气已经在北京、上海和无锡建立了研发中心，还成立了 3 个区域创新中心。2013 年，甲骨文成立了其在中国的第四个研发中心，同期戴姆勒、美敦力、柯惠医疗、波士顿科学、大陆集团、丰田和阿科玛等公司也都在中国设立了研发中心。2010 年，强生公司在苏州工业园成立了一个新的研发中心，负责整个亚太地区所有医疗诊断设备的产品开发。此外，博世集团、通用电气、IBM、飞利浦和壳牌等很多跨国公司也都在不断升级和增加其在华研发设施。在 2010~2014 年，中国吸引境外企业境内“绿地”研发投资达 55 亿美元，排名世界第一，而同期美国吸引的“绿地”研发投资①还不足中国的一半。[3]我们会在下文讲述中国“绿地”研发投资大幅增长的原因。

从我们的 4C 框架来看，跨国公司最初进入中国并不是希望开发新的能力，而是希望利用其在母国已经开发出的能力（或利用其先前所获得的国际经验）。基于所具备的能力，它们通常

① 绿地投资又称创建投资或新建投资，是指跨国公司等投资主体在东道国境内依照东道国的法律设置的部分或全部资产所有权归外国投资者所有的企业。——编者注

会赢得相对于东道国本土企业的竞争优势。但在中国，客户和文化都是坚实壁垒。正如我们要在下文详述的，早前跨国公司以产品或服务开拓中国市场，而这些产品或服务所针对的客户与母国客户高度重合：高收入消费者或拥有先进技术的行业客户。首先，在专利技术、品牌或卓越管理技能的支撑下，它们向中国出口在母国制造的产品，这些产品通常都已进入成熟期。[4] 然后，在中国本土设立制造或服务运营部门，并建立研发中心予以支持，这主要是出于成本原因考虑。接下来，跨国公司根据中国市场对其产品或流程进行适应性改造，设立市场驱动型研发中心，并推出满足当地需求的新产品。

对新进入中国的外国公司来说，快速增长的市场虽然是一个积极促进要素（本土企业同样也拥有这种有利条件），但了解本土客户和本土文化，尤其是政府所扮演的强大角色，一直以来都是它们面临的最大挑战。由此，在新进入一个市场时，它们一般不会把重点放在本土创新生态体系的利用上。在 20 世纪 90 年代，跨国公司的子公司甚至认为中国不会产出可利用的知识。[5] 孱弱的国家创新体系，再加上对知识产权的保护力度不够，令跨国公司踟蹰不前。[6] 进入 21 世纪后，国际选址决策逻辑开始发生变化。对外国公司研发投入的研究显示，在华研发中心不仅成为其开拓中国市场的重要工具，而且与预期相反，它们开发的本土技术也越来越多[7]，这一点在很多产业集群地表现得尤为明显。需要指出的是，这些产业集群是在国家政府的创新政策下建立的。[8]技术的丰富性和多元化，以及跨国公司子公司与其他实体之间的知识连接，已经成为创新的驱动力。[9]

多家跨国公司表示，它们已经认识到了中国企业能力提升所带来的威胁与机会，并积极寻求与中国知识库建立联系，希望能与中国企业一样获得相同的优势来源。在下文论述中，我们认为更多的跨国公司需要采取以知识为基础的中国战略，积极参与中国的创新生态体系。为全面解释一家企业的研发流程，我们在图 4.1 中展示了研发的三个主要阶段（基础研究、应用研究以及开发）与各种外部实体的关联。在第一个阶段，也就是基础研究阶段，企业经常与大学和公共研究机构联系在一起；在第二个阶段，即应用研究阶段，它经常与初创公司联系在一起；在开发阶段，它多与供应商和客户联系在一起，其中更多的是客户。当一项创新进入到生产环节时，早期在华跨国公司的主要研发活动是，为价值链终端的运营部门或工厂提供质量控制和测试服务。随着时间的推移，研发活动逐渐发生演变，跨国公司对客户的承诺不断深化。最终，针对中国市场的创新成果被推向全球市场。

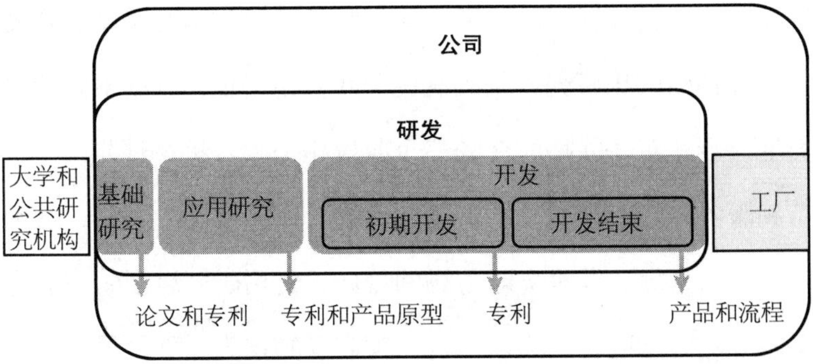

图 4.1 企业研发构成

资料来源：多米尼克·乔利

跨国公司在华研发历程演变

本章内容主要基于我们的深度采访，涉及 52 家跨国公司的在华研发中心，这些公司分别来自美国以及欧洲和亚洲的一些国家。此外，本章还涉及对 7 家大型欧洲跨国公司的采访，既包括对其在中国分支机构的采访，也包括对母国总部的采访。（关于研究方法的更多内容，请参阅本章附录。）

我们发现了三种主要的研发动机类型：成本驱动型、市场驱动型（内含“政府驱动型”）和知识驱动型。每一种动机类型都与上述企业研发活动的某一演变阶段相关联。成本驱动型研发更多的是与对接工厂的“开发结束”活动相关。市场驱动型研发增加了初期新产品开发。知识驱动型研发从初期产品开发一直延伸到应用研究和基础研究。我们还发现，三种不同动机类型与企业对华战略演变的三个阶段相一致。从对母公司的产品和服务的简单改变（本地化）到针对中国市场的创新，再到以中国为基地、针对全球市场的创新，公司研发活动的演变也从以成本为基础转变为以市场，再到以知识为基础。另外一个发现是，行业越年轻，研发部门对知识驱动型研发的兴趣通常就越大（如表 4.1 所示）。图 4.2 展示了研发动机和研发活动类型之间的关系。

表 4.1　在华公司研发类型：52 家所研究公司分布

	成本驱动型	市场驱动型	知识驱动型	总计
汽车	3	6		9
化工		11	2	13
电气、玻璃、食品、消费品	2	9	3	14
信息技术、半导体、医药	4	3	9	16
总计	9	29	14	52

成本驱动型研发

从历史上看，外国公司在中国开展研发活动，目的是为了减少当地运营成本。[10] 公司最初针对的是重复性操作，比如软件编码和测试，旨在将中国的运营和母国的运营区分开来。选择

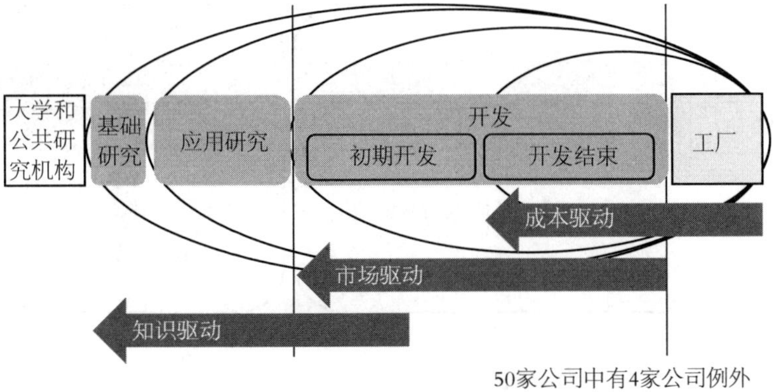

图 4.2　在华公司三种研发动机

资料来源：多米尼克·乔利

成本驱动型研发的公司，要么是将具有极少地方性特征甚或不带有地方性特征的全球产品销往当地市场，要么是将在中国生产的产品出口到母公司的供应链中。[11] 这种离岸研发活动多集中在开发阶段，且通常处于阶段尾部，因为这时研发与新技术关联度较低，最重要的考量是预算控制。该阶段的研发需要更多的人力资源，而人力成本在研发成本中所占份额通常最大。跨国公司在华研发实体一般为内部机构。先进程度不高的研发活动，也可能会外包出去。图 4.3 展示了在华成本驱动型研发在价值链运营终端的关注重点。这种研发活动对跨国公司全球运营的溢出性影响相当有限，当然有时也会给相似市场（比如其他亚洲市场）带去有益的知识，如图 4.3 中的标识箭头 K 所示。

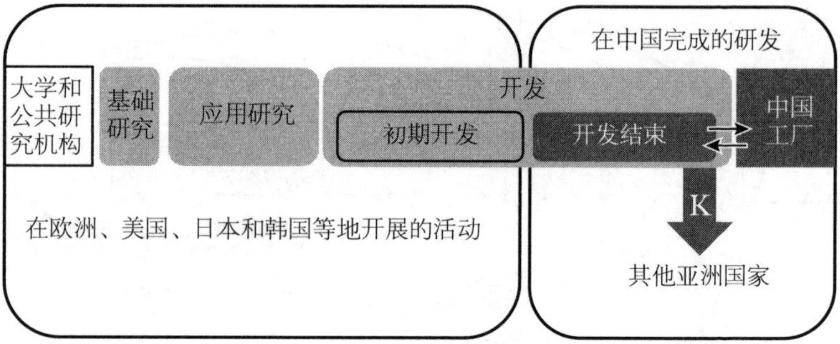

举例

对全球项目的贡献：测试外包

配套生产：小家电

图 4.3　成本驱动型研发

资料来源：多米尼克·乔利

由于很多公司都采用过这种模式，所以在华取得成功的相关因素广为人知。研发和生产运营需要很好地结合起来。重点招聘当地毕业的本科生和硕士生，而不是博士生。需要在当地开发的知识相当有限，大多数知识都来自总部，所以没有必要将研发活动纳入当地的创新系统中。对于制造流程的适应性改变，公司可能会保密；也可能认为没有必要申请专利。但知识产权保护应被视为当地研发活动的重要组成部分，公司应在中国为其在国外开发的技术和在世界上首次推出的流程或产品申请专利。（更多关于在华知识产权保护的内容，请见第七章。）

成本驱动型模式适合产品周期的第二个阶段（国外生产）。

该阶段，跨国公司应利用国外地理位置属性，尤其是中国较低的劳动力成本，其中也包括研发成本。在与中国本土企业竞争方面，利用这一属性很必要；在确保进入全球供应链的出口产品的质量方面，这也发挥着重要作用。然而，自 2005 年以来，中国工资增长率较通货膨胀率平均高出约 10 个百分点；地方政府每年也会将最低工资提高 15%~20%。[13] 但在研发成本方面，由于几乎没有国家能与中国展开竞争，所以这种模式也就越来越没有竞争力，除非公司将生产运营转向内陆城市，比如劳动力成本更低的成都和重庆等。另外，客户需求的提升和当地竞争者的崛起，需要通过市场驱动型研发开展本地化和市场推广活动，这也是跨国公司研发演变的第二个阶段。

市场驱动型研发

跨国公司研发演变的第二个阶段是市场驱动型研发。市场驱动型研发，一是出于本地化需求，因为它要开发文化制约性产品，比如食品、调味品和香料等；二是基于当地条件、投入或监管方面的需要，汽车就是典型例子。[14] 正如我们在第三章中所论述的，中国与世界其他地区的众多差异以及国内无数微观细分市场的存在，刺激了适应性改变的需求。此外，中国客户生活的不断富足和对品质追求的提升，意味着他们越来越不愿意接受西方的“二流产品”。他们希望能有专为中国制造的产品。市场驱动型研发意味着公司将国外开发的技术引入中国，然后进行本地化改造，使之适应中国市场。中国本土竞争者善于发现并满足市场需求，而跨国公司必须加深对中国市场的认知，才能做到与本土市场相匹配。产品不再仅仅局限于“差不多即可”；[15] 它们必须具备适用性，在功能和价格上符合客户的预期。

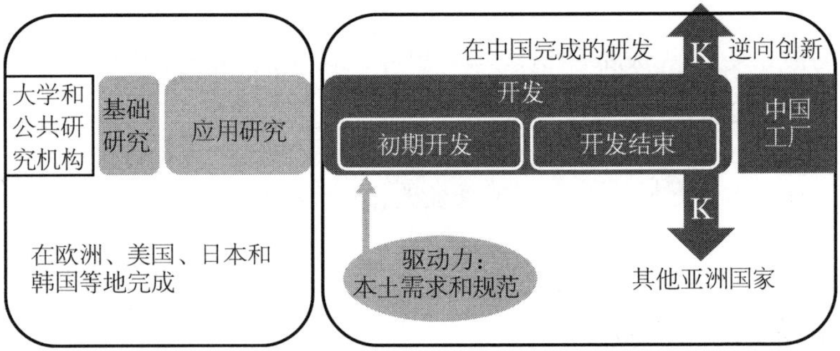

市场驱动型研发。需要在中国进行适应性改造的产品和行业包括化妆品、汽车、电气工程、机械工程、本地化电子产品和农业等。需要进行适应性改造的生产流程包括建筑材料、基础化学和医药临床测试等。

图 4.4 在华市场驱动型研发的重点和驱动力

资料来源：多米尼加·乔利

在追求适用性的过程中，跨国公司需要加深对中国市场的了解，匹配中国本土需求。这需要与客户进行直接接触，需要对每个市场中的众多细分市场进行识别。此外，它们还需要了解使用条件，因为这些使用条件与母国的使用条件可能存在巨大差异。事实上，在北美工作的工程师是很难了解中国客户的期望的。有时候，在中国进行的适应性改变，更多是源于当地条件（比如气候）或原材料的差异，而不是客户需求或品位的差异。比如，对地方性原材料组合的测试，以便找到满足中国客户真实需求或成本条件的正确组合。一个典型的例子就是，中国金属企业最近开发出以镍铁取代镍的工艺，以应对纯镍价格增长 3 倍之多。

当地监管审批需要也刺激了一些在华市场驱动型研发。制造行业就是一个例子。药物疗效并不是与国家相关联的；药物在全世界范围内基本上都是一样的，尽管有些疾病在中国的发病率超过西方，比如肝癌。然而，对于一种已经经过测试并已被其他机构批准的药物，比如已经获美国食品药品监督管理局（FDA）、欧洲药品管理局（EMA）或日本医药品及医疗器械审查中心（PMDA）的批准，要获得中国的批准，需要在中国进行研发，而这也是市场驱动型研发的一种形式。大多数大型制药公司都会在中国进行所谓的第三阶段开发，以便获得在华销售许可。事实上，中国国家食品药品监督管理总局规定相关药物测试需在中国人身上进行，确保它们不会影响中国人的生理机能。这需要对 5 000 名患者进行测试。通常情况下，产品不会改变，剂量可能会有调整。在华外国制药公司的研发活动通常都是从这类针对当地人口的测试开始的。诺华从 20 世纪 90 年代就已在中国开展这类测试。

适应中国市场意味着要利用，而不是对抗中国的传统偏好。强生率先开发了一种合成外科手术缝合线，在发达国家占有极大的市场份额。这种缝合线之所以优于丝质缝合线，是因为它降解快，患者无须像以前那样，长时间待在医院。然而，在中国，外科医生长期使用丝质缝合线，并对此有一种强烈偏好。按照早前的做法，强生会用其卓越产品“打击”丝质缝合线，但这只会引发资深外科医生的抗拒情绪。在苏州新成立研发部门的创新头脑风暴会议上，强生决定拥抱而不是打击这种丝质缝合线。特别的是，它开发了一种具有丝质缝合线特征的人工缝合线。这种缝合线在质地上与丝质缝合线尤为相似，因而被广泛接受。

适应中国市场也意味着要适应公司销售团队的态度。强生研发部门的负责人让公司在华销售团队推广一种低成本的新型心电图机。该心电图机是专门针对新兴市场开发的，分中国定制版和印度定制版，所以很容易获得销售团队支持。与印度版心电图机相比，中国版减去了两项不太常用的功能，且设备正面颜色从灰色改成了砖红色。

市场驱动型研发在一国的成功会创造出可销售至其他市场的创新成果。这些市场在收入或文化上与源国家相近，但有时，市场也可能是全球性的。这就是所谓的“逆向创新”现象，其中最有名的例子就是通用电气开发的心脏监护仪。[16] 还有就是通用电气在中国研发的低成本超声仪；作为一种便携式设备，也可用于外科手术，该仪器在发达市场取得了良好销售业绩。在第三章中，我们提到了另外一个例子：一家跨国公司中国子公司生产的“差不多即可”的食品加工设备，现在畅销于发达国家和发展中国家。虽然这种市场扩张更多是偶然的而非深思熟虑的，但我们认为，第三种类型的在华研发活动，即知识驱动型研发，可以用来开发针对全球市场的创新成果。

政府驱动型研发

市场驱动型研发的一个特例是政府驱动型研发。[17] 这种类型的研发在于满足政府的意愿，以便从它那里获得合同或大项目。有时候，这种研发也会被打上“公关开发”（PR&D）的标签，突出该策略的公共关系维度。此类研发一般始于最高层的政治协议，通常是国与国之间的协议。推动力可能是满足中国政府在国内开展更多技术创新的需求。在企业与政府的合作活动中，尤其是在缺乏全球竞争者的行业集中度较高的领域，这种情况颇为常见。此类协议的实施方，中方为政府控制下的国有企业，外方为与母国政府关系密切的跨国公司。对这类协议中涉及的中国企业来说，一个重要目标就是联合技术开发。高铁、航天和航空电子都是典型例子。中国企业的驱动力是获取技术，而跨国公司的驱动力是市场准入。政府采用的这种干预方式改变了在华产品周期的演变进程，因为它加快了中国引入国外技术和开展自主创新的步伐。中国政府的直接干预促进了本土竞争者的崛起；依靠最先进的技术，它们的发展速度超过了其他工业化经济体内的企业。对跨国公司来说，利用这些重大机遇的代价就是培育了潜在的全球竞争者。

知识驱动型研发

第三个阶段即知识驱动型研发，与成本驱动型研发和市场驱动型研发在创新流程上存在差异；这种类型的在华创新涉及更多步骤。成本驱动型研发重点关注的是开发和运营的末期阶段，市场驱动型研发一般不会超过开发阶段，而对开展知识驱动型研发的公司来说，相关活动涵盖整个研发过程：基础研究、应用研究和开发。此外，这三种类型的研发战略还有一个重大区别，那就是相关知识的流动方向。

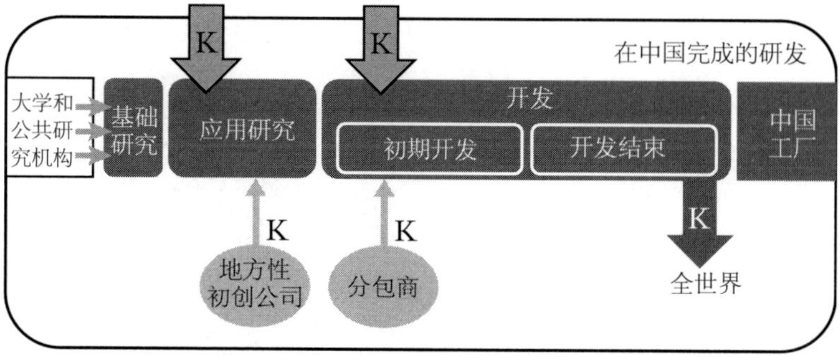

针对全球业务的知识驱动型研发（全世界同一种产品，不需要针对地方市场进行适应性改变）：软件、能源、开发新药的制药公司、特种化学品、全球电子产品和半导体行业。

图 4.5　在华知识驱动型研发的关注重点

资料来源：多米尼克·乔利

关键的问题在于，是依赖引进的知识还是依赖在中国开发的知识。如果成本驱动型研发是跨国公司的目标，那么知识来自国外研发地。这种知识的在华附加值相对有限，因而回流到本国研发地的知识很少。就市场驱动型研发而言，无论是从国外引进的知识还是在中国开发的知识，其流动性都大大增加。外国公司将其在国外研发的成套技术引入中国。然后，跨国公司的在华研发中心对这些技术进行再设计和再开发，使之适应当地需求，进而在中国创造更多价值。这个新的知识体系是专门为中国打造的，而且在初期不会出口到国外。

与前面两种模式相比，知识驱动型研发并不主要依赖于国外引进技术。相反，它的目标是利用中国不断丰富的知识库。在华价值创造得益于完全在中国开发的技术。从历史上看，收入不断提高，科学实力也会不断提升，两者趋于全球统一标准时，创新地就会发生转移。[18]理想的情况下，在中国开发的技术会转移到世界其他地区。这也是跨国公司愿意立于全球视角，把研发地设在中国的原因（亦即它们不愿意在母国集中开发知识的原因）。此外，与中国的国家创新体系建立联系也是一项迫切任务，因为在中国产生的创意超过了世界上其他大多数发展中国家。即便是针对大众消费市场的公司，比如飞利浦和联合利华，也已决定将部分针对全球市场产品的研发实验室设在中国。活跃在B2B领域的一些公司，比如比利时化工集团索尔维，也采用了相同的战略。

从我们的样本看，在华设立研发中心的跨国公司中，68%处于成熟产业，只有32%处于新兴产业。我们认为这里有两方面的原因：其一，跨国公司不愿意在中国开展先进技术研发活动；其二，在产品周期的第二个阶段（在东道国运营阶段），跨国公司会考虑改造母公司的技术，它们认为当地公司在创新方面不会对它们造成威胁。跨国公司不愿意在中国搞先进技术研发，这是可以理解的；在第二个方面也就是技术改造方面，跨国公司现在已经受到了中国不断提升的自主创新能力的挑战。中国企业正在加快技术研发进程，以便在国内竞争中占据优势，并将市场扩展到国外。这个进程能够加快，得益于国家创新体系技术产出的不断累加，一方面是因为受到政府的鼓励，另一方面也是因为国内企业享受特殊待遇。这两股力量加快了新技术的开发进程，为中国本土企业提供了创新投入资金，也就是说既提升了能力也获得了现金。中国企业不仅加快了内部创新进程[19]，而且基于国家创新体系产生的新知识，它们也越来越受益于产品周期的加速更迭。毫无疑问，这将会带来颠覆性创新。

微软在华研发

在开展知识驱动型研发方面，微软为跨国公司提供了一个范例。拥有 3 300 名员工（包括 300 名基础研究人员）的中国研发中心是微软在美国之外最大的研发基地。微软在华研发中心设在三个城市：北京、上海和深圳，其中北京研发中心的规模最大。微软在北京中关村毗邻顶尖大学和学术研究中心的一个地块投建了两座大楼。该公司在华研究活动始于 1999 年，开发活动始于 2006 年。这个顺序与大多数外国公司的做法刚好相反。微软进入中国的首要原因是招揽人才，并希望从这些数量庞大的高质量人才中获益：中国培养的工程师的数量高出美国很多倍，是印度的两倍。另一个优势就是，在中国，有相当比例的聪明的年轻人选择工程和科学作为职业追求，与欧美国家形成鲜明对比（这也是欧美国家政府面临的一个重大问题）。市场规模也是一个重要因素：中国拥有世界上数量最多的信息技术硬件制造商和解决方案提供商。规模如此庞大的人才库和数量如此之多的创新型公司，无疑可以让在华研发团队获益。与大多数跨国公司相比，微软更早地将中国视为一个新兴“先导市场”。

微软在华研究运营的目标是建立亚洲领先的计算机科学实验室。公司鼓励研发人员发表论文，注册知识产权，以便后期将这些成果转变为产品开发。研究团队成员的业绩考核采用学术机构标准，即以论文发表数量和专利授权数量为标准进行考核。

就微软在华研发雇员的工作量而言，90%服务于公司的全球需求。另外的10%与“最后一英里创新”相关，即本地化，由一个300人的团队负责。这包括一些小的改动，比如语言和规范，以及基于不同城市的信息技术基础设施的变动等。

风险资本与在华研发

在中国，越来越多的风险资本的出现促进了与研发相关的初创公司的崛起。目前，在每年大约50亿美元的风险资本中，有一半左右流入信息技术领域；微软在华研发部门的负责人担任多家风险资本公司的董事会成员。基于这一经历，他决定启动一个“云集成项目”（cloud integrator program），具体就是在微软位于北京中关村的大厦内拿出一层楼来用于孵化初创公司，其中也包括与风险资本公司合作，对初创公司进行指导等。微软为其挑选出来的100家初创公司提供免费办公空间。虽然微软不提供资助，也不参与股权投资，但会协助它们使用和开发云应用。风投会为这些公司提供创业资金支持。

公司应转向知识驱动型研发吗

在华知识驱动型研发并非适用于所有公司。这与产业类型有很大关系。同大多数国家一样，中国的国家创新体系也不是对所有部门都给予相同力度的支持。在华开展知识驱动型研发的跨国公司多处于快速增长的新兴产业，它们认为成熟产业的中国知识库价值不大，因为这些领域的跨国公司不仅拥有多年的经验，而且还持有很多专利。在我们的研究样本中，14家从事知识驱动型研发的公司，有9家为新兴产业公司；在38家从事成本驱动型或市场驱动型研发的公司中，有31家为成熟产业公司。

第一个相对简单的方法是，若中国企业在该领域的研发投入排在世界前列，可开展知识驱动型研发。中国企业之所以能在这些领域成为世界领先的研发投入者，主要是因为它们的规模、市场主导地位，以及政府的研发资助。这些部门包括铁路、电信、石油、煤炭和太阳能等。第二个相对较难的方法是，利用中国输送的科学家和工程师团队，支持跨国公司的创新目标。中国数量众多（甚至占主导地位）的数学家和计算机科学家（既包括在中国本土培养的，也包括在国外接受教育的），有助于在计算机和电信相关部门开展前沿研究。除了微软之外，IBM和英国电信也都在中国设有重要的知识驱动型研发实验室。尽管中国在医疗领域的投入相对较少，但中国的生物科学家和医药学家还是吸引了阿斯利康、葛兰素史克和强生等公司，促使它们在中国设立基础研究实验室。我们采访的公司表示，在它们感兴趣的领域，无论是研发规模还是研发质量，都呈快速增长趋势；第一章中所述中国科学论文发表和专利申请数量的不断增加就能证明这一点。

中国对科学、技术、工程和数学学科的重视以及中国学生对这些学科的偏好，为外国公司利用中国规模庞大的科学家和工程师人才团队创造了众多机会。比如，通用汽车先是与中国本土合作伙伴上汽集团在上海成立了研发类合资企业泛亚汽车技术中心（PATAC），几年后又成立了独立的研发部门——中国前瞻技术科研中心（ATC）。这个同样设于上海的独资实体，是为了招揽镁冶金、先进设计和电池开发等领域的中国本土人才，服务于公司的轻质材料、车载娱乐和电池系统等全球项目。

中国的大学和研究中心在很多领域都发表了国际级的高质量研究成果（煤制合成气就是一个案例）。此外，中国越来越多的初创公司也提供了合作机会，比如化学领域的初创公司就有数百家之多。在中国设立研发中心，有助于跨国公司迅速了解相关初创公司，知道哪些可以建立合作关系，甚至哪些可以采取收购行动。在一些领域，风险资本早已积极介入。我们在第七章会进一步论述，实施开放式创新的跨国公司越来越受益于这一创新生态体系。微软之所以在中国开展知识驱动型研发，这些都是重要考虑因素。

公司应在何地开展知识驱动型研发

对于跨国公司研发中心的选址，有如下两个问题需要考虑：第一，公司地址是选在沿海还是内陆地区？第二，公司是要建立自己的科技园区，还是设在已有的科技园区内？

当跨国公司选择的是知识驱动型研发时，这些问题的答案不言而喻。在我们采访的 14 家在华采取知识驱动型研发策略的公司中，它们都将地址选在了靠近技术开发中心的地方。

在中国，顶尖大学和一流的公共研究中心多位于沿海省份，而且附近就是领先的科技园区。微软、英特尔、超威半导体、甲骨文和法国电信都在北京的中关村设立了研发中心；中关村是中国最好的信息技术科技园区。事实上，在多个信息技术领域，中国已经领先于世界其他国家和地区。中关村汇集了科学与教育资源（比如北京大学、清华大学和北京航空航天大学）、200 余家科研机构（比如中国社会科学院和中国工程院）、国家实验室，以及国家工程和技术研究中心，百度、新浪、优酷、京东和联想等中国很多领先的信息技术公司都把这里作为基地。

位于一流研究地区的跨国公司更容易吸引和留住这些地区的顶级科学家，并会促进其研发中心与公共研究实体之间的合作互动。此外，它们还可以更容易接触到初创公司，以及正在创建创新型业务和可能发起并购行动的风投。中国目前还没有与美国硅谷相当的创新生态系统，所以参与中国的国家创新体系是最有利的选择。

另一个问题是：跨国公司应在中国设立一个还是多个研发中心？在中国设立单一研发中心，有助于招揽足够多的研究人员，可以共享研究设备、职能部门以及中国本土创意。联合利华就是一个例子。先前，公司在中国各地的制造基地设立了多个研究实体，后来统一合并到上海。这种合并有助于强化与当地科学界的关系。另外一种观点认为这会产生凝聚效应：加入工业集群的好处。以全球化工行业为例，在 18 家规模最大的公司中，有 15 家在上海建立了研发中心，而在中国其他地区建立研发中心的只有一家，选址在天津。

对新进入中国的跨国公司来说，第一个原则是优先考虑领先的科技园区，尤其是与公司业务相符的科技园区（比如，信息技术集中在北京的中关村，制药集中在上海的张江等）。不足之处是，大多数科技园区都是新成立的，没有太久的历史，跨国公司需要时间来深耕。此外，与硅谷等成熟集群相比，在中国科技园区，企业高管、风投、创业者，以及支持性服务专业人士之间的互动相对要少。第二个原则是，如果跨国公司经营多元化业务，则需要建立多个研发中心，以覆盖不同的科学领域。

现有及新成立研发中心面临的挑战

现有研发中心面临的挑战是，早已在中国开展研发活动的跨国公司可能没有选对地方，因为适于开展知识驱动型研发的地区和适于市场驱动型研发的地区往往是不一样的。市场驱动型研发中心的选址标准是靠近客户。然而，客户未必与领先的大学和公共研究中心处在同一地区，而靠近领先的大学和公共研究中心则是知识驱动型研发中心选址时所必须考虑的。这样一来，成熟的跨国公司在战略决策上就需要深思熟虑，以确定在转向知识驱动型研发时是否要更改选址。

此外，已经建立研发中心的跨国公司可能还会发现，从事市场驱动型研发的工作人员并不具备足够的从事知识驱动型研发的技能和经验。先前已建立合作关系的大学可能也存在这样的问题。所以，跨国公司需要对其雇员进行全面的任职能力分析，并以此做出调整，包括招聘新的负责人等。

对新的“绿地”研发中心来说，其所面临的则是另外一种挑战。它们需要与政府、研究机构和在华研究人员共同打造公司在研发方面的声誉。一家公司在制造方面可能很有名，但在技术开发方面未必如此。跨国公司不能持这样一种观点，即其在母国的创新研发声誉会先于其本身进入中国。旨在提升知名度的推进计划需要精心策划和实施，除了拜访领先的大学和公共研究中心，以确定和会见有助益的合作者外，该计划还应包括提升公司在中国国家创新体系内的形象，比如在中央部委和直辖市政府官员心目中的形象等。

知识驱动型研发合作伙伴

就中国的国家创新体系而言，最重要的互动关系发生在其与知识驱动型研发中心之间，而非与成本驱动型或市场驱动型研发中心之间。与中国的大学、公共研究中心、初创公司、孵化器和风投，合作、建立伙伴关系或成立合资企业，都是通过知识驱动型研发模式来实现的。这就涉及一种需求，即首先要确定在哪里才能找到最知名的教授和研究团队，以及如何与其建立合作关系。跨国公司需要全面发掘，以便找到行业内最优秀的人才以及这些人才的聚集地。我们研究的一些公司，比如法国的液化空气集团（一家B2B工业气体供应商），其在中国投资建立大型研发中心之前，就用了很多年的时间，对中国国家创新体系内的相关研究领域进行了全面考察。它的目的是确定合适的合作伙伴。我们还遇到过一些公司，它们在这方面并没有单独行动，而是寻求咨询公司的帮助，索尔维就是一个例子。索尔维聘请咨询公司帮助分析不同实验室的科学论文的发表情况，确认最佳地点，并同索尔维高管共同考察。

不同的合作关系，展示了不同的介入程度。有的公司选择了相对谨慎的策略，通过建立小型团队，管理其与中国大学共同开展的基础研究，比如制药公司辉瑞和赛诺菲。其他一些公司，则在策略上展现出了更大的雄心，在中国建立了单独的研究中心，或独立承建（比如诺华、联合利华等），或与其他公司合建（比如索尔维与罗地亚）。阿斯利康等少数跨国公司在中国开展许可证协议合作。近年来，外国公司收购中国研发实体的案例越来越多，这种方法可让它们免于从零开始。理想的收购目标是已经设立研发中心且有着良好研发记录的中国公司（比如欧莱雅收购的一家公司）。关于建立合作关系的各种方式，我们会在下文详细解释。

特别赞助研究

对大多数跨国公司来说，其合作关系的建立都是从资助大学、研究中心、医院或其他机构开展的研究项目开始的。这种特别赞助研究是进入国家创新体系和建立联系的一种低风险方式。通过签定一次性合同，跨国公司可以对中方合作者的研发能力进行评估。比如，一家在北京建有研发办公室的大型能源公司就将它的研究项目委托给了很多顶尖大学的研究部门。又基于此，现在该公司在中国相关技术领域获得了很高的知名度。

重复性短期合作

与中国国家创新体系互动的另一种方式，是与大学和其他研究实体建立重复性短期合作关系。这在制药行业比较常见。拜耳、葛兰素史克和其他一些公司都采用了这种策略。[20] 每家公司都管理着一个旨在与中国科学环境建立联系的外部合作伙伴网。外部合作伙伴包括生物技术初创公司和合同研究组织等。最初，这些跨国公司并没有在中国建立自己的实验室。即便这些公司只是在当地投入了有限的人手，但通过这种策略，它们可以接触到合作实体内数以百计的研究人员。一家美国大型制药公司与中国研究组织签署了三到四个合同，与大学签署了四到五个合同，另外还与生物技术研究中心签署了两到三个合同。法国建筑公司圣戈班也采用了这样的策略；每年，它会与中国多所大学签署 15~20 个合同。

长期合作

一些外国公司通过长期合作方式在中国从事研发活动。比如，一家大型能源公司在华研发的主要方式是对研究项目进行长期赞助，而不是设立单独的研发中心。该公司与清华大学、中国科学院上海高等研究院和中国石油大学建立了合作关系。为管理这些外部关系、领导中国的研究实体，这家公司选派了帝国理工学院的一名华裔教授作为在华研发负责人。伦敦帝国理工学院是世界顶级理工院校，而这名教授先前也曾服务过该公司在其他国家的业务。与公司层面的基础研究不同，该公司更具实用性的创新活动（创新成果会在两年内实施），是在运营部门内部开展的。

在中国，除了设在上海的中国技术中心及其他地区的5个中心外，通用电气还与中国多所大学建立了长期合作关系。这包括名列前十的工程院校，它们分别位于上海、北京、广州、南京和哈尔滨等。这些合作关系包括聘用研究人员、开展联合研究和设立奖学金等。另外，通用电气还同一些大学设立了联合实验室，不过这方面并没有取得太大的成功。由于无法确定中国大学是否有足够能力提供公司所需的基础研究，通用电气在华研发部门负责人发现，就特定项目签署小型合同是更为有效的做法（单项合同金额在5万美元左右）。目前，通用电气每年都会签署20~30个这样的研发合同。

关系是需要一步步建立的。比如，一家领先的欧洲化妆品公司与中国科学院上海有机化学研究所之间的合作关系。这段关系始于几年前，双方通过收费合同加深了对彼此的了解。现在，它们开展了一个联合研究项目，目标是打造联合知识产权。基于这种建立起来的信任关系，双方开展了进一步的合作：该公司10名研究人员现在常驻中国科学院上海有机化学研究所。

联合研究实验室

对跨国公司来说，更进一步的行动是与中国国家创新体系内的实体建立联合实验室。迄今为止，中国境内的很多联合研究实验室都集中在信息技术和生物科学领域。联合实验室会促进合作、建立信任，但同时，这也需要高超的管理技能和甘于奉献的研究人员。联合实验室甚至可能设在大学或研究所内，进而形成强大的互利共生关系。

2012 年，通用电气与上海交通大学建立了一个联合实验室，专注于制造和材料技术研究，实验室地点就设在上海交通大学内。通用电气捐赠了部分设备，但并没有安排常驻雇员。按照协议规定，学生属于联合培养，而通用电气的雇员每月需在实验室工作一周。欧洲大型化工企业索尔维/罗地亚也通过这种方法开展基础研究。2011 年，它联合法国国家科学研究中心、里昂高等师范学院和华东师范大学，在上海成立了一个联合实验室。由 130 名科学家组成的团队致力于研究新的经济型和环境友好型流程，通过源自生物质的原材料来生产塑料。实验室的业绩考核以科学论文的发表数量和专利的申请数量等为标准。最近，这种国际伙伴关系延伸到了中国的复旦大学和法国的里尔大学。

获得初创公司的新技术“许可”

外国公司也可以与中国初创公司建立合作关系。一个比较简单的路线就是获得初创公司（通常都是公共机构的衍生公司）的新技术许可。中国政府鼓励研究所和大学在其研究业务终端创建衍生公司。阿斯利康是第一家与中国生物技术公司签署许可协议的外国公司。这家中国公司是香港和记黄埔的子公司，运营地设在上海的张江高科技园区，阿斯利康先期投入2 000万美元，若能取得约定的里程碑目标，该公司还会获得总额为1亿美元的资本投入。

与中国企业建立合资公司

在我们研究的公司中，几乎没有一家是出于研发目的与中国企业建立合资公司的，尽管跨国公司会将一部分研发任务委托给中国本土的合作伙伴。现在，大多数外国公司在中国都已有多年的运营经验。它们不再需要当地合作伙伴的指导。多家公司表示，与中国合作伙伴的共同管理给它们留下了痛苦的记忆——同床异梦，而且更多的是噩梦。在人员招聘、知识管理和知识产权方面，外商独资企业比合资公司在程序上要简单。另外，跨国公司在华设立独资企业有助于减少知识泄露的风险，这种情况在中外合资企业中经常发生。

基于知识获取的并购

在与中国国家创新体系的互动中，若外国公司以知识获取为目的，那么最有效的方法就是并购一家中国企业或研究所。在我们研究的公司中，并购初创公司通常都是为了进入某个行业，获取相关专业知识是主要动机之一。研发团队可以帮助企业领导者发掘有前景的企业。比如，并购一直都是制药公司进入中国传统医药市场的方式之一。多家跨国公司通过收购中国本土企业，在传统配方领域赢得立足之地，并获得开发现代制剂的专门知识。

此外，外国跨国公司也在积极搜寻可收购的生物技术公司，尤其是那些由拥有丰富药物开发经验的退休人员创建的公司。目前，这一领域竞争激烈，这是因为在中国，该领域合理规模企业（雇佣人数超过 200 人）的数量不到 100 家。

小结及建议

跨国公司在华研发已经从成本驱动型创新演变到市场驱动型创新，其中有一些公司已经开始利用在华开发的知识。图 4.6 展示了这种变化。截至 2015 年，大多数跨国公司都加深了对中国客户和文化的了解，而在与中国本土竞争者和政府机构打交道方面，也有更多的经验。

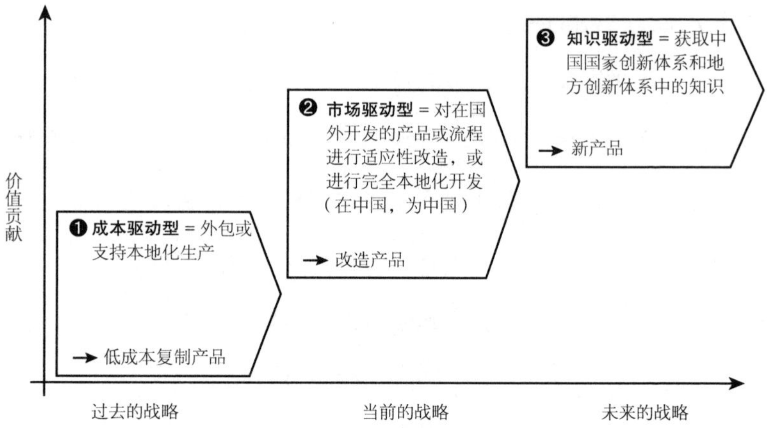

图 4.6　在华研发驱动演变

资料来源：多米尼加·乔利

但机会瞬息万变，中国国内的竞争者非常善于把握机遇，而外国公司参与中国市场的条件也在发生变化，尤其是新一届政府上任以来。中国正发展成为全球先导市场以及收入增长和新想法的重要来源地。对于中国这个新的世界创新中心，跨国公司负担不起缺席的代价。通过成为中国国家创新生态系统中的一部分，跨国公司可以利用4C框架中的客户和文化因素去开发互补性能力。这对很多领域的公司来说都是至关重要的，因为它们的本土市场将会面临中国跨国公司的挤占。它们不能远离中国，而是要坚定地扎根于中国，植根于中国的国家创新体系。对于那些尚未利用中国知识生态系统的跨国公司，我们的建议是“亡羊而补牢，未为迟也”。

要想在中国成功实施知识驱动型研发，外国跨国公司的当地经理人需要制订一系列的行动计划，以赢得公司最重要的股东的支持。

第一，他们需要说服母国总部。在我们研究的跨国公司中，大多数总部都能接受市场驱动型研发。然而，说服总部将中国研发中心转变为知识驱动型研发中心，则困难得多，因而也就需要采取策略行动，其中涉及知识产权保护和内部资源分配等诸多重要问题。如果跨国公司的领导层将中国视为重中之重，把建立中国研发中心放到全球战略高度上考虑，甚至将某个业务部门的总部搬到中国，那么这些问题都不难解决。（关于在华跨国公司如何保护知识产权的问题，我们会在第七章提供相关建议。）

第二，对于从美国或欧洲招聘的从事研发工作的华人雇员，公司管理层需要对他们的职业发展路径有清晰的认识。一般来说，他们愿意留在中国，但也有一些人可能会在公司内寻求全球职业路径，将在中国的工作经历视为有益的经验。对于这类抱负，公司政策需要给予特别照顾，并为他们提供其他潜在路径。

第三，跨国公司需要与中国的顶尖大学和研究中心建立和保持良好的合作关系。在中国，层级制度非常重要，因而这个流程必须从最高层开始，比如中国国家主席、中国科技部部长和中国科学院院长等。而要想与这些重要人物会面，跨国公司方面出面的必须是最高级别领导。

第四，地方当局的支持是另一个先决条件。这意味着外国公司要全力进入中央政府和地方政府所支持的领域。（在第六章中，我们通过案例分析为跨国公司提供了进入中国国家创新体系的方式。）

第五，富有经验的顾问一定会让公司受益，比如帮助识别优秀大学和公共研究中心的专利律师、咨询师，帮助识别初创公司的咨询师，以及帮助建立关系的经验丰富的中国居民和在华外籍人士等。

研究方法

我们对在华开展研发运营的 52 家跨国公司进行了研究。在这些公司中，我们对其中的 21 家进行了两次及以上访问，以便获得补充数据。我们进行了 69 次深度访谈，时间从 1 个小时到 2.5 个小时不等。在这些受访者中，大多数人（69 人中的 44 人）的职责都明确归属为“研发类”。第二群体（69 人中的 18 人）

职责交叉，涵盖工程、创新、开放式创新或技术等。第三群体也就是剩余群体（7 人），有着不同的头衔，比如战略业务开发等。受访者的职务层级多是总监或副总监（69 人中的 38 人），其次是副总裁或高级副总裁（69 人中的 16 人），剩余 15 人则分属不同的层级，比如经理或地区负责人等。（此外，我们还采访了 50 名大使馆及领事馆官员和咨询师。）

涉及行业包括制药、化工、信息技术、汽车和电子等。（这些都是在华跨国公司涉足的重要领域：在 2012~2014 年，制药部门所获外商投资最多，其次是企业设备和消费电子。）[21] 我们的研究对跨国公司在华研发运营的多个方面进行了考察，包括在华开展的研发活动的范围、研发驱动力、研发地址选择、与科学环境的互动、组织选择、“人的问题”、知识管理和知识产权保护等。

联合作者：多米尼克·乔利

CHINA'S NEXT STRATEGIC ADVANTAGE

第五章

跨国公司在华创新组织方式

由于中国正成为一个先导市场，在华培育新的能力将会为跨国公司的全球业务带来逆向创新，进而产生大量可继续用于创新投入的现金。

在上一章中，我们讨论了跨国公司在华研发活动的演变历程。在本章，我们将考察跨国公司组织这些研发活动的方式。这些发现主要基于我们的深度采访，这包括对多家欧洲跨国公司总部及其中国分支的采访。我们之所以采取这种“双重聚焦”的方法，是因为除了了解中国高管的观点外，我们还想知道跨国公司总部的高管是如何看待中国在其全球业务中的战略地位，以及跨国公司中国分部为何采用现有组织方式。我们会见的基本都是中国研发部门的负责人，以及欧洲总部负责中国研发活动的高管。在部分案例中，受访者是公司的首席创新官。[1] 有些公司愿意在书中具名，另外一些公司则希望给予匿名处理。

组织模式

我们发现，跨国公司在华研发部门基本都遵循同一个演变路径：研发战略会随着公司在华业务的发展而变化。跨国公司在华研发组织模式包括：

- 本地服务。本地服务专注于本地化和产品适应性改造；它根植于中国当地组织，并为之服务。
- 自主参与。制订研发计划，拥有相当数量的科学家和工程师，但仍服务于中国业务，且有自己的使命。
- 参与全球网络。与跨国公司总部及其全球研发网络保持密切联系，会参与共同项目，在人员安排上也会有交流。
- 负责全球任务。旨在开展服务于跨国公司全球业务的特定创新活动，并将其视为一种知识导向型和知识寻求型战略。

这些模式一般层层递进的，尽管有的公司会遵循不同的路径，有的会跳过一些模式，有的会在同一时间采用不止一种模式。[2] 另外，研发或创新部门的规模通常会随跨国公司组织模式的演变而扩大。最后，在拥有多个业务部门的公司，不同业务部门可能会处于不同阶段。每一个阶段也都有不同的侧重点，即我们在前一章所述的3种不同研发类型；当然，这些侧重点也会发生变化，因为很多公司都处于转型中。如表5.1所示，本地服务模式强调成本驱动型研发。自主参与模式强调市场驱动型研发，参与全球网络模式亦强调市场驱动型研发，但同时也朝着知识驱动型研发迈出了坚实步伐。负责全球任务模式更多的是强调知识驱动型研发。

表5.1　组织模式和研发类型

	成本驱动型研发	市场驱动型研发	知识驱动型研发
负责全球任务	*	**	***
参与全球网络	*	***	**
自主参与	**	***	*
本地服务	***	**	

***：重点强调
**：一般强调
*：较少强调

本地服务

在华跨国公司最初的创新活动通常是为了支持已有的制造或交付业务。它们重点关注的是产品或流程在中国的本地化。在这一阶段，任何产品创新都与跨国公司在母国或其他国家所开发产品的适应性改造有关。同样，流程创新也是为了满足当地监管标准，适应当地的环境差异或满足客户与供应商的特定需求等。这个战略与我们在第四章中讨论的成本驱动型创新阶段具有很强的关联性。

博世中国就是一个典型，其最初只是成立了一个很小的在华研发团队，仅支持生产及产品本地化。出于这种原因，博世首批在华工程师的研发基地设在了制造工厂。2002 年前后，随着公司从产品本地化转向本地产品开发，博世在华研发活动才真正拉开序幕。博世中国 2008 年招聘了首名专利律师，而当年博世在中国提交的专利申请仅有 8 件。但到 2012 年，该公司已经提交了超过 200 份发明报告和近 100 件专利申请。博世中国现在拥有 7 名专利律师，2 700 名工程师（供职于中国各事业部），以及 13 个技术中心，其中 8 个在汽车部门，3 个在工业部门，2 个在消费品部门。目前，博世在华表现活跃的事业部都设有技术中心。

博世在中国面临的本地化挑战也很有代表性。比如在汽车部门，就产品的性能或规格而言，西方国家和日本的标准通常高于中国，所以博世的很多产品都高于本地市场标准，因而在成本方面也就失去了竞争优势。

德国工程师向来以高标准为目标。很难要求他们简化产品或降低质量标准。但中国当地的工程师知道当地客户的需求，而且他们也了解博世的标准。这样一来，当地的工程师就可以在两者之间做出平衡。相比之下，在德国培养并在德国工作的工程师并不了解中国的这种动态，他们每天也感受不到市场的压力。由于他们对中国客户的需求并不是很了解，所以就很难看清这种成本问题。博世招募中国当地的工程师，并不是为了降低工程师的成本，它看重的是当地工程师的思维与速度。“利用本地资源解决本地需求”是一个更快的解决方案。正如博世一名高管所言：“德国人并不习惯中国客户的速度要求，他们也没有与中国客户打交道的经验。”此外，跨国公司也需要更积极地响应中国的营商方式。德国人会要求客户为他们提供规格清单，但在中国，供应商必须提供相关规格。这就是说，双方在业务流程上也存在差异。

宝马在华研发活动始于对进口车辆的认证检测，确保符合当地标准。这种初期活动不断演变，后来又将零部件的当地采购包括在内，这也是国家要求的。比如发动机，中国要求一定比例的零部件必须在本地制造。宝马的一些部门也希望对零部件进行本地化生产，比如油箱，从德国运到中国的费用着实高昂。电池的空运成本也很高。如果转向本地采购，需要宝马在当地设立研发部门，审核供应商的资格，并对它们的产品进行测试。

“欧洲工程公司”（化名）是一家全球性的大型工程和技术

公司，其在中国设立研发部门，一是因为它认为每个地区都有自己的工程和研究优势，二是因为特定的技术和应用需求。比如，相对于推向发达市场的产品和系统，针对中国市场的产品和系统更需要具备SMART特性，即操作简单（Simple）、易维护（Maintenance-friendly）、高性价比（Affordable）、坚实耐用（Robust），以及上市时间短（Timely to market）。欧洲工程公司的目标是在各个主要市场设立研发部门，利用和融合当地优势，实现基于本土的全球化，进而提升自身能力。

飞利浦设立在华研发部门，最初是为了实现照明产品的本地化供应。由于中国地方政府的规定、过高的成本以及激烈的价格战，飞利浦在欧洲开发的平台并不适用于中国。为此，飞利浦进行了持续的流程改造。如果一种产品是专为地方市场打造的，那么它很有可能在中国开发。如果一种产品是针对全球市场的，那么它很有可能在欧洲或美国的某个全球研发中心设计。与此同时，一些在中国取得成功的创新成果也走向了全球市场。以消费者生活方式业务为例，飞利浦在中国开发了创新性的LED阅读灯；此外，针对中国客户偏好，它还开发了有别于传统熨斗的挂烫机、豆浆机和泡茶器等，所有这些产品都走入了中国之外的其他市场。由此可见，针对地方和全球市场的创新是平行的，不分先后。

Globular（化名）是一家大型跨国公司，它采用类似的方法，通过设立在华研发部门，开展适于当地条件的生产活动。它的创新成功的关键在于本地“拉力”，即本地企业的需求。创新是商业活动的促成要素，在很大程度上，也是商业活动的结果。由此，Globular认为，如果在一个国家没有研发资产和业务，很难在那里取得创新成果。它需要本地业务部门的“拉力”，而本地业务部门也需要运用创新产出。

自主参与

就在华创新运营而言，很多跨国公司都超越了本地服务模式。当一家跨国公司的研发运营不再只是满足本地生产需求或适应性改造需求，且拥有研发计划及相当数量的科学家和工程师团队，那么组织模式就会转变成自主参与。虽然服务于中国业务，但研发部门也有自己的使命。这种研发运营从寻找有前景的领域开始，甚至都不用业务部门的推动。该模式与我们在第四章中讨论的市场驱动型创新有很强的关联性，与成本驱动型创新的关联性较弱。

自主参与模式下的研发活动通常源于这样一种认知驱动，即在华成功创新更需要独立开展，采取不同于标准企业方法的地方方法。为什么有的研发活动需要靠近市场呢？欧洲公司

Matco（化名）董事会曾讨论过这个问题。从理论上讲，所有的研发工作或许都可以在总部完成。但要想真正了解海外市场，需要常驻当地市场。比如，Matco虽然是世界上最大的某材料生产商，但它在中国并不具有成本优势。它的在华研发人员说："你们有没有意识到，我们公司仅材料成本一项就已经高于市场价格？"所以，Matco需要对生产流程进行重新设计。它需要真正了解中国客户的需求，需要走在中国客户的前面，时刻记得他们的需求。Matco认为，情感和经验对于真正了解一个市场具有重要意义。

于是，Matco在中国成立了一个卓越中心，并采用了一种截然不同的思维方式。公司原本认为它的产品是市场上最好的，其设计和应用都按照欧洲的温度和湿度进行严格控制，所以产品在欧洲表现卓越。然而，中国客户认为Matco的产品过于"脆弱"。因此，Matco必须对产品进行调整，确保其在中国不太理想的环境条件下，仍具有相似的性能。

Matco面临的第二个挑战是价格压力。即便产品性能可以转变为实际价值，公司在竞争压力下也会采取降价策略。品牌和声誉会因此受到影响。在很多情况下，Matco要么对产品进行重新设计，要么进行全面改造。然而，对于高价值产品或领先产品，公司从未将成本降到当地客户所能接受的水平上。这对

Matco来说是一个全新的问题。它采取的是完全不同于欧洲传统思维的做法；按照这种传统思维，降价只会让高性能产品跌价。

在自主参与运营方面，飞利浦提供了一个范例。当看到便携式光源在中国小型、多人口住宅区和大学宿舍的需求之后，飞利浦中国研发中心发明了一款LED阅读灯，灯光分散在书页大小的塑料面板上。光源不会照射到其他地方，因而也就不会对其他家庭成员或室友造成影响。此外，由于兼具可充电功能，这种便携式灯具在很多无法获得正常电力供应的乡村地区非常实用。飞利浦在华研究人员设计了这款产品。但由于没有业务部门愿意接手，研发部门决定再进一步，开发出了原型。如今，该款灯具不仅在中国取得了成功，在全球市场也获得了不俗的销售业绩。

欧洲工程公司甚至还表示，在华企业技术部门的雇员同德国企业技术部门的雇员肩负着同样的使命：从事特定技术领域的先进技术开发，或基于自身研究力量，或与中国研究机构建立合作关系。从2004年起，该公司开始扩大在华研发力量，雇员数量也在短时间内增加到近400人。他们的首要目标是开发基于客户需求的创新成果。在中国，欧洲工程公司搭建了一个涵盖各技术领域的垂直架构，便于业务运营部门利用公司在全球各地的先进技术。然而，与德国同行相比，欧洲工程公司更倾向于形式产品开发，有时只是为了支持在华业务单元的研发团队；相比于德国已建业务单元的研发团队，中国团队需要更多的支持和培训。欧洲工程公司发现，与德国相比，中国可能需要更好的技术。该公司原本以为，世界上最好的实用技术是适用于中国的。以城市快速公交系统建设为例，2005 年的世界标准是地铁发车时间间隔为 3 分钟。但在中国广州，政府要求的发车时间间隔为 90 秒。鉴于当地规模庞大的人口，这种要求是必要的。欧洲工程公司开发出了可以解决这一问题的创新成果。目前，这些成果不仅应用于中国当地，而且也已经进入全球市场。

在采用本地服务模式之后，宝马在华经理人发现了两个现象：一是中国各大学技术类毕业生数量庞大，二是中国发表论文和申请专利的数量也很庞大。在他们看来，中国很快就会成为世界创新之地，于是宝马 2010 年中决定扩大在华研发团队规模。在华研发团队的任务之一，就是依据中国市场需求，对宝马车进行适应性改造。中国客户购买宝马车是因为看重德国的工程质量，但宝马需要在特定方面对其车辆进行适应性改造，比如中国客户需要更柔软的汽车座椅等。基于此，宝马所产中国车型的后座采用了比德国车型更厚的装饰材料，如同中国产的奔驰和奥迪车型一样。从视觉上看，宝马并没有迎合中国客户偏好，但它的确采取了一些改造措施，比如有色玻璃车窗和可放置两三部手机的储物格等。通用汽车1998年开始在中国销售的“别克世纪”，与美国本土设计相比，改造超过600处，这不仅是出于监管原因，也是为了照顾中国客户的偏好。比如，加大乘客区的腿部活动空间，装备可控制收音机、暖风装置和天窗的设备等，这主要是考虑到雇有司机的高管的需求。

参与全球网络

对跨国公司来说，在华研发演变进行到后期，典型的模式就是参与全球网络。这种模式与跨国公司总部及其全球研发网络保持着密切联系，会参与共同项目，在人员安排上也会有交流。该模式同我们在第四章中讨论的市场驱动型创新有着很强的关联性，通常也是迈向知识驱动型创新的基础。

雀巢研发（中国）公司就是这种组织模式的代表。全球范围内雀巢所有研发中心都向位于瑞士的全球研发总部汇报工作；雀巢研发资源在各个市场间是共享的。显然，雀巢研发（中国）肩负着优先支持公司在华业务的使命，但它并没有将对其他市场的支持排除在外，尤其是亚太市场。雀巢研发（中国）不仅扮演着地方性角色，也扮演着地区性角色，其研发资源位于中国的四个中心。

雀巢研发部门在全球网络内的工作方式，从中国市场名为

“丝滑拿铁”的创新产品中可见一斑。这是一款饮品，也是雀巢第一款以可回收聚酯瓶（PET瓶）装罐销售的咖啡。该产品之所以在中国开发，是因为雀巢看到了创新性外带咖啡在饮料领域的机会。雀巢全球研发网络中的很多成员都参与了这一项目，确保产品口味纯正；同时，他们还开发了专为中国客户设计的外包装。结果就是，雀巢为中国客户定制开发了一款丝滑拿铁饮料，该产品在年轻人中间颇受欢迎。之后，雀巢了解到世界各地的年轻消费者也喜欢这种有着浓郁口味和良好口感的优质咖啡。相同配方的产品在其他市场也取得了成功。在另一个案例中，雀巢研发（中国）采用创新性配方开发了系列烹饪产品，在亚洲很多市场都取得了成功。通过全球研发网络的共享机制，这种采用新配方的产品后来又被推广到世界其他很多市场。

一家领先的电信公司，也是全球最大的电信运营商之一，从2012年开始在中国从事研发运营，自始至终一直牢记网络的力量。在设立中国研发实验室时，它就在里面加入了云计算平台的一些元素。该公司之所以在中国进行云计算开发，原因有三：一是其母国正在开展云计算研究，二是公司全球服务业务部门对此感兴趣，三是中国拥有具备此类技术能力的研究人员。

美国陶氏化学公司为其在中国的发展也投入了很多。陶氏化学在华研发部门肩负着地区使命，在整个亚太地区居于中心地位。它负责亚太地区的企业研发（由陶氏化学企业总部资助）、商业研发（侧重短期前景），以及服务于陶氏化学业务部门的技术服务开发。陶氏化学在中国拥有400名科学家，其中130名专注于企业研发，聚焦在少数几个重要领域，比如电动汽车的电池材料等，而其他人则致力于商业研发和技术服务开发。

同很多在中国的跨国公司一样，陶氏化学在华设立研发部门，最初也是为了让其服务于本土，为公司当地业务提供更好的技术服务开发支持，以免客户与美国技术服务开发之间的链条拉得太长。5年前，陶氏化学在中国的主要客户是跨国公司，而当时的想法是“利用”美国的研发力量。

但现在，陶氏化学有了很多中国客户。它需要为这些当地客户提供更具创新性的解决方案，而不是对已有产品进行简单的适应性改造。于是，陶氏化学将在华研发部门的角色转变为自主参与。此外，它还较早地认识到，中国在某些领域的技术能力领先于西方国家。将部分基础研发放在中国被认为是一个好的长期战略。视频显示技术是中国居于世界领先地位的领域之一；在该技术领域，最初的领导者是日本，后来韩国居上，现在又转变为中国。未来，该行业的开发包括OLED（有机发光二极管）、柔性显示材料和量子点技术等，其中很多都将会出现在作为全球生产中心的国家。为此，陶氏化学在华研发部门参与全球网络，从事符合公司利益的项目研究，并为中国和亚洲地区的创新研发贡献力量。该公司推测，基于中国乃至亚洲市场的大规模增长，该技术的进步速度将远快于西方国家，因为西方市场已经趋于停滞。由于陶氏化学在华客户的创新速度远快于世界其他地区的客户，所以该公司需要通过在华开展基础研发来应对当地客户的需求，确保走在竞争者的前列。事实上，在至少一个领域，即静电放电材料领域，陶氏化学中国研发中心是肩负全球任务的。

在中国研发中心问题上，陶氏化学组织内部仍存在一些紧张关系。传统商品经济思维是导致这些紧张关系的原因之一。但在陶氏化学首席执行官利伟诚（Andrew Liveris）的领导下，情况正在发生重大转变；利伟诚正带领公司朝着高价值的专用化学品方向发展，并将中国视为该战略的重要组成部分。

飞利浦在华研发部门也积极参与公司全球网络。正如上文所述，源于中国的想法会发展成为其他地区的创新成果，有时还会与其他应用结合起来，并打入其他国家市场。比如，飞利浦在华医疗保健中心不断加深对特定类型肝癌及相关生理过程的了解，并将这些知识“出口”到其他研究网络中心，包括印度和美国的中心等；这样一来，飞利浦其他部门就可以将这些洞见用于相应领域的研究。

Globular在中国新建立的研发中心并无特别之处。它的职责与Globular在欧美的研发中心是一样的；在欧美地区，Globular拥有庞大的业务集群，研发中心与这些业务紧密相关。该公司不是很喜欢碎片化的研发网络，而是更倾向于设立大型研发中心，但在数量上会有所控制。（Globular在印度的信息技术中心是一个例外，因为该中心肩负着特别使命。）

负责全球任务

负责全球（或地区）任务是为了开展涵盖整个世界（或整个地区）的特定创新活动。这是一种以知识为导向和以寻求知识为目的的研发战略。在中国，以这种模式开启研发活动的跨国公司屈指可数，其中之一就是我们在第四章中讨论的微软。不过，大多数跨国公司都在不断扩大在华研发部门责任，使之负责全球或地区任务。

强生公司2010年在苏州工业园区建立的研发部门，就是一个自一开始就负责地区任务的例子。该研发中心负责亚太地区医疗诊断及设备领域的所有产品开发工作，而医疗器材事业部也是强生的三大业务部门之一。中心负责人告诉我们说，研发工作必须超越强生的业务职能。强生认为，要想取得成功，不仅要销售产品，而且还要销售整体解决方案；如果仅仅专注于产品，那么就会为低成本的中国参与者打开模仿之门。为向医疗领域客户提供端对端服务，强生在苏州研发中心建立了一个模拟医院环境，由执业医师对产品进行测试。了解并适应中国医疗体制至关重要。我们在第四章中讨论的丝质缝合线就是一个例子，表明对用户真实体验的了解会带来价值。

飞利浦在中国设立的照明产品研发中心，自一开始就肩负着全球任务，而不仅仅局限于服务中国市场。这是因为该类别产品的功能和用途在全世界范围内并没有太大的差别。另一个驱动力是照明产业严峻的成本压力：目前欧洲公司在成本上很难与外国公司开展竞争。所以，研发部门必须同生产部门处于同一地区，现在大多集中在中国。除了照明产品之外，飞利浦在华研发中心还承担着开发电饭煲的全球使命。

IBM中国研究院1995年成立于北京，是IBM全球九大研究院之一，在研究领域享有很高的声誉。IBM中国开发中心成立于1999年，现已迅速发展成为全球巨擘，主营地位于上海。该中心拥有7 000名研发人员，是目前跨国公司在中国建立的规模最大的软件开发中心。IBM雇员在公司全球集成化企业组织架构下工作，强化区域专业化服务。一般来说，IBM的每个实验室都有自己的专长，而上海则被公司指定为“成长型市场”的全球总部。IBM中国开发中心已经成为IBM的主要软件开发中心，从事公司核心品牌软件（比如WebSphere、Information Management、Tivoli和Rational等）和工业产品及解决方案（比如Lotus、Business Analytics和Industry Solutions等）的开发。IBM在行业解决方案方面之所以能取得领先地位，是因为很多行业都始于中国。因此，这是一片“没有遗产的绿地”，IBM可以在这里开展各种实验。这是一种后发优势，IBM可以将中国作为基地，进而超越其他地区的竞争者。

IBM前首席执行官彭明盛（Sam Palmisano）表示，如果一款产品适于某个市场，而这个市场又处于增长通道中，那么公司就应该将它的能力基地转移到这个市场。IBM汽车行业能力基地原本是在日本和德国，现正在转向中国。IBM汽车负责人，原本在德国办公，现在也已经搬到了上海。

实施过程中的挑战

上述任何一种研发组织模式的成功实施，都具有挑战性。在研究公司的过程中，我们发现了一些共同问题：

- 打造当地能力的挑战

- 母国工程师和科学家不重视当地能力
- 较难理解高标准国家的需求
- 保护母国就业的意愿
- 总部在对华资源安排上的不情愿
- 对知识产权和核心能力损失的担忧

与组织和扩大在华研发团队相比，一个更宽泛的问题是，中国有些市场是不允许外国公司参与竞争的。信息系统产业的部分细分市场就是很好的例子。信息系统产业是中国政府产业政策中的八大核心支柱产业之一。在该产业的每一个环节，政府都会大力鼓励和支持当地企业参与发展。毫无疑问，阿里巴巴是一家非常成功的企业。但它取得的一些成功，得益于政府对谷歌和eBay在华运营的严格限制；这两家公司最后都离开了中国。

对非中国企业来说，在华从事信息系统业务是很难的。但是，只要外国公司能将新技术带到中国，提升服务水平，给中国带来价值，那么它们还是会被接受的。在向中国传递价值方面，扩大研发活动规模是一个重要方式。但在地方企业建立起来之后，外国公司受中国政府的欢迎程度就会大大降低，此即发展经济学家所说的“议价实力衰减”（obsolescing bargain）。[3]

这就引出了另外一个问题，即扩大在华研发规模与跨国公司是否在中国有长期发展规划密切相关。中国对跨国公司技术和技能的需求有时会与其要求独立开发的愿望存在冲突。中国政府在2014年和2015年所做的一些表述、所传递的信息也不是很清晰。（我们会在第八章就此做进一步讨论。）

打造当地能力的挑战

跨国公司在中国面临的一个重大问题是，它们很难招到合格的研发和创新人员。尽管中国每年都有数量庞大的毕业生，但问题出在中国培养的研究人员的质量和创造性上。普遍观点认为，中国的教育体制很难培养具有独立思想的研究人员。一家西方公司在华研发部门的负责人表示："在中国的研发团队，如果我说一加一等于三，他们不会提出异议。在阐述自己的想法方面，中国香港的研发人员会稍微勇敢一些。在我们的文化中，没有人在意某个想法是谁提出来的，但中国文化不同，它有很强的层级观念。所以，在中国，行为与需求之间存在错配的情况。"对这名高管来说，理想人选是那些在工作或学习中接受过西方思维熏陶的中国人；相比于其他中国人，他们更自信，也更具风险承担精神，同时还兼具中国传统美德。但也有一些公司认为，招募中国研究人员是有好处的。一名高管说："既然你要招聘中国人，那就不要考虑其他因素，而这也会让你了解中国人的态度。如果你在中国设立了一个研发部门，但工作人员全是在美国出生的华人，那么这个部门完全可以设在美国。我不赞同过于依赖华裔。”还有一些公司发现，如果负责人是拥有海外履历的华人或注重扶持当地能力的在华外籍人士，那么中国雇员也能取得令人满意的研发成绩。

第二个问题是人才保留问题，因为中国有着奇高的人才流失率。在中国，富有经验的研发人员很容易找到工作，他们不愿意长时间待在一家公司，随时都有可能跳槽。第三个问题，僵化的人力资源政策难以适应中国的就业市场。由于很多中国企业都取得了成功，跨国公司在就业和工作声誉方面的优势已不如过去，对当地工程师和科学家的吸引力呈下降趋势。跨国公司高管指出，本地公司有时在政策上会比他们的公司更灵活，通过提供具有吸引力的薪酬待遇，比如住房贷款和汽车等，吸引有价值的研发人员加入其中。第四个问题，大多数跨国公司在华研发中心都严重依赖从海外归来的中国科学家和工程师，即我们在第一章中所提的“海龟”。正如上文所指出的，把这些归国人员同当地雇员融合在一起，将是一个严峻挑战。

一家欧洲跨国公司——欧罗巴（化名）发现很难在当地招聘到年长的雇员，所以它招了大量年轻雇员。在中国，年长的研发人员并不是很多，因为研发仍是一个相对较新的概念。所以，从定义上讲，要想在当地招到有经验的研发人员是比较难的。欧罗巴中国也试图招揽从海外归来的科学家。它在美国的实验室就是一个潜在来源，因为在欧罗巴美国公司的雇员中，有15%~20%是华人。欧罗巴寻找的是在应用开发领域既能力出众的又有丰富经验的人才。它认识到了解当地市场的重要性。在中国，如果研发人员只具备优秀能力，但缺乏经验，那将是一场灾难。而且，要拥有成熟的研发能力，通常需要10年左右的时间。

欧罗巴发现，中国研究人员非常务实，他们注重结果，有能力，知道“做什么”，但有时候在“怎么做”上存在欠缺。现在，很多归国留学生在欧罗巴在华研发中心工作，他们可以轻松联系到世界各地的专家。通过公司的全球网络，不同研发中心的专家可以形成互补优势。

相比之下，Matco发现中国有才华的研究人员的数量在迅速增加。基于此，它将全球六大研发和创新中心之一设在了中国。公司了解到，在展示才能方面，中国雇员需要鼓励。他们渴望学习，愿意做出改变，个人的提升和发展也很快。中国的大学在人才培养方面也提供了大量支持，Matco等公司会从中受益。在Matco看来，虽然中国拥有聪明的和接受过良好教育的研发人员，但中国教育体制的性质意味着他们的知识和经验多局限于他们早前所选的领域。在实验室规范、安全、自我管理、独立思考和团队协作等方面进行再培训和再发展是必要的，因为这可以让他们提早接触国际业务。

上文所述欧洲工程公司看到了与中国技术人员和研究人员合作的优势：他们尽心尽责，渴望学习，而且也有很强的学习能力。该公司发现，中国的学习曲线比其他任何地区的学习曲线都要陡峭，而中国的技术人员和研究人员也比其他地区的更为务实——他们更专注于有用的结果。另外，他们也很关注完工速度，这一点远超外国同行。在加入欧洲工程公司后，中国雇员必须要学会的一件事，就是掌握独立思考的艺术。在该公司看来，中国的学习方式仍深受孔子及其价值体系的影响：老师教，学生听。

不重视当地能力

在被派往中国之后，发达国家的工程师和科学家会发现一个难以接受的事实，那就是他们的中国同行有着很强的专业能力。也正是出于这种原因，在最开始的时候，他们一般不会赞同对总部产品和流程进行适应性改造。他们甚至还不愿意看到，由中国研发人员开发适于母国市场和其他发达国家市场的产品。

这是一种所谓的“非我所创”（NIH）综合征，虽说有时确实是出于对公司质量标准的担忧，但也可能是一种偏见。

德国一家大型工程公司的研发高管说，中国研发中心会不会肩负全球任务是总部科学家和高管考虑的关键。中国工程师在能力上是胜任的，德国工程师必须改变他们以往的看法。此外，他还看到了相对年轻的中国工程师的优势。在德国，该公司工程师的平均年龄比较大，相对来说经验也比较丰富，但不是很了解年轻一代人的想法。虽然把这两种优势结合起来会有挑战性，但也可能效果会很好。

与在华跨国公司的12名高管进行集体讨论时，大多数人都表示他们希望中国研发人员能够获得高级任命。但当问及有谁将中国高管提拔到总部管理岗位时，他们均表示还没有付诸行动。对此，他们给出了很多理由，比如很难吸引到拥有管理经验的优秀科学家、中国人才竞争激烈，以及自身缺乏在华开展研发工作的经验等。

相比之下，皇家帝斯曼（荷兰一家活跃于健康、营养和材料领域的全球公司）在打造中国研发团队能力及尊重中国工程师和科学家方面，就做得很好。帝斯曼认为建立信任关系很重要，并将在华外籍经理人的数量降到相当低的水平。帝斯曼持续传递的信息是，中国人有创新能力，可以经营当地业务，可以获任总部高级职位。现在，帝斯曼总部研发部门已经引入了一些中国科学家，而公司首席技术官还希望进一步扩大中方雇员规模。在某种程度上，这源于公司的远大抱负。

较难理解高标准国家的需求

即便没有所谓的态度壁垒，在中国的研发团队也很难承担为发达国家开发产品的重任。对一国的研发和创新人员来说，他们很难了解另一个国家的需求，而“往上游走”比“往下游走”更为困难。比如，在中国，习惯于执行低标准或“差不多即可”标准的中国雇员，很难理解那些高收入、高标准国家的客户的严苛要求，比如德国客户。

保护母国就业

在保护母国就业方面，跨国公司总部的大多数高管都有一些偏好或面临一些压力。这在招聘研发和创新部门雇员时似乎表现得尤为明显。与生产部门的雇员相比，研发部门雇员与负责本地决策的高管之间有着更多相通之处：他们在同一个地点工作，在同一个食堂就餐，有时还是同一所大学的校友。在提升中国重要性方面，还有重大障碍，那就是很难将整个研发部门搬到中国。这个问题不仅仅关乎个人，而且也关乎如何与中国整个创新生态系统建立联系。在总部所在地工作多年的雇员不仅建立起了自己的科学知识，也掌握了公司内部的流程和惯例。此外，他们还与母国及其他发达国家的科学界和工程学界的领导者建立起了联系。

由于母国市场增速放缓，大多数欧洲公司都有保护国内就业的强烈意愿。正是由于这种原因，公司对强化其在新兴市场的研发力量持抗拒心理。在接受采访时，一家公司的高管非常谨慎地向我们表达了他的观点。他所在的公司正在扩大在华研发活动，但同期并没有缩减总部的研发力量。这名首席技术官试图让公司相信，在其他地区开发新的研发能力不会损害国内研发能力。他为中国保留了特别预算。另一家欧洲公司表示要减少公司总部所在地的研发活动，并为雇员提供流动机会。在过去，到国外工作是很有吸引力的，但现在，这种吸引力已经大大减弱。

但将研发转移到中国是有可能的。2012 年，英国某快速消费品公司的一个事业部在中国拥有 2 名中国雇员，在英国拥有一个 7 人团队。该公司分拆了英国的研发团队，将团队成员派往其他地区，但在本部保留了一名经理人，负责培训来自中国的雇员。受训后的中国雇员返回中国后，该公司又在中国招聘了更多中国雇员。分拆英国研发团队有没有受到阻力呢？有，但不大。阻力主要来自公司其他地区的研发人员，他们要问的是："这是关闭英国研发部门的第一步吗？"现在，该公司交付团队的部分成员也已经来到中国。总部向中国派驻了一名英国经理人，并招聘了5名中国化学家，从事制剂研究及项目管理工作。

与相对稳定的企业相比，成长型企业在将创新活动转移到中国方面更容易一些，因为这不需要裁减总部人员。在母国就业形势不景气的情况下，很难说服总部人员前往中国工作或让他们帮助发展在华研发部。但正如我们在本书中所阐述的，创新不仅仅涉及科学和技术能力，还涉及与当地市场和创新思想生态系统之间的深层次关系。由于中国是一个规模庞大的多元化市场，跨国公司必须在那里打造自己的力量，全面利用我们在前面几章中详述的创新刺激因素。

不愿将资源配置到中国

对有些跨国公司母公司来说，它们对在华研发活动并没有投入足够的资源。这有多方面的原因：一是自2008年以来美国和欧洲一直面临着经济问题，二是对中国市场的重视程度不够，三是对品牌和知识产权保护的担忧。

担心损失知识产权和核心能力

就大多数公司而言，研发和创新在其特定能力中的重要性要高于其他活动。鉴于中国的快速模仿能力以及时常发生的侵权行为，跨国公司担心如果在中国开展研发和创新活动或者将中国研发中心纳入其全球网络，可能会让公司的知识产权和核心能力受损。如果母国政府针对某些特定产业出台了知识产权保护政策，比如母国政府认定的战略性产业（如航天和国防等），那么这种担忧会进一步放大。关于这个问题，我们会在第七章进一步讨论。

在华研发和创新能力的促成因素

尽管面临我们上文讨论的种种挑战，但对旨在打造在华研发和创新能力的跨国公司来说，积极的促成因素也有很多。它们包括：

- 招揽有国外履历的华裔科学家和工程师
- 完善的人员招聘和保留政策
- 在公司文化中灌输创造性
- 简化和加快创新流程

- 维持总部与中国分部之间的健康关系
- 与中国大学和研究机构建立关系
- 将研发活动植根于中国的创新生态系统
- 采用协调措施共同保护知识产权

招揽有国外履历的华裔科学家和工程师

很多有才华的、讲普通话的华裔科学家和工程师都在美国或欧洲接受过教育，并在那里工作。如果聘请他们中的一些人（无论持哪国护照），那么跨国公司可以很快在中国培养起创新能力。[4]正如在第一章中所提的，中国已经制订了计划，通过税收激励和其他优惠措施吸引顶级中国科学家回国效力。[5]

我们就遇到过这样一位中国科学家。我们称他为李博士，2007年他受聘于一家欧洲大型制药公司，负责在中国筹建新的研发中心。李博士拥有创建组织的经验。他曾经是中国科学院的创始理事，同时也是上海一家欧洲研究所的创始理事。作为享有声誉的医学科学家，李博士回国之前已在欧洲和美国工作了20年。在欧洲这家制药公司，他是研发管理团队的成员，向公司全球研发总监汇报工作。他推动实施了公司在华研发策略，即在上海建立研发中心，负责一系列重要疾病的全球研究工作，希望有朝一日治疗这些疾病的药物不仅可以在中国制造，而且还是由在中国的研究人员研发的。然后，这些药物将被用于中国以及世界其他地区。李博士能以非常快的速度建立公司在华研发部门，用他的话说，这是“中国速度”。现在，这家公司在上海雇用了超过400人，既有很多中国本土培养的人才，也有大量留学归国人员，而其研发能力也从药物发现一直延伸到后期开发。

帝斯曼发现，高水平的中国科学家虽然很有吸引力，但要想把他们招进公司，它必须确保在华项目的重要性，并确保这些科学家在打造研发力量方面会发挥重要作用。为此，帝斯曼已经在开发长期应用技术；这样一来，中国不仅会成为它的基础技术基地，也会成为它的支持技术基地，而这些技术最终将会带来创新成果。

招聘有海外履历的华裔研究人员并不仅仅局限于顶级科学家，也包括一般研究人员。Matco发现，在西方接受教育的华裔毕业生比仅在中国接受教育的毕业生更具竞争优势，这不仅表现在语言表达能力上，也表现在自信和进取心上，因为他们更了解和欣赏西方的方式和市场。由此，回到中国后，他们就会被委以重任，负责在华开发工作，成为全球工业研究和业务领域平等的合作伙伴。在招募年轻的中国留学生方面，Matco有着丰富经验，比如那些在欧洲一流大学攻读硕士和博士学位的研究人员。此外，Matco还发现，这些研究人员在职业道路上的发展也很快。

完善的人员招聘和保留政策

在人员招聘和保留方面拥有开明政策的跨国公司，更有机会招募到优秀的研发人员。我们的研究发现，中国雇员之所以对跨国公司的研发部门感兴趣，在于其所提供的学习和发展的机会、晋升的机会，以及派驻国外工作的机会等。（当然，这里有一个前提，即在薪水和工作条件相同情况下的比较。）虽然这三个因素适用于所有国家，但相比于其他国家和地区的研发人员，中国的研发人员对前两个因素有着更高的期望，对第三个因素也有着更高的渴求。这样一来，跨国公司在打造有吸引力的研究文化和提供重要工作机会方面就需要保持高度重视。强生在华研发部门负责人告诉我们说，在具备所需技术能力的前提下，他更倾向于招聘有激情的人。

前面我们提到的欧罗巴公司发现，中国雇员工作起来很勤奋，但流动性也很高，如果看到合适机会，他们就会跳槽到其他公司——通常都是中国公司。欧罗巴在中国聘用了很多人，但也有一些人离开了公司。对任何在中国开展运营业务的公司来说，这似乎都是正常的。重要的是，在打造当地人才队伍、雇用和培训当地人员，以及为他们提供晋升机会等方面，跨国公司需要有长期战略。现在，欧罗巴还没有形成一种平衡，尤其是在公司高层职位方面，很难招到合适的当地人才。所以，在聘请权威专家（在特定领域拥有20年及以上工作经验的专家）时，公司要付出更多努力，为他们提供更好的发展和晋升机会。

博世发现，在中国招聘一直都充满挑战，但它得益于良好的雇主声誉和全球赞誉。如果一个人的履历中包含有博世工作经历，那么他的市场价值很有可能提升。有些人会在博世工作两年，然后跳槽到其他公司。不过，博世在人才保留方面做得很好。自2004年以来，公司工程部雇员流失率每年保持在5%以下，远低于一般市场上白领的流动率——超过10%。

博世认为，它的成功在于保持了领导层的稳定，也在于它所提供的薪酬待遇。在博世中国，研发团队成员可以参与重大工程项目，并可利用公司全球能力，而不是“充当邮差角色”，仅仅是传递问题信息。博世中国在中国本土开发和发布软件及其他产品，从而让当地雇员产生一种归属感。比如，博世在苏州的汽车产品工厂就设有一个非常先进的、高度自动化和一体化的制造部门，这也是中国境内技术最先进的制造部门之一。对年轻的工程师来说，在这样的工厂从事新技术研发是很有吸引力的。此外，博世还大规模投资在华研发基础设施，比如世界级的冬季和夏季汽车测试中心等。这类基础设施也为工程师提供了具有吸引力的环境。

博世提供不同的职业发展路径。由于管理岗位本来就有限，所以博世提供了两条发展路径：管理路径和技术专家路径。博世中国还把中国雇员派到德国，给他们更多接触外界的机会。除此之外，公司还举行"创新日"活动；对于提交专利申请的研发部门成员，公司会给予表彰和奖励。

Matco在制订对华投资计划之初，就认识到了招聘和培养中国年轻人才的必要性。甚至决定在华设立新实验室之前，它就招聘了多名年轻中国人作为"工业博士后"，并安排他们在英国的实验室工作。总共6名来自中国顶尖大学（比如清华大学和复旦大学）的人才获得这些职位。他们在欧洲工作了两年，积累了相应工业研究经验和国际团队协作经验。之后，Matco雇用了这全部6人，并将他们作为公司2007年底在华成立的新实验室的先锋团队。

另一家欧洲公司认识到了传递国际培训及发展经验的重要性，并于2006年成立了"中国学院"（China College），从中国著名高等学府招聘优秀毕业生。在"中国学院"接受6~12个月的培训之后，这些毕业生会被派到公司总部所在地，并在那里工作18~24个月，然后再回到中国，担任管理职务。

我们前面提到的大型能源公司Globular表示，虽然公司在保留研发人员方面做得不错，但不应因此自鸣得意，未来还需投入更多努力。除了工资和其他薪酬待遇之外，Globular还根据雇员具体情况为其提供特殊关怀。同其他很多公司一样，这些雇员并不是应届本科毕业生，而是拥有博士学位的高学历人才，且一般都已组建家庭。对于这类雇员，Globular会特别照顾他们的利益和职业需求。此外，在人力资源政策方面，Globular中国也着力体现公平、透明和一致性。

在一家德国公司的在华研发中心，目前雇员中仍有大量外籍人士（所占比例约为25%），而且该公司并不想大幅改变这一比例，比如降到20%。其他德国公司也有类似的考虑。但在该公司的研发部门，并不是所有的领导者都是外国人——它正在推行领导职位的本地化。有些中国雇员对中国经理人心存疑虑，认为他们可以从德国经理人身上学到更多。同时他们也认为，让一些德国雇员向中国经理人汇报工作，可以省去中国人向中国人汇报工作中的一些麻烦。而在中国部门，晋升的标准也比德国公司更加透明。一些来自中国国企的雇员表示，之所以离开原单位，是因为他们没有关系，得不到提拔。他们更喜欢这家外国公司提供的职业发展机会，因为在这里，成功靠的是能力，而不是关系。

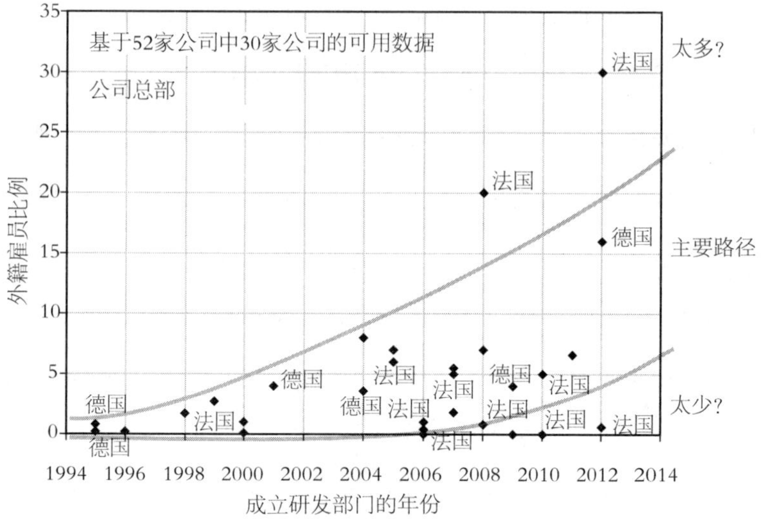

图 5.1 外籍雇员比例

资料来源：多米尼加·乔利

一般来说，跨国公司在华研发部门成立的时间越久，中国雇员所占比例就越高。我们收集的 30 家法国和德国大型公司的数据证明了这一点：在图 5.1 中，左侧成立时间较早的研发中心的外籍雇员所占比例相对要低。

植根于中国越深，跨国公司就越能认识到雇用当地研发人员的重要性，而相应的，它们在雇员招聘和保留方面，也就更有经验。

灌输创造性

我们前面提到，在西方和中国有一种普遍共识：中国研究人员和工程师在创造性方面不及西方同行。此外，欧罗巴公司还发现，中国缺乏一种纯粹意义上的研究传统，即单纯为了知识而开展研究。中国商人普遍倾向于将新事物推向市场，而不是拿出时间来开发真正意义上的创新。这也引发了一种批评之声，那就是中国人太注重行动。目前，欧罗巴也已经加大了对行动的重视力度。该公司发现，一种新的开发，要想百分之百确定后再推向市场，它付不起这个时间成本。正在我们在第二章和第三章中看到的，在中国，企业认为一种新产品能做到98%或95%已经足够好了；它们倾向于快速推出产品，然后再了解市场的准确反映。

从利益上讲，跨国公司是倾向于行动的，但在创新方面它们也面临一个重大挑战，即如何让中国研发人员发挥更大的创造性。一家西方公司的代表告诉我们说，有一些中国工程师的确更倾向于跟随而非创造，但这种情况可以通过岗位培训改变，因为中国工程师学东西很快，而且思想方面也非常开放。另一家公司发现，相比于在中国内地接受教育的中国研究人员，在中国香港接受教育的研究人员更开放，也更具创造性，但在环境和风气开放的西方公司工作一年之后，中国内地研究人员就会适应新的工作方式。

一名在中国的西方咨询师告诉我们说，在荷兰，研究人员会在与老板或同事的辩论中产生创意，但中国研究人员不会开展这样的辩论。所以，在中国，他会让老板先行离开，然后创建人数极少的、可管理的讨论小组，并确保小组成员之间是相互信任的。他在中国采用的另外一个方法是独特的 8 人组“头脑风暴”：先与个人讨论，然后综合想法，成对讨论，再基于成对讨论的结果，进行 8 人组集体讨论。

简化和加快创新流程

我们不止一次听到，西方公司应该简化和加快在华创新流程。比如，IBM 中国就告诉我们说，在推进一个创新项目之前，它仍需要获得总部其他部门的支持。审批流程通常会延缓 IBM 中国的项目速度，导致其落后于当地公司。目前，IBM 正在寻求制定系统性工作方法，确保中国部门在创新方面不再受内部掣肘。同样，雀巢也发现，很多当地竞争者在创新方面都保持较快速度。为在中国赢得竞争优势，它需要寻找新的、不同于世界其他地区的运营方式。

在华创新速度是我们的重点研究项目之一。该项目采用定性研究方法，对上海 12 家分属不同行业的跨国公司进行了分析，辅之以对36名创新经理、研发经理和业务经理的采访。[6]此外，我们还对3家公司的创新流程所需时间进行了深入研究，它们是欧罗巴中国、新科（化名，2008年欧罗巴收购的一家小型中国制造商）和中科（化名，欧罗巴在中国的主要竞争者）。我们发现，中科和新科（在被欧罗巴收购之前）的新产品创新流程平均为16个月，而欧罗巴在华创新流程平均时间为32个月。在欧罗巴全面收购新科之后，欧罗巴—新科的创新流程时间为27个月。通过并购，欧罗巴加快了创新流程速度，不过这与中国企业的速度还存在一定差距。通常而言，跨国公司相对较长的创新流程会带来更好的结果，并会降低风险。如果一家公司急于推出一款有缺陷的产品，那么该公司的全球声誉可能会受到损害。但在中国，速度在企业的方方面面都扮演着极其重要的角色，而对那些寻求提速的跨国公司来说，中国的创新行为值得仔细研究。

一些跨国公司所做的最重要的改变，或许就是将创新流程中的前后步骤转变为并行步骤。精简流程会抬高犯错风险，但如果对每个环节和衔接点都做认真思考和设计，那么时间是可以节省的，而成本高昂的延期风险也可以降低。在专业设计公司如艾迪伊欧的建议下，跨国公司已经开始认识到快速成型和"快速失败"的重要性。鉴于中国市场的规模，产品测试可以在限定区域内进行，这并不会给整个业务带来风险。中国市场的快速增长意味着，在中国犯错的后果比在西方成熟市场更容易弥补，也更容易被人遗忘。

总部与中国分部之间的关系

维持总部研发及创新组织与中国研发及创新组织之间的健康关系，对于提升中国在跨国公司全球创新计划中的地位具有重要意义。[7] 这种健康关系可以通过如下方式实现：

- 负责中国创新组织的总部高管致力于提升中国部门的地位。
- 在华高管要有足够资历，且有足够能力赢得总部信心。
- 从公司层面制定流程，确保在华高管能在公司全球研发网络和决策中发挥有效作用。
- 总部要认识到中国在公司未来发展中的重要性，提升对中国部门的容忍度，并加大对华研发投资。

博世坦言，现在中国部门和公司总部之间的关系比较脆弱。中国研发部门是完全自运营和自组织的。但它应该加强与总部之间及中国之外其他部门之间的互动关系。博世已经开始行动起来，为同一事业部内中国和欧洲的研发活动建立共同网络及联系。比如，派驻中国研发部门有才能的工作人员参加全球会议，用他们的市场观点影响其他地区工作人员。

基于全球任命的互动关系

与总部建立联系的另一种方式是在总部雇用中国研究人员。Matco在欧洲只有很少的中国研发人员，这主要是因为优秀的中国研究人员大都希望回国工作；近年来，中国在世界上的地位已经大大提升，对他们来说国内机会比国外好。不过，Matco全球研发部门的负责人告诉我们说，中国研发高管已经认识到，要想获得全球职位，他们必须做好在全球各地工作的准备。一些中国研究人员在跨国公司遇到所谓的“屋内天花板”，并不总是因为这些公司的政策。

基于全球会议和访问的互动关系

如同总部高管来华考察一样，召开由中国部门人员参与的全球会议也是公司总部与中国建立关系的方式之一。帝斯曼由各国分部研发部门总监和各业务部门研发总监成立了全球研发领导团队。帝斯曼中国区研发负责人是该团队成员，每月参加一次电话会议，每年参加三到四次面对面会议，讨论公司的研发战略。会议地点通常设在阿姆斯特丹。公司全球研发负责人每年会到中国两到四次。负责帝斯曼中国区研发的主管每年至少会到中国三次。另外，公司首席执行官和管理委员会成员每年也会到中国两到三次。在帝斯曼内部，无论是在公司层面、业务层面和研发层面，中国都赢得了足够的重视。

相比之下，一家德国大型公司在将中国纳入其全球研发网络的过程中就遭遇了一些挫折。该公司主管技术和创新的负责人说：

> 非常坦率地讲，我们在这方面还需继续努力……理想的情况是，我们将加大出差力度，把更多的人汇聚到一起。管理层会经常出差，但我担心的是，在工作层面上，系统的面对面会议将引发高昂的差旅费用，而这是我们所无力承担的。在一定程度上，这取决于公司的业绩状况。在业绩好的情况下，安排面对面会议比较容易，而在业绩不好的情况下则比较难，这时我们就要寻找其他的方法。在研发方面，制定统一的全球技术路线图至关重要。我们公司涵盖很多技术领域；我们希望每个技术领域的负责人都能给出一个路线图，作为公司全球研究团队的基本指导。而通过这个唯一的全球技术路线图，为各研究组织负责人提供支持，将是一种非常有益的实践。

在帝斯曼，公司总部和中国分部之间的联系是非常紧密的，只不过在24名企业科学家中，没有中国人的身影。这种情况在2015年发生了改变，是年两名科学家获任帝斯曼最高级别研发职位——企业科学家。帝斯曼首席技术官大约每三个月前往中国一次，与当地研发经理会面，其间还会通过邮件联系。但很显然，他并不是总部唯一一个前往中国访问的人。在材料科学部门，帝斯曼多年来都保持着一个传统：每年招聘大约6名新雇员，然后派往荷兰接受为期3个月的培训。培训结束回到上海后，他们每个人都会熟悉总部的工作方式，每个人在荷兰都有一个“科学搭档”，每个人都知道他们遇到问题后向谁请教。帝斯曼有加大人员交流的意愿。“这会让他们感到自己是一个大型组织的一部分，这很重要。”一名总部高管告诉我们说，“帝斯曼深入思考过这个问题。我们可以这么说：如果你处在一个远离总部的地方（比如中国），那么很有可能会产生一种与总部脱节的感觉。这时你就需要建立一种信任关系，而人员交流是一种比较好的方式。中国的研发人员也会与其他国家的工作人员直接交流。如果地处偏远，人们很容易产生一种不受重视的感觉。所以，这种在总部接受培训的实践有助于改善这一问题，并赢得雇员的信任。另外，这也会鼓励他们保守秘密。”

帝斯曼的企业科学家是与业务相关联的，而且有着更开阔的视野。在帝斯曼的研发开支中，约有10%投入长期研发项目。虽然这类投入也与帝斯曼的企业利益相关，但它更着眼于基础研究，更着眼于平台的开发而不是单一产品，其资金投入也由总部承担。比如，帝斯曼开发的可用于不同业务领域的新型生物技术。帝斯曼设有三个研究委员会。一是战略研究委员会，其所代表的是业务集团。战略研究委员会负责安排帝斯曼的研发资金，并确定大的主题，比如与外部机构建立合作关系和成立大型联营组织等。在战略研究委员会，代表中国部门利益的是各业务集团的副总裁。（部分副总裁在中国办公，但到目前为止，尚未有中国人成为该委员会成员。）二是科学研究委员会。该委员会由帝斯曼的企业科学家组成，负责研究项目的进展（聚焦于具体的研究课题，非战略部分），与战略研究委员会相比更为深入。自 2015 年以来，已有一名中国科学家加入该委员会。三是研发资源委员会。该委员会主要关注“人的问题”，比如帝斯曼需要什么样的人才，如何快速培育这些人才，以及如何实现中国、美国和欧洲地区间的人员流动等。研发资源委员会包括一名中国区代表——一名生活在中国的西方人士。所有这三个委员会的主席均由帝斯曼首席技术官担任，其在业务集团合作方面亦拥有特别预算。

业务部门总部搬迁

飞利浦发现，强化中国研发部门与总部之间联系的一个方式，是将公司的某个全球业务总部搬到中国。飞利浦的一些业务，比如LED灯改型业务，现在总部就设在上海，一是因为中国在全球市场中所占份额巨大，二也是因为中国在该业务供应链中扮演着极其重要的角色。目前，所有负责该业务的重要经理人都在上海办公，便于深入了解这一转型市场及相关生态系统。

为扩大全球LED灯市场份额，飞利浦在亚洲大力发展原始设备制造商。在2009年左右，飞利浦将该产品类别的整个管理团队搬到了上海。在搬迁总部和赋予管理团队足够自主权方面，飞利浦受到了巨大压力。现在，这一举措对飞利浦欧洲研发组织的影响更多的是一种思维上的转变，而不是架构重组。区别就在于，欧洲团队现在要和位于中国总部的远程团队合作。在日常工作中，他们需要相互配合，所以公务旅行和电话会议很多；有时，他们还会有短期工作调动，时间可能会长达半年。

其他三个促成要素

除了上述五个创新促成要素外，还有另外三个要素需要跨国公司加以了解和管理。在第六章中，我们将会讨论第六和第七个促成要素：与中国大学建立联系，将研发植根于中国的创新生态系统。在第七章中，我们将讨论第八个促成要素：保护知识产权。

逆向制胜

在跨国公司如何提升在华创新效率，以取得更大成功的问题上，我们已经讨论过很多方式。但终极制胜策略是通过难以捉摸但却极受欢迎的“逆向创新”，将在中国开发的创新成果推向世界其他地区。[8] 最有名的例子当属 2012 年通用电气医疗系统公司无锡子公司为中国市场开发的便携式超声诊断仪，后来该产品打入了美国市场。对于通用电气这款在发展中国家开发并成功进入发达国家的产品，相关记述非常详细，但它也经常被认为是一个例外。[9] 不过，在研究中，我们还是发现了很多这样的例子。严格意义上讲，“逆向创新”适用于在发展中国家开发、后又推广到发达国家的产品，但对于在中国开发、后又推广到其他发展中经济体的产品，我们也将它们包括在了“逆向创新”之列，因为这两种现象都与关于创新场所的传统观点相悖。

在华逆向创新为何难以成功

从发展中国家到发达国家的逆向创新是非常困难的。比如，帝斯曼发现其在中国的应用通常都不会带来逆向创新，因为相比于发达市场，中国市场对产品质量及产品精良度的要求都要低一些。在帝斯曼看来，中国客户的要求与西方客户的预期是完全不同的。就一种产品而言，只要能达到70%的功能和质量标准，它就能满足当地需求，而在美国和欧洲，那里的公司总是追求百分之百的质量标准。由于购买力相对较低，中国客户更倾向于购买低成本产品，而不是昂贵的“合适产品”。当地公司只会为市场提供“差不多即可”的产品；在中国，帝斯曼也聚焦于这一策略，利用渐进式创新实现价格与价值的“合理统一”。很多在华西方高管都曾告诉我们，中国工程师和科学家在一些特定领域具有很强的能力，在成本创新和流程创新方面表现尤为突出。这是他们的思维方式，但在价值型思维和创造性方面，他们的表现并不是很好。不过，中国科学家所从事的这种成本和流程创新会提升跨国公司的能力。如果一种产品在中国取得成功，那么它在印度或其他大的发展中国家也可能会取得成功，但在西方国家却不太可能成功。目前，很多西方公司在华开展的逆向创新，只涉及创新流程的前几个步骤。

有助于逆向创新的中国特殊需求

如果一款产品是针对中国客户某种特殊需求而开发的，而其他一些国家（无论是发展中国家还是发达国家）又恰好存在这种需求，那么这种逆向创新最有可能取得成功。一般来说，中国需要价格低廉、简单实用的产品。通往发达市场的逆向创新，其目标通常是以较低价格或较少功能为特征的细分市场，而这种需求先前可能并不明显，就像我们前面提到的通用电气的便携式超声诊断仪一样。所以，这种逆向创新方式也是我们在第二章中所称的“非客户创新”。在2010年成立的苏州研发中心，飞利浦正在开发CT、磁共振成像（MRI）和X射线系统。即便一些产品主要是针对中国市场开发的，但它们也有可能先在中国市场之外销售。这是因为，这些“适用性”产品可以第一时间满足发达国家的新兴细分市场，而要想在中国市场销售这些产品，则需要花费更多的时间和努力，以获得中国的相关许可。[10]

中国“差不多即可”的产品在其他市场取得成功的另一个例子，是上海通用汽车（上海汽车集团和通用汽车的合资企业）开发的雪佛兰赛欧“超级迷你”车。由上海通用汽车泛亚汽车技术中心设计和开发的赛欧最新款车型已经出口到了印度、拉丁美洲、北美和中东。[11]

阿克苏诺贝尔以低成本产品回应中国需求，其中一些产品亦以“逆袭”方式进入其他市场。在阿克苏诺贝尔看来，中国现在并不仅仅是一个高增长市场，它正成为创新产品出口国。比如，在2010年，阿克苏诺贝尔创造性地开发了一款低成本的建筑用粉末涂料产品。这类涂料通常是由碳氟化合物制成的，可持续15~20年的时间，但对中国市场来说，这类产品的价格太过高昂了。为应对成本压力，阿克苏诺贝尔决定重新设计树脂系统，在大幅降低成本的同时实现相同粉刷效果。目前，这一具有成本竞争力的产品在成熟市场也受到广泛欢迎。

在中国开发的创新成果有时也会增加产品功能，满足发达国家先前未满足的需求。我们前面提到的飞利浦的可充电LED阅读灯就是一个例子：增加LED灯功能，使之不影响周边的人。另外，我们在上一章中也提到，飞利浦在中国开发的其他一些消费产品现在也已经销售到全世界。

对于打入发达市场的逆向创新型产品，跨国公司的一个重大担忧是这些产品可能会蚕食它们已有的业务。但目前的证据显示（我们承认这是一己之见），实际上这会帮助跨国公司避开母国市场之外的低成本竞争者。要知道，这些竞争者无论如何都会拿走一定的市场份额。另一个好处是，逆向创新型产品会终结一个高成本细分市场，从而创造新的需求。通用电气的便携式超声波机就是一个例子。借助该机器，城市医生可以进行远程诊疗。还有一个例子是欧洲某食品加工机械企业推出的产品。该公司产品以高质量、长寿命和多功能（既可加工谷物又可加其他工食品）而著称，但相比于欧洲和美国，这些性能在中国并不是那么重要。于是，通过并购，该公司为中国客户专门开发了“差不多即可”的产品。与之前的担忧相反，这些产品不仅没有蚕食已有的市场，而且还带来了两大好处。一是中国之外的客户发现这些低性能设备可以用来加工动物饲料，开拓了新的应用市场。二是一些了解该公司质量标准的中国客户，有意与其他中国客户区分开来，购买它生产的精密机械，以提升产品质量。

中国是逆向创新的先导市场

在中国作为先导市场的领域，逆向创新更容易取得成功。对此，我们给出了如下五个原因。

第一，中国市场可能有更高需求。比如，在中国喝茶的人很多，于是飞利浦为中国市场开发了一款电动泡茶器。如今，该产品已经成功打入欧洲市场。

第二，中国不同于世界其他地区的内部多样性和外部差异性为跨国公司创造了机会。对于中国的美食和高超的烹饪艺术，尤其是在极为讲究的“鲜味”方面，雀巢有着深刻了解，并利用这些知识开发新产品。比如，中国厨师煲汤技术精湛，而且还会煲出浓郁的肉鲜味。西红柿和其他蔬菜中也有这种味道，而且是天然的。在掌握了鲜味的知识后，雀巢研发（中国）开发了一种可从新鲜蔬菜中提取鲜味的方法，并为其他地区推出了创新产品。雀巢旗下品牌“美极”鲜味汁就是“中国创新”的一个范例。目前，该系列产品已经推广到印度、印度尼西亚和菲律宾等市场。

第三，中国是创新的沃土，因为那里的竞争异常激烈。为在激烈竞争的中国大众市场实现差异化，雀巢研发（中国）开发了一款创新产品——可剥皮的香蕉状冰激淋。该产品符合雀巢营养基金会的健康标准，低脂肪，低糖，而且不含人工色素。这款在中国开发的产品成功打入了泰国（产品名为“爱斯基摩猴子”）和其他多个市场。

第四，中国在开发解决方案方面可能引领世界。中国比其他任何国家所受的空气污染都严重。无论是汽车里、家中还是办公室里，空气净化器都是巨大需求。飞利浦中国实验室开发了一款车载空气净化器。该设备是完全在中国开发的，现在已经销往全世界。中国人非常了解污染，而在这些污染源中，很多都带有有毒气体。基于此，阿克苏诺贝尔 2014 年开发了一款名为“多乐士”的无味涂料，迎合中国客户的需求。这一基于客户需求的创新产品取得了极大成功，而且已经打入其他亚洲国家市场。阿克苏诺贝尔并未就此止步。在认识到甲醛问题之后，它又开发了一款可吸收与中和甲醛的内墙涂料。

第五，中国是世界上最大的单一产品市场。中国现在是世界上最大的汽车市场，年销量较美国高出50%左右。宝马看到了中国市场的特殊需求：中国人浪费在交通阻塞上的时间超过世界上其他任何地区。另外，大多数中国人对驾驶特性的要求不及对汽车舒适度的要求，也就是说他们对“舒适的移动起居室”更感兴趣（我们的看法，未必是宝马的观点）。事实上，李书福（中国汽车制造商吉利创始人，2010年该公司收购了沃尔沃）就曾经说过，“汽车是四个轮子加一个沙发”。因此，宝马将中国作为开发车内娱乐系统的主阵地。宝马中国的创新成果已经推广到其他市场，而宝马也已将汽车设备软件团队搬到了中国。

宝马中国还考虑将自身打造成其他一些应用的亚洲中心。宝马希望进军更多领域，比如服务领域。相关案例包括“即刻驾驶，即刻泊车，即刻充电”行动，即通过iPad预约租车，并提前预订停车位。宝马中国还在开展漫游、计费与安全研发活动，以及家用停车位的出租等。对于这类试验活动，宝马完全可以在拥有 130 万人口的慕尼黑进行，但上海是一座拥有 2 300 万人口的大都市，在这里开展试验活动，可以让宝马了解到更多的新需求，并能产生更多的新创意。

逆向创新的组织要求

跨国界分享创新成果会遇到很多组织挑战。[12] 如果涉及中国，那么这些挑战会更加严峻，因为在地理、文化和政治等诸多方面，中国与跨国公司总部所在的西方国家存在巨大差异。一般来说，在中国创新成果的转移上，跨国公司不会做特别的努力。相反，它们会将相关任务交给具体的业务部门，偶尔也开会讨论。这是不够的。至少，每一个业务部门都要安排专人负责面向世界的创新规划和创新成果转移。公司总部也需要清楚地认识到，中国可以作为逆向创新的来源地。这意味着不仅仅要关注中国已有创新成果的转移问题；更重要的是，自设立创新项目之初，就要牢记逆向创新，因为这会带来更大的潜在回报。而这也意味着，要有全球战略眼光，确保中国项目团队既能获得全球部门的投入，也能获得它们的资源。[13]

小结及建议

正如我们在上一章中所展示的，在华跨国公司明显受益于4C框架中的客户因素。但在文化维度上，它们会遇到问题，这就需要它们高度关注本地研发战略与组织。然而，通过在华开展研发活动，跨国公司可以从中国日益提高的市场地位中获益，进而强化其在中国之外的业务能力。我们建议，在中国战略目标转变问题上，跨国公司应做系统性思考。对于研发组织尤其是创新活动，总部要给出更大的承诺，要利用我们前面所描述的促成要素和流程。由于中国正成为一个先导市场，在华培育新的能力将会为跨国公司的全球业务带来逆向创新，进而产生大量可继续用于创新投入的现金。

CHINA'S NEXT STRATEGIC ADVANTAGE

第六章

中国的开放式创新

海尔、联想和小米的案例都告诉我们，动态经济中以创新为导向的公司必须利用全球范围内可用的外部创新资源。以内部创新资源为重点的公司在未来几年将退出竞争，即便它们如今占据技术主导地位。开放式创新平台是龙头企业的重要资产，而积极参与在中国的创新至关重要。

前文已说明中国及外国公司如何在中国实现创新，现在我们来谈谈“开放式创新”（open innovation）[1]。在西方国家，开放式创新是最为先进的创新模式，而今正迅速被中国吸收。由于开放式创新意味着需同外部参与者互动，受其特性要求，在中国的这些参与者必须制定非常明确的开放式创新战略。在中国，实现开放式创新需利用中国创新生态系统中的诸多实体，本书对此有所概述：本土公司、外国公司、政府机构、大学、研究机构、咨询公司，以及公司的供应商和客户。[2]

如贯穿本书的主题所示，中国正不断出现伴随全球市场影响而产生的新创意。利用当地知识经营的公司能通过识别国际业务新机遇为公司增添强大优势。根据我们的4C框架，开放式创新尤其会利用其中的能力和文化元素，在较小程度上会利用客户。然而，不少公司正同样将客户融入开放式创新。

为研究这一主题，我们对一些代表进行了深入访谈，这些代表来自5家创新密集型中国公司、不同行业的12家跨国公司、两所中国重点高校、中国教育部、中国科学技术部、上海市科学技术委员会及中国科学院。一家领先的创新咨询公司和一家中国原始设计制造商同样给予了我们宝贵的建议。[3]

中国开放式创新的方法

中国在1979年后实行对外开放政策，并从中受益。如今，中国政府雄心勃勃地致力于将“中国制造”转变为“中国创新”，一改往日形象，而开放式创新在其中扮演着重要角色。中国政府在2015年5月公布了一项宏伟的十年国家计划——《中国制造2025》，旨在将中国打造为世界级制造强国，开放式创新将是该项计划的重要组成部分。[4]

中国公司有充分理由参与开放式创新。它们在内部技术发展上承受着诸多制约，如缺少股权资本、缺乏风险融资机会、内部知识库资源贫瘠和组织能力弱。[5]如第2章所述，尽管中国公司已从单纯模仿快速发展为渐进式创新，但它们中的大部分仍必须从外界寻求所需技术。规模较大的公司拥有的资源更多，相比之下，规模较小的公司从外界寻求技术的需求更强烈。

与之相比，在中国开展研发工作的跨国公司通常不受资源限制，如通用电气每年在中国投资 2 亿美元用于研发，其中开放式创新占了约 15%~20%。[6]

在中国进行开放式创新一般有三种方法：同高等院校和研究机构合作，同商业价值链中的供应商或客户合作，以及（通过收购或分拆创新技术）同技术提供商或采购商合作。我们采访的大部分公司，无论是中国公司或跨国公司，都会使用这些方法。

尽管中国的开放式创新同欧洲及美国的概念相似，但我们发现，由于文化、市场、制度与技术发展方面存在差异，中国的开放式创新在实践上同欧美有所不同。

同高等院校和研究机构合作

同学术界合作可能是世界各地进行开放式创新最为普遍的方法。然而，由于中国市场已经成熟，对跨国公司和本土公司而言，这种合作有着截然不同的作用。中国公司和学术研究机构的合作似乎与公司的创新发展及面临的竞争压力有关。对一家中国自动化公司进行的案例研究表明：在第一阶段——基础研究阶段，公司最好选择高等院校和研究机构作为合作伙伴，因为它们通常配有充足的研究人员和设备来开展实验室实验及测试，而公司缺乏这类人员与设备；在第二阶段——应用开发阶段，公司可能更应关注业内相关公司与用户，他们具备更多技术工程及应用的经验，更能帮助公司改进技术与相关标准；在第三阶段，公司面临国际竞争，因此最好寻求政府的合作与支持。[7]

如我们在前面几章所探讨的，中国公司同样能在早期发展阶段从政府扶持型创新生态系统中获益匪浅。在中国的跨国公司与大型本土公司大力发展开放式创新：我们采访的95%的公司已同中国学术机构成立直接合作项目。主要有两种合作方式：基于项目合作，旨在攻克具体研究课题；通过多期协议建立联合创新合作框架，给予双方更多灵活性来明确研究课题。华为同上海交通大学的合作，以及飞利浦同东南大学和浙江大学的合作属于后者。

中国的开放式创新与跨国公司在欧美的开放式创新有着相似目标，如下所示：

- 增加扩展或补充的创新资源，范围包括从研究探索和概念开发到技术原型。

• 获得第三方对新想法和技术验证的看法，如临床研究和临床规程。

• 在外部开放式创新中，利用公司对测量与验证设施进行的重大投资。

• 在同院校合作的开放式创新中提升品牌知名度，并在同公司人力资源部的协作中培养人才。

对于在中国运营的公司而言，开放式创新会发挥更为重要的作用：

• 同西方公司相比，中国公司更加依赖学术界来完成研究与开发。近年来，中国学术界成为中国产业研发的主力，不熟悉创新的中国公司尤其如此。如今，由于更多中国公司建有自己的研发中心，中国学术界的研发主力作用已减弱，进入开放式创新领域已不再是一项巨大挑战。此外，原始设备制造商公司与原始设计制造商公司同样可承担此类工作。但许多规模较小的公司仍需依靠外部资源来研发技术。

• 外国公司通常会同中国学术界建立联合实验室，并联合总部的科学家，尝试在中国研发。这种方式在跨国公司非常常见，其中包括飞利浦、巴斯夫、联合利华与帝斯曼。

- 在中国，成为创新生态系统的一部分能帮助公司了解国家的创新优先顺序。通过提供五年计划、政府研发政策与标准的相关建议，中国学术界在阐明国家创新战略上发挥着不可或缺的作用。同这些具有影响力的组织建立友好联系能帮助公司从外部获得创意，极有价值；还可让公司更好地理解政府重点，带来额外好处。跨国公司甚至能影响标准的设定，如飞利浦公司是中国照明标准化委员会的成员。此外，公司还可得到一个相关好处：通过研发同政府扶持的主流投资重点建立联系，在早期发现有潜在增长机遇的市场和领域。

我们在第 1 章着重描述了最近的战略转移：规模较大的中国公司如今正在欧洲及北美地区设立研发中心。在海外拥有 14 所研发中心的华为尤其如此。[8] 这种战略转移导致本地的中国学者热衷同跨国公司合作，因为需要他们的本地客户在减少。我们认为，跨国公司必须对在中国兴起的创新持更加开放的态度。一些跨国公司的确已接受将中国作为全球商业的知识源，并正同顶级中国学者就前沿课题（如材料技术和药物研发）展开合作。但没有建立这一认知的跨国公司能从本地机构的研究中获得巨大好处，这类机构的研究通常同公司的前沿领域联系紧密。

尽管同中国私营公司相比，跨国公司在中国进行的开放式创新较少，但相比本土公司或国有企业，它们更能克服开放式创新中的制约难题。[9]

我们采访的公司通常会遇到以下障碍：

- 因信心、信任和能力问题导致结果与期望不符。
- 通常文化差异和语言障碍致使沟通不足。
- 知识产权的归属安排。跨国公司习惯于独享公司资助项目的知识产权，而一些中国高校则坚持共享。
- 合作方，主要为跨国公司一方，反应缓慢且复杂（因公司总部有多名决策人，审批流程缓慢且复杂）。在我们采访的跨国公司中，50%的公司由总部决定开放式创新项目，令人吃惊的是，其中95%的公司必须由总部审批开放式创新项目合同。如其他章节所述，许多跨国公司仍未改进内部流程，因而无法有效赶上中国市场的变革速度。

虽然如此，受访公司的良好实践提供了许多如何在中国实施开放式创新的建议，包括以下几点：

- 针对公司需求，选择合适的合作伙伴，而非知名度最高的机构（比如，公司应更青睐在业内处于领先地位的研究机构或公司、优秀院校的主导团队，或是科学家中的后起之秀）。巴斯夫、飞利浦、宝洁、万华实业和通用电气都已有效采用这一方法。以联合利华同中国科学院的两家研究所成功完成的创新项目为例。联合利华已开发出牙齿再矿化技术。通过同中国科学院上海硅酸盐研究所（拥有先进测量技术）的合作，联合利华成功将这一技术商业化，运用于口腔护理产品。

• 通过长期持久的合作，联合发展与培养合作双方的团队。巴斯夫、飞利浦和万华实业均已成功实现这一点。

• 确保合作拥有尽可能好的项目管理，战略目标清晰，并已制定关键绩效指标（KPI）和定期沟通制度。

• 知识与想法因人而异，合作期间应组织员工定期交流。巴斯夫与飞利浦因此举而闻名。

• 为灵活安排知识产权归属做好准备。以实现共享收益、共担费用的合作共赢为目标，尊重合作伙伴的目标及价值观。大部分跨国公司都能认识到这一点。

• 授权在中国建立研发实体，并授予其当地决策权。通用电气、联合利华、巴斯夫、陶氏化学、葛兰素史克和飞利浦均已做到这一点。此授权需为公司总部有意识的决定，且需协商确定研发实体在当地的行动自由度。

• 参考谷歌和MNC2（研究对象之一的公司化名）的合作，设定终止合作的最后期限，以防合作进展不顺利。确保合作协议所含条件与条款对解约程序有所规定，其中包括开发所得的知识产权事宜。

巴斯夫同中国学术界的开放式创新合作

巴斯夫在中国的创新活动是其全球活动的一部分，创新不仅限于当地应用，同样服务于公司的全球部署。巴斯夫已针对开放式创新制定全面战略，它正成为一家更为开放的组织。巴斯夫将开放式创新项目融入多种创新活动中，且成立了一支专业团队来鼓励开放式创新并管理相关平台。公司没有为开放式创新单独分配任何固定预算，而是将它包含在公司的整体创新预算中。由地方分公司提出开放式创新主题，交由巴斯夫全球总部批核。

巴斯夫在中国实施开放式创新的目的

巴斯夫与中国学术界合作实施开放式创新，旨在同长期合作伙伴解决中国市场需求问题、发展新技术、创造新商业模式和培养研发人才。

这些开放式创新项目设有长期远景规划，但目的在于产出中间成果。有两项绩效指标用于评估项目绩效：技术转移及对推出新产品的贡献。另有一个灵活的系统用于启动与终止项目。

巴斯夫（中国）开放式创新的发展与组织

巴斯夫于 1997 年设立科研联络处，以便同地方合作伙伴开展合作，由此开始了在中国的创新活动。那时，开放式创新需要德国总部给予协作支持，主要涉及材料与化学领域，且参与项目的科学家大多来自巴斯夫位于欧洲的公司。由马莲（Lian Ma）博士领导的地方开放式创新团队负责确定合适的学术合作伙伴，并帮助给予项目更为详尽的设计。团队曾参与协助项目方案设计、拟订合同及合作管理（如合作交流、监测结果、培养教育、建立开放式创新关系与网络）。如前文所述，这就是公司在最初阶段立足中国市场的合作形式。

然而，随着在 21 世纪最初十年取得的业务增长，巴斯夫在中国的发展迎来了一个更为稳固的时期，因此，公司于 2012 年在上海成立了亚太创新园。如今，巴斯夫开放式创新的中国团队负责指导开放式创新活动，并帮助地方创新团队同学术界与行业合作伙伴（供应商和客户）开展全球领域的合作。合作模式更为丰富，从最初基于项目的合作方式，现已增至战略合作以及员工交换，大学教授可在巴斯夫（中国）工作，而巴斯夫的科学家可在合作院校的实验室工作。

2013年，巴斯夫通过建立先进材料开放研究网（Network for Advanced Materials Open Research），加强同中国国家和地区科学界的联系，该网络由塞巴斯蒂安·卡尼尔教授负责。建立这一网络的重要战略目标在于同中国院校创建长期的深层次联系。它将同院校一道确定并培育新想法，服务于巴斯夫的全球及本土商业需求，识别、培养与激励人才，其中包括博士研究生和博士后。该网络的合作机构包括复旦大学、清华大学、北京理工大学、中国科学院应用化学研究所[10]和北京化工大学。先进材料开放研究网负责项目投资组合的界定、管理同合作伙伴的关系、项目管理、项目指导、项目执行跟踪和联络。项目负责人应指导项目技术部分。2014年，有9名博士后与博士研究生参与了先进材料开放研究网的运作。

巴斯夫在中国的开放式创新经验

巴斯夫于2012年在全球实施了1 300个开放式创新项目，其中有600个是同学术合作伙伴或创业公司的合作项目。截至2014年，巴斯夫在中国同学术合作伙伴共同实施的开放式创新项目超过200个，其中有27个项目于2014年启动。

以巴斯夫（中国）成功完成的一个开放式创新项目为例，该项目于2007年启动，是以沸石催化剂为研究课题的国际跨学科项目，共有8个研究小组，其中三个来自中国。在执行过程中，该项目发表了22篇论文，并注册了28项专利，它将以应用为导向持续发展。

在开放式创新管理上，巴斯夫的开放式创新团队已有丰富经验与充分资质，目前已享誉开放式创新领域，它同中国学术界建有长期且稳固的合作关系，知道如何将项目管理最优化。马莲博士为巴斯夫（中国）建立了该团队，据她所说，首先，明白合作共赢的意义对开放式创新项目的成功很重要。学术界参与项目的目的在于发表优秀论文和提高投资者的声望，而巴斯夫的目的在于获得能转化为产品或流程的高质量科研成果，合作双方还应在长期一致的合作关系中建立信任。其次，优秀的项目管理（包括及时沟通、变更管理与定期审查，用以防止团队偏离项目目标）是实施项目的必备条件，在监管与自由之间保持适当的平衡是实施项目的关键要素。最后，巴斯夫与中国合作伙伴对知识产权的归属安排非常灵活，其中包括共享知识产权。马莲博士说："假如你能做好以上几点，那么合作中就不会出现什么问题。"

飞利浦同中国机构的合作

飞利浦在全球拥有超过 20 000 名研发人员，其中有 2 000 人在中国。飞利浦于 2006 年在埃因霍温高科技园区对第三方开放飞利浦创新服务（Philips Innovation Services），标志着公司从封闭式创新转变为开放式创新，这是其全局变革的开端。如今，飞利浦视开放式创新为有效创新体系的必备要素之一。超过 125 家公司与机构在高科技园区办公，多达 10 000 名研究人员、开发人员与创业者致力于研发先进技术与产品。

飞利浦在中国的开放式创新战略

为了成为扎根于中国创新生态系统的参与者，飞利浦正在同供应商、客户、学术界、创业公司和孵化器合作。飞利浦在中国的创新活动同其全球创新框架完美融合，在中国进行的研发可服务于本土与全球市场，其在中国的开放式创新团队通过以下方式发挥着促进开放式创新活动的作用：

- 同商家一道设计当地开放式创新战略与投资组合。
- 促进并指导开放式创新活动，共享最优方法，并提供培训。

• 制定共享的方法并建立一个信息平台。

• 维护信息与人员的稳定性，用以增强同当地生态系统参与者的互动。

• 发展与管理战略合作关系（例如同浙江大学和清华大学的战略合作关系）。

• 建立开放式创新思维模式，注重快速整合外部创新机遇。

自20世纪90年代早期开始，飞利浦（中国）投资有限公司便同中国学术界保持合作。除基于项目的合作外，飞利浦认为同合作伙伴建立开放式创新的战略合作能为研究课题带来创新想法，可促进联合培养创新能力和创新人才，建立高度互信，使沟通更为便捷，且可提高合作双方的认知。飞利浦在过去20年设立了大量创新中心，其中4个如下所述。

东飞显示管技术研究开发中心

飞利浦于1994年同东南大学合作，首次在中国设立长期联合创新中心。东飞显示管技术研究开发中心重点研发显示管技术，合作方期望该中心可组建一支领先的研究团队，作为人才发展中心服务于飞利浦的本土商务活动。在15年的合作中，东飞中心会收到飞利浦的年度定期资助和一次性设备投资。东南大学负责提供办公室、实验室和人员。中心董事会负责每年两次明确与审查项目，项目成果则由飞利浦与东南大学共享。

东飞中心合作项目的成功有两个原因，一是中心愿意实施改变的意愿，二是中心改变研究课题的能力。中心起初集中研发阴极射线管显示器，且已完成许多项目（其中一个需运用内磁轭技术，还有一个涉及荫罩式内偏转显示管）。但在21世纪前50年，飞利浦将其注意力从显示管技术转移至应用领域。东飞中心在同飞利浦的合作中将关注点变为液晶电视。大量资金被用于研究液晶显示器工件的感知（异常）以及如何将它们在电视应用中最小化。研究涉及编码标准、多原色显示器与三维显示器。在知觉研究中积累的专业知识为飞利浦在21世纪末再次改变关注点奠定了基础。

1994~2010年间，东飞中心完成了十几个项目。其间，一些项目成果被用于实践，多篇论文发表，且一些应用配有注册专利。超过100名研究生从中心毕业，他们中的许多人进入飞利浦工作。

在2010年，飞利浦决定撤出显示器与电视市场。基于在知觉研究中积累的经验和人们在中心共事所创造出的创新文化，飞利浦和东南大学选择将中心的研发重心放在知觉研究和LED照明的开发上。自重心改变后，飞利浦（中国）研究院和照明研发团队在这一新合作中起到了主要作用。东南大学的创新团队已成为照明知觉研究的强大研发力量。合作已完成超过十个项目，并发表超过30篇有关LED照明光源的闪烁知觉研究和办公室天花板光源眩光干扰的论文，合作研究成果已被用于产品设计。

“智慧之桥”计划

“智慧之桥”计划由飞利浦、浙江大学和埃因霍温理工大学于2005年联合成立。（飞利浦担任领导者，负责对选题的创新；埃因霍温理工大学为特定课题的荷兰主要研究团队；而浙江大学则为同本地社区联系的中国主要研究团队。）这是一个由飞利浦提供资金的阶段性计划，每阶段为期5年。第一阶段于2010年结束，其研发重点为消费性电子产品。第二阶段于2015年结束，其研发重点为感知照明与医学信息学。第三个阶段于2015年底启动。

所有项目均由“智慧之桥”董事会来明确与审查，每年两次。董事会由合作三方的高层管理人员组成。每年召开的董事会会议旨在评查与批核同飞利浦的主业及两所院校科技实力相关的战略主题，会议在中国和荷兰之间轮流召开。

生物医学成像研究中心

超过20家中国医院已同来自飞利浦医疗保健事业部中国区、飞利浦商业研发中心和飞利浦（中国）研究院的团队建立临床研究合作。可以清华大学和华西医院为例来说明该研究合作在临床基地实现的共同创造。

清华大学生物医学影像研究中心（CBIR）成立于2010年，它是清华大学“985重点学科项目”[11]。项目研究过程中，清华大学生物医学影像研究中心一直在使用由飞利浦提供的一个磁共振成像系统和一台高级超声波设备。飞利浦同清华大学生物医学影像研究中心在2011年签署了一份研究协议。飞利浦调派了数名临床研究科学家，和清华大学一道为磁共振成像系统和超声波设备创造新应用，以期解决肝脏疾病、心血管疾病和其他在中国发病率较高的疾病。哪里有需要，飞利浦的全球磁共振成像系统临床科学家就会投身其中。在2011~2015年合作期间，共有十几篇论文与专利诞生，接下来还将有更多极具价值的研究成果问世。

同华西医院共同创造肝病超声波疗法

由于中国的肝癌患者占全球肝癌患者总数的60%，因而中国的客户不同于其他国家的客户，这种现状促进了针对中国肝癌疗法的研究。来自飞利浦（中国）研究院与美国超声波事业部的科学家组成了研究团队，他们同华西医院的医生一道在四川大学共同致力于研究基于超声波的肝病疗法。飞利浦的科学家与临床医生并肩工作，努力理解治疗需求，并探索研发可行的疗法。这一合作努力已为超声波事业部带来数项技术，这些技术将被应用在下一代超声波设备中，且在合作期间，还有数篇有关肝病研究的高质量论文被发表。

飞利浦在中国的开放式创新经验

截至2015年，飞利浦已同超过20所院校或研究机构和超过20家医疗诊所合作。飞利浦在中国成功实现开放式创新的重要原因如下所述（其中很多同巴斯夫的成功秘诀相同）：

- 制定清晰的开放式创新战略，并依据商业战略确定创新需求。
- 紧密结合公司的创新优先顺序。
- 拥有出色团队，能同合作伙伴共同明确并执行开放式创新项目，其中包括清晰的关键绩效指标、及时沟通与反馈、变更管理和适度的灵活性。
- 同合作伙伴建立长期联系，并制定双赢的合作方式。

- 增强同全国创新群体的联系。
- 融入众包与孵化的生态系统。

开放式创新正成为飞利浦落实创新项目不可分割的一部分。根据每个事业部的创新战略或同利益相关者的特定讨论结果，每份项目建议书都将明示是否需要进行开放式创新。如有需要，每个项目都配有工作包模板来清楚界定开放式创新的工作内容。地方开放式创新团队会与全球团队协调，同时也会解决当地需求。

同供应商和客户合作

鉴于许多行业与市场的变化脚步加快，公司均力争即时洞察到客户变化的需求。通过反馈机制、用品实地调查，客户正越来越多地融入产品设计。创新的共同创造模式使得公司更加依赖于利用所有这些外部资源来获得创意。中国客户的特殊性促成了公司的特殊反应，这一点并不令人吃惊，（如我们所看到的）它能为中国公司和及时把握客户需求的跨国公司带来竞争优势。公司对待供应商同样如此，通过让供应商直接参与创新过程，公司将供应商和运营规划完美整合在一起。供应商不再仅仅是按照公司的要求来供货，如今他们会参与到元件或材料的创新研发中，因此带来的创新成果可整合进客户产品。所有在中国运营的公司都面对一个庞大且快速发展的市场，其中包含无数思想开明的客户和一条结构完整的供应链。正如我们在第 3 章中提到的，中国客户相对更宽容，他们渴望尝试新产品和新服务，而全国不同地区的客户有着实质性差异。对供应商和客户的想法持开放态度是针对这些差异实施创新的必要途径。先前一项研究已证实：同供应商和客户建立的合作创新模式已为中国公司带来诸多好处。[12]

我们采访的每家公司都同供应商或客户有着直接合作，在很多情况下，它们同二者皆有合作。鉴于工业企业通常会将产品出售给中间客户，而非直接出售给最终用户，许多工业企业正将最终用户融入开放式创新。例如，帝斯曼正积极同鱼类产品加工商合作，致力于开发适用于中国渔业的材料。联合利华始终保持同化学品供应商的合作，致力于研发合适的新产品。中国工商银行如今是全球资产与市场总值最高的银行，它一直和一家本土保险公司合作开发新的银行产品。通过调派科学家同医院的医生与患者合作，共同探索如何能以最佳方式改进成像设备（磁共振成像、计算机断层扫描成像和超声波设备），飞利浦在中国完成了具有重大意义的临床研究。同样，强生公司在其苏州研发中心也已模拟出临床医院的环境，以便观察外科医生与患者的相处方式，观察结果实现了仿真丝合成缝合线的商品化，前文已提到这种缝合线，它可迎合当地外科医生的喜好。另一个实例即为万华实业的合作项目，作为中国领先的聚氨酯产品生产公司，在一次意外后，万华集团同竞争对手展开了合作，并研发出适用于建筑的耐热绝缘材料。

在中国同供应商和客户合作实施开放式创新的目的与障碍

公司在中国同供应商和客户展开合作的主要目的和公司在欧美地区的相似。其中一个目的是通过和合作伙伴在整个价值链作用期间展开合作来缩短上市时间，从而提高新业务的成功率。然而，在中国的公司发现，合作成果的快速交付更为重要。这使得公司在价值链复杂的情况下需要同价值链上的供应商和客户保持紧密联系，建立合作，从而研究全面解决方案，博世公司以此方式发展智能家居和商业楼宇的业务，IBM同样以这种方式在城市中发展智能系统项目。

接受采访的公司在中国同供应商和客户合作实现开放式创新时都遇到了以下障碍：

• 公司与合作伙伴的期望值和可交付成果的理解不同。

• 管理沟通产生的间接成本降低了积极性。

• 合作方之间的利益冲突（例如知识产权的归属）。

• 因市场不成熟导致公司在竞争中泄露知识，保留和管理科学家与工程师时遇到困难。

在中国同客户与供应商一道创新的良好实践方法

在中国取得成功的公司（尤其是西方公司）已研究出同客户与供应商一道实现开放式创新的良好实践方法。基于这些公司的经验，我们推荐采用以下方法：

• 利用项目管理来制定清晰的关键绩效指标和定期沟通体系。

• 通过人员交流来加强传递和保留想法。

• 确保供应商明白开放式创新将增加日常开支，这是获得创新好处的代价。

• 为达成交易，准备好牺牲有价值但非必需的产品特性。

• 建立长期信任时需谨慎，这对维护合作关系非常重要。

• 牢记保密协议和合同是开展合作的必备工具，但它们并非公司能在中国取得成功的充分保障。

霍尼韦尔、帝斯曼和飞利浦的成功诠释了公司同客户与供应商合作的实践方法，以下案例将对此做出总结。

霍尼韦尔同供应商的开放式创新与合作

中国是霍尼韦尔国际公司在美国境外最重要的市场，它在中国2014年的收益高达24亿美元。霍尼韦尔国际已在中国设立4家研发中心，拥有2 000名技术人员和科学家。鉴于研发类型已从基于成本的本土研发演化为求知型研发，这些研发中心的任务涵盖了我们在成熟的跨国公司所能发现的全部目标。因此，霍尼韦尔的研发任务包括降低成本，为中国市场将总公司产品本地化，为满足本土需求开展地方性创新（霍尼韦尔称之为“东方产品应对东方需求”），以及为发展全球市场在当地实施创新。为实现这些目标，公司必然需要利用当地的人才，且霍尼韦尔在中国的开放式创新还以加入中国创新生态系统为目标。对霍尼韦尔（中国）有限公司（以下简称霍尼韦尔中国）而言，开放式创新包括搜选、同当地供应商和客户合作，以及众包。所有这些方法均能帮助公司在竞争激烈的商业环境中维持市场份额。

霍尼韦尔在中国实施开放式创新的战略与组织

霍尼韦尔中国已成立一支致力于业务拓展与开放式创新的团队。团队在上海和北京均设有办公室，它向霍尼韦尔中国的首席执行官报告开放式创新事项，并负责对内与对外的授权。团队努力探索机会，以期实现开放式创新，建立同霍尼韦尔内部技术库的联系，并在中国向非竞争性合作伙伴授权使用霍尼韦尔的全球科技。团队还负责合作关系管理、政府关系和院校合作。例如，开放式创新为节能项目的认证提供了渠道，从而帮助霍尼韦尔获得在中国进行商业投标的资质。它还为霍尼韦尔发现将技术融入“生态城市”项目的机遇，在该项目中，节能是一条重要准则。

霍尼韦尔同供应商的合作

霍尼韦尔保持着同中国供应商的积极合作。公司提供必需品、知识与技术支持，来帮助中国供应商开发所需产品并获得自己的知识产权，无须直接分享霍尼韦尔的专利技术。经证实，这一简单方法已获得霍尼韦尔中国合作伙伴及政府的认可，它被视为可持续的方法，合作期间不会出现知识产权纠纷，且无须担心技术泄露。霍尼韦尔非常乐意使用中国供应商提供的元件和产品，它将这些元件和产品整合进解决方案再出售给客户。

霍尼韦尔公司总结道，对于成熟但并非（公司保持竞争优势所必需的）“核心”技术的产品，公司无法像供应商那样基于这些技术高效地开发出产品。在这种情况下，公司更愿意使用原始设计制造商提供的设计，甚至可能购买成品然后转售。

帝斯曼在中国的开放式创新

除拥有近三十处研发地点外，帝斯曼在荷兰、印度及中国（上海）均设有创新中心，其在中国的最初目标是发现能满足“本地产品应对本地需求”的创新技术，但它希望在未来能开发出可实现“本地产品应对全球需求”的技术。除致力于产品开发与应用开发外，创新中心将通过追踪市场趋势、主动回应客户需求，并同外部知识基础设施机构建立相互联系，如来自院校、科学研究机构和工业领域的合作伙伴。帝斯曼尝试在中国利用创新生态系统来增强现有产品应对客户需求的能力。

帝斯曼（中国）有限公司并没有在中国简单地复制其欧洲的创新中心，而是注重地方自治。公司已经选定切合企业战略的特定领域，包括养鱼业、养鸭业和生物气。根据当地需求和市场潜能，公司认为适合在中国研发这些产业。

帝斯曼积极同中国供应商和客户合作实施开放式创新，如今通常同其供应链上的公司合作。同欧洲客户相比，中国客户的耐性较差，故而在中国实施创新，要求集团能够更快做出决策。

尽管帝斯曼在上海的研发中心设立时间较晚（2012 年），但上海研发中心已开始通过开放式创新研发出新的产品应用。

飞利浦同客户和供应商的合作

中国是飞利浦的主要供应商基地和客户来源。因此，在寻找最佳供应商的过程中，飞利浦的研发团队主动联系公司的供应商和客户网络，包括在中国的供应商与客户。飞利浦汽车照明已建有一个专门的中国应用实验室，和汽车灯具公司一道设计车灯，并获得能够用于开发新产品的反馈。在消费领域（如电热茶壶的研发），飞利浦与潜在消费者和前面提到的专用实验室合作研发新产品。

除和供应商及客户正在进行的合作外，飞利浦还于 2013 年组织成立"产品创新论坛"，以期用系统化的流程来吸引外部创新产品，并为公司甄选合适的创新项目提供支持。参与论坛的部门包括飞利浦位于中国的事业部、飞利浦创新服务部（飞利浦内部服务实体组织）、飞利浦（中国）研究院和飞利浦知识产权与标准部（根据飞利浦的知识产权组合方案对外授权创新）。

为确定并选择适合开放式创新的候选人，飞利浦采用了一个三阶段关卡流程（如图 6.1 所示），该流程同大多数公司用于内部创新的流程相似。首先，公司会从外部来源（供应商、公司同院校建立的内部网络、技术经纪人和搜选活动）征求和收集适用于实际需求的创意。接着，公司会筛选这些创意并列出一份候选人名单。随后，公司将在产品创新论坛中做进一步筛选。整个流程可从最初的 150~200 个创意中遴选出 2~4 个。

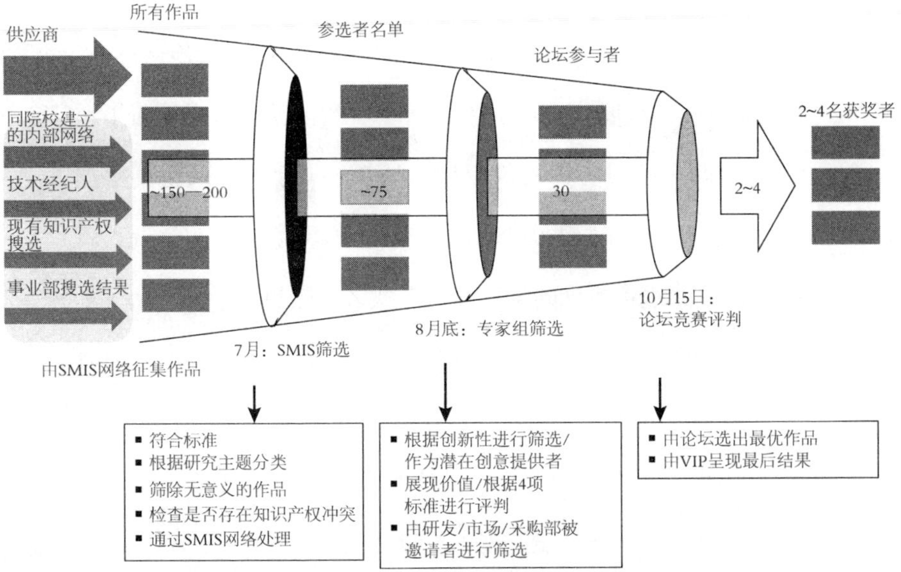

图 6.1　飞利浦在 2013 年实施开放式创新所制定的技术提交与筛选流程

来源：飞利浦公司

公司对内与对外众包

众包是飞利浦为寻找创意在中国采用的另一种方法。飞利浦已建有一套对内众包流程，并在几年前开始对外众包。

对内众包——创新工坊

飞利浦的对内众包流程有着许多有趣的特点。创新工坊展览会是飞利浦中国研发团队分享创意的平台，这些创意超出了公司现有项目的范围。公司创办创新工坊展览会的目的还包括激励创新文化、开发内部人才的智力资源和丰富创新传递渠道。自 2011 年起，该展览会已成为每年一度的活动。一个创新工坊活动包含两个阶段。第一阶段通常持续 3~4 个月，从召集建议书开始，止于创新工坊决赛当日。第二阶段是同业务负责人就遴选出的创意进行概念验证，随后正式成立项目。

创新工坊囊括了来自中国 13 个研发机构的 165 名工程师或科学家所组成的 45 支团队，并吸引了超过 400 位参观者。由各组织利益相关者组成的评委团选出获胜者，再由业务负责人从获胜的创意中选择三个完成进一步验证。

对外众包

在欧洲，飞利浦（全球）已启动名叫“只为创新”（SimplyInnovate）的众包平台，邀请大众提供创新建议，同时每年会举办飞利浦开放创新挑战赛。开放创新挑战赛面向非飞利浦员工的大众开放，参赛者可提交能够解决飞利浦两个实际挑战难题的想法，并有机会在线上颁奖环节兜售自己的创意。飞利浦（中国）的研究人员可参与“只为创新”和开放创新挑战赛，但尚未引入中国版赛事。

华为同客户的合作

如我们在第2章提到的，华为是中国最具创新力的公司之一。在2014年，华为投资超过70亿美元用于研发，这笔款项接近公司收益的14.2%。华为已同14家顶尖电信运营商合作成立28个联合创新中心，其中包括沃达丰公司、英国电信公司和法国电信公司。在中国，华为也已同中国移动通信、中国电信公司和中国联通公司合作设立类似中心。由于IT（信息技术）和CT（通信技术）的商业模式正在融合，运营公司需要测试新想法，因此这些中心在华为取得成功的进程中起到了重要作用。尽管不同的电信运营商有着不同需求，但在某些情况下，一项创新成果可适用于整个领域。比如，华为的单一无线接入网是一个可覆盖2G、3G和4G网络的单基站，华为于2008年为沃达丰公司实施了单一无线接入网解决方案，而如今它被广泛应用于电信行业。尽管其他供应商正在模仿，但华为的技术已成为行业标准。

在运营联合创新中心时，华为公司介绍，建立可兼顾多个领域的安排机制非常重要。首先，公司应由每个合作伙伴提供一名管理者，从中选出两名负责管理。合作协议应由电信运营商的首席技术官甚至首席执行官拟定。合作双方均应出资。创新实验室有时会设在电信运营商的办公场所中，有时会设在华为公司里。某些电信运营商建立了演示实验室，由华为在实验室中安装设备。联合创新中心的员工通常一半为中国人，一半为外国人，还包括来自华为的20~40人，其中大部分为工程师。联合创新中心不会无限期存在，一些中心在成立一年或两年后会被关停。

在同客户一道建立的谅解备忘录中，华为会给予客户创新应用的优先使用权，但并非专用权。据华为的管理者所说，“能比其他运营商提前一年使用这些创意应用，对客户而言就足够了”。联合开发同样给予了运营商另一个优势。例如，同其他所有公司相比，沃达丰公司能更加充分利用单无线一接入网解决方案。

技术搜选

技术搜选是从公司外部广泛地搜索技术，用以甄选能为公司创新带来潜在价值的技术。一项技术可能是探索性或概念性的，或已具备开发条件。一项探索性的技术将由公司研发中心进一步研发，或由公司和技术提供者联合研发。一个概念性的技术可能由开发团队接管并进一步商品化。某些通过技术搜选发现的技术几乎已具备产品开发的条件。在中国运用技术搜选的公司主要目的是通过结合技术资源与商业潜能评估来促进创新，并推动外部技术的供应。这是立足中国且更注重创新的实用性与营利性的公司采用的典型方法。

中国有着大量技术提供者，但寻找其中的佼佼者好比大海捞针，因此，技术搜选能够起到重要作用。通常情况下，中国公司擅长运用技术搜选，并倾向于搜选出概念性或已具备产品开发条件的技术。近年来，许多中国公司建立了自己的研发团队，一旦开始在特定领域占据主导地位，这些公司便会减少对技术搜选的依赖，无线电通信领域的华为、聚氨酯领域的万华实业，以及显示技术领域的北京东方显示技术有限公司，都是如此。在更多情况下，包括海尔在内的一些公司会选择从公司外部获取技术。对于这些公司而言，技术搜选依然重要。

一些跨国公司（包括联合利华、宝洁、巴斯夫和陶氏化学）都已在中国运用技术搜选。重工业和技术驱动型公司，如航空、能源和大型医疗设备领域的专业公司，或是技术复杂性高的行业，或是担心知识产权安全的领域（如医疗保健业和航空业），都较少运用技术搜选。

霍尼韦尔（中国）有限公司的技术搜选

霍尼韦尔从大学教授、小型公司和技术专题研讨会中搜选技术。公司并未成立专门的搜选团队，技术搜选是其研发团队的自有使命。但新技术和颠覆性创新则在公司内部完成。霍尼韦尔习惯收购其他公司，因此决策者和与创新相关的权力可能部署在不同业务领域。举例说明，霍尼韦尔生命安全业务的资金来自一家合资企业而非公司总部，因此，合资企业有着更高决策权，并能根据中国标准来选择待开发的产品。由此，该合资企业的发展速度可超过其中国竞争者。这是我们在第三章中推荐的一个有趣方法：接受并利用本地竞争者的某些特点。实际上，霍尼韦尔将其立足中国的策略称为“成为一家中国公司”。

飞利浦在中国的技术搜选

飞利浦采用两种内部技术搜选方法：针对性技术搜选和众包。探索并利用公司内部已有的技术资源（避免“重造车轮，白费功夫”）是飞利浦创新团体每位成员的共有理念。飞利浦的创新团体规模庞大，且分布在多个地区。因此，在寻找可用于特定项目的内部技术时，公司须特别注重了解全局。

自 1985 年起，飞利浦研究院便建立了完善的内部体系来管理所有技术报告。此外，公司还设有一支结构清晰的研究项目团队来跟踪每个技术领域的创新进展。[13]

无论是通过团队或是技术经纪人，每个飞利浦项目都始于探索现有技术来确定创新缺口。在寻找外部技术时，尤其是在通过技术经纪人寻找外部技术的情况下，设定清晰的界限是必要环节。为利用现有技术并解决已确定的创新缺口问题，增强开放式创新文化非常重要。将事业部的所有权和投资融入技术搜选活动，并让事业部参与其中，最能确保搜选出的技术被采纳。

成为国家创新体系的一部分

中国政府数据显示[14]，2013 年在中国的研发总投资高达 11 850 亿元人民币（近 1 620 亿美元），占国内生产总值（GDP）的 2.08%，略高于欧盟的研发强度（2.02%）。政府资助达 2 500 亿元人民币，占政府总资助额的 21%。实业投资达 9 070 亿元人民币，占实业总投资额的 76.6%。

这些数据说明两点：一是为发展国家创新体系，中国政府会继续提供强有力的支持；二是同美国和欧洲一样，商业研发成了商业创新活动的主要动力。因此，为通过开放式创新或从院校与研究机构主持的基本研发中获利，并在吸引潜在财政支持的同时和供应商、客户保持紧密合作，公司需要成为国家创新体系的一部分。

无论中国政府的政策如何，实际上，政府政策通常不利于中国利益相关者为就跨国公司参与研发的价值相关事宜达成共识，国家科学技术部部长和中国政府的其他高级官员意识到在国家项目中需要同跨国公司合作。然而，多个部门与多重利益相关者在执行标准上的不统一意味着跨国公司很难完全参与到国家项目中。

我们发现，多个跨国公司正努力成为中国国家创新体系的一部分。例如，飞利浦（中国）投资有限公司已多次尝试申请政府项目，最近一次申请的是2012年被称为“863计划”[15]的园艺项目。公司连同园艺专业顶尖的院校提交了一份联合申请提议，省政府和市政府均通过了该项提议，但国家科学技术部驳回提议。飞利浦就此获得的经验教训是应提早准备，并维持和国内相关组织的良好关系，公司如能同合作伙伴开展项目合作，并以此项目作为申请基础，则能提高申请的通过率。

对于大多数公司而言，从中国中央政府获得研发资助仍困难重重。我们尚未发现任何跨国公司能获得中央政府的研发资助。与其奋力争取这类资助，跨国公司应同市政府建立合作，尤其是企业实体办公注册所在地的市政府，因为它们更为灵活，且能和单个跨国公司建立更紧密的关系。许多跨国公司已通过这种方式从市政府和区政府获得资助。

在2014年，中国有超过1 500个跨国公司研发中心，近380个设在上海，其中大部分研发中心都能同企业设在当地的公司建立良好关系，但无法融入中国的生态系统，且无法同当地政府建立联系。造成这种现象的原因有以下几个。

首先，经过多年的游说后，跨国公司才得到正式许可，有资格参加国家项目的联合申请（如“863计划”）。与此同时，一家跨国公司可被认证为具备资质的中国创新组织，但认证过程不如国内公司简便。中国国务院于2015年发布政策，似乎在鼓励跨国公司参与国家项目：深化体制机制改革，加速创新驱动型开发战略的落实。在第26次会议上，国务院鼓励跨国公司参与国家创新项目。这是否意味着政策确有改变以及中央政府是否会采取纠正措施，还有待时间检验，但跨国公司现在就应积极参与，验证变化的真实性。

其次，跨国公司针对研发项目提出的申请，其批准单位是当地市政府、注册地为直辖市的跨国公司尤为如此，例如，通用电气和霍尼韦尔已获得上海浦东区政府的项目许可，而这两家公司的注册地就是上海。跨国公司同当地政府的关系越好，就能获得当地更多的支持，并更有可能通过研发申请。

最后，跨国公司通常缺乏成为当地研发活动一部分的行动力。这类努力包括深入理解当地政府的创新政策，同当地技术领导者、机构和协会紧密互动（它们构成了技术网络与生态系统，并在高优先级创新领域中起到重要作用，可提议创新战略），以及在早期（征集计划书之前 6~12 个月）便参与确定创新主题。

跨国公司的最高管理层还需回答一个战略问题：跨国公司应付出多少努力来同中国政府达成合作？欧洲公司通常会设立一个部门来专门帮助研究人员准备资助申请，并促进公司同政府的互动。然而，对在中国的跨国公司而言，可供利用的专用资源太少。相关资源应专门用于促进跨国公司同中国政府的联系。

尽管开放式创新非常重要，跨国公司仍没有融入中国的国家创新体系。我们认为它们应做出更大努力来融入其中，就像我们在本章前面所描述的飞利浦和其他跨国公司那样，因为一种新的开发模式正在中国浮现——开放式平台创新。

政府资助

在中国，跨国公司很难获得研发项目的政府资助，尤其是通过国家“863计划”和后续计划获得国家资助。跨国公司的首席技术官并不倾向于花费太多精力来申请中国国家政府的资助。他们能与市政府及区政府展开更多合作，因为地方政府渴望吸引大型公司来增加当地就业率和税收。以霍尼韦尔为例，它没能从国家政府那里获得研发资助，但已获得上海浦东区政府和其他几个当地政府机构的资助。

我们建议跨国公司同当地区政府、市政府、相关研究机构与院校建立紧密联系，以便获得面向当地的资金补助。我们曾采访过一家已获成功的跨国公司，其管理者提供了一些建议，可供其他跨国公司参考：

- 通过线上搜索、维护良好的政府关系和第三方来及时了解出台的政策、战略和计划。
- 制定公司战略，规定关注焦点和需准备的事项。
- 同相关团队共同组织申请流程，在执行期间，必要时可进行游说。
- 获得最高管理层的承诺。
- 完成资助项目，以便提高公司声誉。监测、自我分析、报告和维护都是不可缺少的环节。

参与中国创新体系的战略

试图利用中国国家创新体系资源的公司应考虑以下两点：

- 参与中国创新体系的目的应为扎根融入创新主流，同当地重要的研发机构建立长期深入的合作关系，建立信任与尊重，获得政府资助，并优先进入市场。
- 参与中国创新体系的障碍包括：申请参与国家项目的跨国公司即使遵守政策规定，也有可能在实践中碰壁；参与企业可能需要同当地的行业合作伙伴共享知识产权；如出现紧急事件，参与企业将被要求向政府披露知识产权；以及可能出现内部知识被泄露给竞争对手的情况。

我们建议采用以下解决方案，这些解决方案都是基于跨国公司的受访者所积累的经验得出的：

- 按计划制定行动方案，提高公司研发组织在当地生态系统的声誉，并增加中国能从合作中得到的好处。
- 了解国家政府有关在中国创新的战略和优先顺序，适时调整公司在当地的业务战略。
- 联系并结交当地利益相关者（行业专家、研究人员和官员），以便得到他们的认可和及时通知。

• 学习如何处理和政府的关系，尤其是公司注册地所在的市政府，这类政府的工作文化和观点可能与公司的理念不同。定期组织讨论以便增强相互理解。保持谦卑和尊重的姿态非常必要。

• 为有需要的中小型中国公司提供帮助，并同合作伙伴实行共同创造，以便建立友好关系。

• 确定公司在行业中的独特位置，区别于其他竞争者。

• 在向中央政府提交计划书前，首先申请由地方政府资助的项目。即使开始申请不成功，仍要继续申请研发支持。

• 同已有长期稳固合作关系的合作伙伴合作。

• 加入其他跨国公司和代表协会对地方和国家各级政府的游说。

实施这些步骤需要跨国公司总部制定战略决策，用来确定企业未来在当地生态系统中所需占据的位置，规定企业愿意同本土公司建立合作的范围，并设定有关知识产权的政策。尽管有着诸多困难，仍有几家跨国公司已从当地政府获得支持，比如，霍尼韦尔已得到上海市科学技术委员会提供的项目资助，而罗地亚（中国）研发中心已得到上海市闵行区科学技术委员会的资助。

在下一节中，我们会以其他两家已成功获得当地资助的公司为例来说明实践方法：索尔维集团和通用电气（中国）有限公司。

索尔维如何获得中国政府的支持

比利时化工企业索尔维集团每年会收到500万~1 000万元人民币的研发企业支持资金，此外还有一小笔用于创新项目的资助款项。

索尔维在重要环节会安排专业的高质量人才，这些重要环节包括：

- 通过线上搜索、维护良好的关系网和第三方来及时了解出台的政策、战略和计划。
- 制定公司战略，确定关注焦点和需准备的事项。
- 同相关团队共同组织申请流程，在执行期间，必要时可进行游说。
- 获得最高管理层的承诺。
- 完成好资助项目，以便提高公司声誉：监测、自我分析、报告和维护都是不可缺少的环节。

索尔维在 2014 年成功申请加入上海市科技小巨人工程，并从中得到 300 万元人民币的支持。该工程由上海市科学技术委员会与上海市经济与信息化委员会发起。

通用电气得到的政府资助

陈向力博士是通用电气中国技术中心的总裁，经他观察发现，地方政府的资助模式同美国的相似。地方政府对跨国公司更为开放："比如，通用电气拥有 4 个同当地政府支持的院校合作研发的项目。在实施这些项目时，我们拓宽了视野，获得了新的想法，并同当地的合作伙伴建立了有效的商业往来。"通用电气的另一名高级经理告诉我们，通用电气已向当地研发人员透露，作为正常工作需要，他们将同外部合作伙伴进行合作。因此，所有高级技术人员都应增强发展合作关系的技能，其中包括认识合作各方在合作关系中的角色，了解合作各方的利益和考量，知晓向各方报批的步骤流程，增强协商技能，以及适当做出妥协的方法。这些规模不等的项目帮助通用电气成为备受本土公司和研究机构尊重的合作伙伴。

开放式平台创新：中国的创新未来

最近，由于产品的生命周期缩短，许多公司已经历颠覆性的变革。一家公司可在一夜之间被来源不明但物更美价更廉的产品或服务摧毁殆尽。互联网促成了许多这种“大爆炸”式的创新。[16]应对这种颠覆性变革的策略并不多见，但公司有可能将囊括更大范围的行为体来做出回应，这就需要发现一种不同的开放式合作途径。

在过去十年中，创新模式已快速由封闭式创新演变为多种开放式创新，其中包括分包创新、同客户与供应商共同创造价值链的不同部分，以及引进和分拆技术。这种需同有限合作伙伴建立合作关系的开放式创新模式已被许多位于中国的公司采纳。然而，一个新的模式——开放式平台创新——已开发出新渠道，用以吸引来源更广的想法，其实效性更高。

平台战略可吸引数以百万计的小供应商，利用互联网技术的公司如今对平台战略并不陌生，它已成为公司实现颠覆革新的一股力量，对在中国的公司而言尤为如此。[17]在开放平台模式中，公司会基于互联网建立平台来征集解决方案。这一战略的基本特征是公司会在实施方案和将结果商品化前，建立一套评估、过滤和筛选解决方案提议的内部流程。

有两种截然不同的方法可用来运营一个技术平台。一种方法是控制平台并授予其他人访问权。另一种是放弃对平台的控制，将其打造成开放式平台。有趣的是，在发达国家进行的一项研究表明，同受控的平台相比，完全开放的系统激发新想法的表现似乎欠佳。[18]

新的创新浪潮主要以开放式平台为基础，中国公司正快速向这一创新模式推进。在中国最广为人知的例子当属海尔集团的海尔开放创新平台、小米公司的小米社区和腾讯公司的腾讯开放平台。腾讯开放平台的设计旨在服务腾讯的300万应用开发人员和庞大的用户群体（800万用户，其中25%实时在线）。腾讯的平台为其开发人员提供了软件工具，包括一个用于付款和交付的业务功能接口、全天候协助以及提供免费办公室的腾讯孵化器中心。

在中国已被采纳的开放式创新平台形式多种多样，可以下列案例研究为参考。

海尔开放创新平台

自1984年成立起，作为家庭用品制造商的海尔始终因产品创新和与用户的亲密交互在中国远近闻名。反思集团实施开放式创新的原因时，一位主管人员说道："曾经每条产品线都只关注自己的产品，且实施的是渐进式创新。我们没有发现相关产品之间的联系。比方说，不同厨房用具的产品线所做的改进仅为提升自身厨房产品的质量。产品线之间没有交流合作，而最终用户对我们产品的真正价值知之甚少。”

在2010年，海尔启动了一个新的产品战略，重点关注智能家居。此后，该业务领域扩展到智能社区和智慧城市。这项战略囊括了许多方面，其中包括成本的降低、能源的使用和可持续性。但其根本要求是为客户提供产品价值，而不仅仅是产品技术。这意味着建筑智能化走进了家电行业，公司为用户提供的是一揽子服务，如娱乐、教育、医疗、安全和通信服务。

在同用户的紧密交互、制造、市场营销和分销方面，海尔实力雄厚。而和同行业的跨国公司相比，海尔的技术创新能力较弱。尽管海尔宣称将4%的收益用于研发，但这笔款项并不足以支撑其产品战略。在对外部创新源培养出浓厚兴趣后，海尔迅速成为中国开放式创新的优胜者，其建立的开放式创新平台活跃于广阔的创新生态系统。集团宣称近一半的创新项目可能都依靠开放式创新完成。“世界就是我们的实验室，也是我们的人才库。”海尔集团董事局主席兼首席执行官张瑞敏如是说。

海尔进军开放式创新的主要立足点源于2009年成立了海尔开放创新中心。该中心的任务是根据海尔集团所有事业部的需求，在全世界范围内探寻外部技术和解决方案。

海尔开放创新中心拥有两大团队。技术商业化团队负责收集集团每个事业部的创新需求。全球资源整合团队负责探寻可能满足这些需求的外部技术。技术商业化团队将技术需求传递给全球资源整合团队。全球资源整合团队通过海尔的全球技术搜选合作伙伴来联系潜在的技术提供者，这类合作伙伴包括技术转让公司、政府机构和小型创业公司。搜选网络不仅能同海尔（位于中国、德国、美国、日本和新西兰）的5个研发中心相连，还能联系位于以色列、韩国、新加坡、英国、芬兰、丹麦和瑞典的创新者。全球资源整合团队还会向商业团队推荐可能满足未来业务需求的技术，而商业团队则负责评估和批准候选技术。

海尔开放创新中心拥有数个支持团队，包括一个商业战略团队和一个项目管理团队。此外，它还拥有一个专家委员会。商业战略团队负责分析和分解技术需求，接着对候选技术进行初步筛选，随后将筛选出的技术传递给项目管理团队。项目管理团队负责联系技术提供者，并根据项目需求一同对技术进行调整。自2008年以来，海尔开放创新中心已帮助公司事业部采纳超过300项技术。

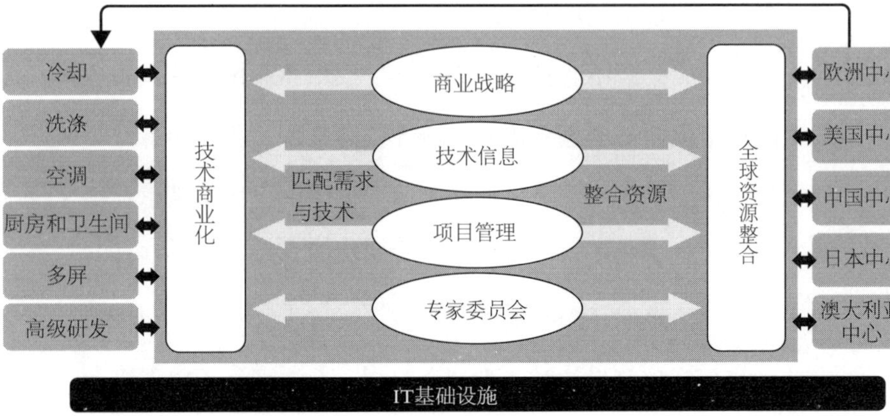

图 6.2　海尔开放创新中心结构图

来源：海尔集团

1.0 版海尔开放创新平台于 2013 年启动，由两大模块组成，这两大模块可反映海尔开放创新平台的功能：（1）展示海尔的需求；（2）收集候选技术并同技术提供者互动。访问网站的每个人都能收到海尔的技术需求。技术提供者能在线提交解决方案，并直接同海尔的工程师互动。然而，1.0 版海尔开放创新平台吸引的用户数量比预期的要少。

海尔在 2014 年 6 月发布了 2.0 版海尔开放创新平台，该版本包括一个适用于市场与技术趋势的模块（提供技术突破的相关新闻和行业信息）以及一个创新社区。2.0 版海尔开放创新平台可为技术提供者提供技术配对、技术转移服务和全球创新资源的访问权。它还可帮助技术提供者发现合适的合作伙伴来将其技术商业化。创新社区可为用户提供讨论和分享信息的平台。平均下来，2.0 版海尔开放创新平台将匹配资源的时间从 100 天缩短至 35 天内，经其解决的需求问题数量也翻了一番。

海尔开放创新平台在 2015 年升级至 3.0 版，旨在成为智能家居领域的领先开放式创新平台和生态系统。3.0 版海尔开放创新平台不仅能探索到所需技术，还能通过用户互动和用户在创新社区的讨论来发现新的市场需求。

联想的商业平台

电脑制造商联想集团已发布新业务拓展创业平台，这是一个以互联网为中心的商业平台，旨在为中国的创业公司服务。新业务拓展创业平台能帮助联想的合作创业公司在利用自身技术和想法设计新产品和服务时，使用联想的软件、硬件、销售渠道和其他资源。联想首席技术官彼得·霍腾休斯对此这样评论：

> 我们认为从市场转向以互联网为中心的商业模式，可为包括联想在内的大型公司创造更多有趣的新机遇来同小

型公司合作，共同开发独特、创新的概念。我们还能利用互联网来获取更好的创意，以把握热门新机会为目标，快速满足客户需求。我们将继续开发并推出自己的创新产品，产品范围广泛。同时，我们希望成为一家能促进工业燃料创新的公司，为客户带来更多新想法和有趣的产品。[19]

自启动新业务拓展创业平台起，掀起的第一股智能设备浪潮包括New Glass智能眼镜、New Smart空气净化器和Newifi智能路由器。智能眼镜拥有两种型号，可满足中国的两类消费者。首款M100型智能眼镜适用于工业用户，是联想和美国智能眼镜创业公司的合作产物。第二款智能眼镜的合作方为Ceyes公司，为中国消费者而设计。两款眼镜均使用中国的操作系统，且均适应中国的互联网环境。联想集团和新加坡D-Team国际控股有限公司联合开发的Newifi智能路由器配有独特应用，其设计可保证用户隐私安全并具备防盗防黑客功能。[20]

联想正致力于开发2.0版开放创新平台，以期向全球公司开放合作机遇。

小米的产品用户开放平台

小米于2011年推出一款价格实惠的智能手机，其中配有基于安卓系统打造的MIUI固件，因而备受关注。通过自身的开放创新平台，小米能让用户参与产品设计，因此在中国赢得赞誉。小米现在已是全球第三大智能手机制造商，在通过股权融资筹集到10亿美元后，它在2014年的估值高达450亿美元。

小米的开放平台由平台服务和超过30万“米粉”（小米产品的粉丝）组成的社区所构成。[21] 小米打造的开放式创新生态系统能在整个产品流程（产品规格、产品设计、产品开发、内部测试、迭代发布和外部测试）中同利益相关者和用户进行无缝互动。这是开放式创新平台概念又一个成功的案例，其主要特点如下：

- 小米提供的开放平台服务能让“米粉”参与应用开发。
- 该平台以用户而非产品为导向。小米通过互联网建立的社区能让“米粉”与公司团队之间保持即时便捷的互动交流，从而能够快速广泛地收集用户反馈。小米会认真听取“米粉”的想法，并会根据得到的反馈对产品做出快速改进。
- 由于小米的产品是公司和“米粉”共同研发的成果，因此“米粉”拥有很强的产品归属感。他们不仅仅是联合创造者，同样是产品推广者。

- 小米的所有员工，包括最高管理层，均能通过小米社区获知所有用户的最新反馈。

小结

在当前的产业革命中，新平台模式是将互联网和信息与通信的移动访问相结合。互联网平台为开放式创新创造机遇，在更广阔的领域发展潜在供应商，不再局限于固定地点、固定客户群，或是超出公司直接利益相关者范围的固定社区（如社交媒体）。互联网平台甚至已进一步减少竞争壁垒，并在许多领域实现颠覆性创新。基于开放式平台的创新正被越来越多的领先公司和创业公司所接受。

中国在1979年对外开放投资与贸易，由此改变了全球供应链，使全世界的消费者从中受益。中国经济发展的模式正进入一个新时代，从粗放型增长转为集约型增长。中国政府雄心勃勃，努力改变“中国制造”的形象，转变为“中国创新”。中国正逐步变为一个开放式平台，而中国政府正开始从这个全球最大的创新生态系统中受益。在下一波开放式创新的浪潮中，中国非常有希望成为领导者，某些人将其称为“开放式创新2.0”。

欧洲委员会（欧盟的执行机构）用“开放式创新2.0”来描述其开发互联生态系统的计划，该系统的参与者来自商界、政府和社会，旨在推动生成更多更好的合作结果。[22]尽管这一计划目标远大，但实际操作的细节却过于粗略，现在断言欧洲正在创造值得被称为“开放式创新2.0”的新现象还为时尚早。但随着开放式平台的增长，创新机遇在快速扩展，中国有望通过打造大型动态创新生态系统而成为全球领导者。

海尔、联想和小米的案例都告诉我们，动态经济中以创新为导向的公司必须利用全球范围内可用的外部创新资源。以内部创新资源为重点的公司在未来几年将退出竞争，即便它们如今占据技术主导地位。开放式创新平台是龙头企业的重要资产，而积极参与在中国的创新至关重要。

中国公司能力的两大构成因素是客户和文化，而开放式创新是促进这两大因素发展的重要战略。如今，希望获得更多供应商创新想法和技术来源的本土公司已经接受开放式创新。随着科技园、国家科技研究所和大学研究中心的设立，同以往相比，依靠科学与工程支持来获得新的商业想法变得更加容易。上述案例表明中国公司正在开发新的能力，如今围绕开放式创新平台发展的能力将是帮助公司在国内外市场竞争的独特资产。此外，在中国的开放式创新已帮助跨国公司获得更多客户，并开始渗透进更广阔的文化生态系统。已在中国实施开放式创新的跨国公司更有可能在当地获得成功并促进吸收新知识。但是，为从在中国的创新中或到最大收益，跨国公司必须制定非常清晰的战略来处理文化因素中最令人担忧的一个部分：保护知识产权。我们将在下一章中对此进行讨论。

联合作者：曾勇勤

CHINA'S NEXT STRATEGIC ADVANTAGE

第七章
保护知识产权的法律规定与战略性建议

文化最能影响公司在中国对知识产权的保护。长期存在的非法抄袭文化带来了如何保卫知识产权的难题。中国政府希望将中国打造成技术独立型国家的意愿鼓励了公司，尤其是国有企业。

某些跨国公司对于是否进入中国感到迟疑，其原因在于它们担心失去知识产权。[1]中国实施创新或主持研发，会让这种担忧更加强烈。目前令人鼓舞的消息是：中国的知识产权保护框架正在逐步完善，公司采取法律措施的实例将会越来越多。中国政府正在给予知识产权问题更多关注，最近已发表多份声明并采取了多项措施，其中包括增加知识产权法院的数量。然而，对于公司维权而言，从一开始便采取战略方法并利用法律途径非常重要。本章中，我们会讨论这两种方法。[2]

中国的知识产权法律制度[3]

自 1979 年起，中国便开始承认和保护知识产权。政府基于三个国家法和其他法规来构建法律框架。全国人民代表大会通过了三个国家法:《中华人民共和国专利法》《中华人民共和国商标法》和《中华人民共和国著作权法》(以下分别简称为《专利法》《商标法》《著作权法》)。全国人民代表大会常务委员会、国务院和多个政府部门均已通过相关法规。

相关法律

《专利法》

为鼓励发明并促进科技发展，中国在 1984 年同意加入《保护工业产权巴黎公约》，随后于 1994 年加入《专利合作条约》。为践行其国际义务，中国分别于 1992 年、2000 年和 2009 年三次修订《专利法》。在中国申请的专利由中华人民共和国国家知识产权局（SIPO）审核批准。总共有三种专利类型：发明专利、实用新型专利和设计专利。由省级或市级知识产权办公室负责强制执行。国家于 2015 年 4 月第四次修改《专利法》并发布了征求意见稿。新法规定故意侵权可判处更高罚金与惩罚性赔偿。

《商标法》

中国的《商标法》旨在指导商标管理、保护商标所有人的专有权，以及维持注册商标经营范围内产品或服务的质量。《商标法》由中国国家工商行政管理总局商标局（CTMO）施行。在中国，仅已注册的商标和服务商标会受到保护。未注册商标不受普通法保护，但“知名”商标除外。

《著作权法》

中国已经加入《伯尔尼公约》，该公约旨在保护文学、艺术和科学作品作者的版权，并鼓励创造和传播文化作品。在大多数情况下，版权保护期为作者有生之年及其死后50年，但对电影和摄影作品以及由公司或组织创造的作品而言，其版权保护期至首次发表后的50年。

其他法规

中国已通过多项立法来完善其知识产权体系，其中包括《中华人民共和国知识产权海关保护条例》和《中华人民共和国反不正当竞争法》。后者禁止在未经授权的情况下使用注册商标、侵犯商业秘密、非法使用知名商品或他人姓名，严禁做出其他误导和欺骗性行为。

中国的《商标法》《专利法》和《著作权法》同西方国家的法律有一些明显差别。比如，中国的《商标法》制定有先申请原则，规定商标应授予先申请的一方，而非最早使用商标的一方。这一原则，以及除原始商标名称外还必须注册商标中文译名的规定，使得希望进入中国市场的跨国公司付出了昂贵代价。中国的《专利法》同样采用先申请原则。除这些法律规定的差异外，中国大部分法例均符合世界贸易组织所设标准。

知识产权在中国的发展

20 世纪 80 年代到 90 年代，中国正经历着快速变革和发展。参与全球经济并获益的中国，第一次认真尝试增强对知识产权的重视。于是，中国加入世界知识产权组织，并在 1982 年通过了《商标法》，且在 1984 年通过了《专利法》。2001 年加入世界贸易组织后，中国根据其承诺修改了知识产权法。自 1995 年起，中国通过行政程序和刑事裁决对专利、商标和版权予以保护。但是，由于行政机构不愿将案件提交至司法机构，因此大部分案件均依行政程序处理。不同于诉讼，行政裁决不会对被侵权的受害者提供经济赔偿。地方行政机关同样缺乏资金。由于造假是当地重要的经济来源，因此地方行政机关疏于执法。[4]

尽管中国现已颁布多个法律，保护知识产权实际执行力度却大为滞后。随着中国企业和中国政府越来越注重实行知识产权保护，情况正在逐步改善。在其“十二五”规划中，中国政府表明了将经济结构从低生产力制造转为均衡发展经济的意愿，将打造更完善的服务业并重视科学创新。保护知识产权是实现这一愿景的重要因素。

2005年是实施知识产权战略的里程碑，它标志着中国加强保护知识产权的决心。最近，国务院办公厅宣布了《深入实施国家知识产权战略行动计划（2014—2020年）》（以下简称《行动计划》）。《行动计划》规定了在2014年至2020年实施《国家知识产权战略纲要》的指导思想、主要目标和行动步骤。其主要目标是，截至2020年，大力增强中国创造知识产权的能力，加强知识产权的运用，并提高保护和管理知识产权的能力。

《行动计划》规定了十二个有关知识产权的预期目标。按照激励创造、有效运用、依法保护、科学管理的方针，政府将着力加强知识产权的运用和保护，积极营造良好的知识产权法治环境、市场环境、文化环境，将“努力建设知识产权强国，努力建设创新型国家，并全面建成小康社会”。[5]《行动计划》提出四个主要行动来实施知识产权战略。第一，促进知识产权创造运用。第二，加强知识产权保护。第三，强化知识产权管理。第四，拓展知识产权国际合作。2014年设立的三个知识产权法院是施行《行动计划》的一个重要步骤，三个法院分别设于北京、上海和广州。据专业观察者预计，这些法院将快速积累技术知识并加速专业化，从而提高中国知识产权法的执法力度。[6]

具体执行情况还有待观察。

在中国保护知识产权的战略方针[7]

对公司知识产权的保护取决于国家的知识产权制度和公司所在行业的结构。[8]尽管公司认为这两种因素都超出其控制范围，但在某些情况下，公司能够改变这些因素，使之成为有利条件。[9]在中国，保护知识产权的体系仍在完善中，跨国公司通过改变法律或督促更严格的执法力度来影响政府加强制度建设的机会非常有限。（有一个成功的案例：微软公司说服了中国政府在政府采购的计算机上安装正版微软软件。）

改变价值产生位置

改变知识产权制度的一个方法是改变价值产生位置。具体可表现为重新调整公司的价值链，使能捕获价值的部分不易受到中国知识产权制度的影响。公司可重新塑造或分解其价值链，使知识产权敏感部分脱离中国的司法管辖权范围，由此，那些制造山寨产品的公司很难反向得出原产品设计。一个更为根本的方法是通过将公司在中国的运营整合进由公司或合约外包公司所持有的互补性资产网络中，来重塑产业结构[10]。苹果公司将其全部产品设计同主要元件的设计和规格紧密结合，并由此获得成功。单个供应商很难发现整合这些元件的方法，苹果因此能够最大限度地捕获创新带来的价值，保护其知识产权不被侵犯。

在中国保护知识产权的其他战略

一些公司会在中国设立研发中心，着重关注公司当前较少涉及知识产权的研究领域。假如一家公司利用上述方式同合作伙伴建立了紧密合作关系，那么，为实现共赢，合作双方均应有一个激励措施来防止泄密。假如这家公司对合作研究的领域很陌生，那么它不太可能从外部获得现有的相关知识产权。比如，化名为Globular的大型能源公司同研究可替代能源的中国院校与研究机构建立合作，并已资助许多研发项目，但它现有的知识产权和可替代能源领域的联系非常有限。

另一个适用于跨国公司的重要战略是：假如企业想要在中国使用一项知识产权，而该知识产权已在别国获得专利，那么企业可在中国申请该知识产权的专利。因为专利属于国家权利，这对保护知识产权而言至关重要。无法在中国获得专利的后果是，中国的竞争对手将（可能从美国已发布的专利中）了解这项技术，随后在当地环境中自由利用所学技术。

对在中国运营的跨国公司而言，第三个可行战略是采取切实有效的措施来保护知识产权，如保护机密材料的流入和流出、监控重要实验室、限制笔记本电脑和手机的使用。该战略的具体内容还包括和员工及供应商签署保密协议，仅为他们提供有限的权利来使用企业内部数据库。一位在德国公司供职的高级管理人员告诉我们："信息技术部门当然在竭尽全力保护我们数据的安全性。和其他任何一家大型公司一样，偶尔会遇到试图闯进我们系统的人。因此，我们会变得非常小心。我们当然不想在德国和中国之间设置任何屏障。这同我们的实际合作背道而驰，并会给我们的中国合作伙伴传递错误信息。"但同在西方国家的运营情况相比，在中国，企业监控员工的做法接受度更高。在监控并控制设备的使用方面，大多数中国企业比西方企业更有经验。某些企业甚至禁止员工在公司办公楼内外使用手机，它们会禁用电脑的USB接口，并时刻监控员工的一举一动。因此，跨国公司并非无法接受在中国采取这样的措施。

我们观察得到的第四个战略是将研发任务分解为模块化的任务，一部分任务分配至总部，另一部分分配至中国研发中心的某个小组。[11] 尽管这要求总部的研发部门同中国研发中心紧密合作，但这样做能分离研究内容，因此可防止研究项目泄密。一家大型德国技术公司通常不在中国境内研发大量重要元件。这样做的问题在于，这家公司能做的其他事情寥寥无几。中国合作伙伴需要了解整个组装工艺，以便高效安全地工作。因此，对这些合作伙伴隐瞒太多数据没有意义。该公司中国研发中心的德国总监对此有自己的心得：你可以决定不想同中国同事分享的内容，然后畅快分享其余部分。

和在其他国家一样，在中国的公司必须决定是否将知识产权的特定部分定义为商业秘密，或是为此获得一项专利。在其他公司很难从外面观察到公司内部运营环节和流程的情况下，将知识产权定义为商业秘密更加妥当。例如，帝斯曼有一个产品被称为迪尼玛，这是一种用于反导弹系统和海军用绳缆的超高分子量聚乙烯纤维。迪尼玛的生产涉及一些“看家”秘密，由于生产流程至关重要，因此帝斯曼从未在总部以外的地方透露过任何相关信息。大多数这样的秘密都由帝斯曼负责迪尼玛制造流程的科学家严格保密。这些科学家一直待在荷兰。

帝斯曼告诉我们，集团运用于中国的原则和用在世界其他地区的原则相同。在中国采用不同的原则是不信任的表现。

全面提升创新的一个途径是持更加开放的态度来分享现有知识，同时还能减少重复努力。然而，这样做的窘境在于：公司必须接受两种风险，创意被泄露或是原本可能实现的创新数量可能会因此减少。哪种风险更高？很难对此做出评判。帝斯曼认为，坚持促进本地创新的原则能够在这两种风险之间保持平衡。但公司必须在员工个人职业生涯的早期严格限制其使用重要知识产权，直至双方建立起一定程度的信任。

一些高级管理人员告诉我们，第五个战略是雇用想要在公司长期发展且积极性高的员工。当然，公司不能阻止员工离职并为竞争者工作，但一条周密的人才保留政策能够有所帮助。西方公司应充分意识到，中国员工不如西方员工忠诚。一位中国研发中心的德国总监告诉我们："中国员工对公司的感情和我不一样，他们并不在意德国工艺一百多年的历史。然而，他们会对自己的老板忠诚。所以，假如你的研发经理同员工关系不错，那么信息被盗的风险很可能会降低。但谁也不能保证。"

在中国保护知识产权的法律问题[12]

考虑在中国保护知识产权时，充分认识专有技术型或商业机密型知识产权和经专利、商标、设计权或版权注册的知识产权之间有何区别非常重要。假如知识产权的注册地在中国，那么当地就有相关法律能够保护知识产权（实际情况视前文提到的执行力度而定）。但无论在中国境内或境外，都必须对专有技术型和商业机密型知识产权保密。假如秘密信息被公布于世，那么所有人都能阅读和使用它。一旦秘密信息被盗，公司很难在所有国家采取有效的法律措施来挽回损失。

针对在中国受专利保护的知识产权，公司应主要考虑以下问题：

为什么要在中国申请知识产权?

荷兰最近庆祝其专利法颁布100周年，而中国1984年才有《专利法》。尽管如此，知识产权如今已成为中国政府战略的一部分，且处理知识产权问题的相关法律与流程正在逐步完善中。2013年中，公司在中国根据专利合作协定申请的专利数达世界专利合作条约申请数的10.5%，其中中国企业中兴通讯和华为分别为2011年和2012年全球专利合作条约申请数排名的第一名和第四名。[13]

在过去几年，每年平均会出现4 500起有关知识产权的诉讼案件，其中75%涉及商标和版权问题。每年会有近100起专利侵权案件。这些案件的经济损失赔偿金仍相对较少（平均每起案件赔偿金额为74 000美元），但在中国《专利法》第四次修正案草案中，赔偿金额有所增加。超过60%的案件判决涉案方停止侵权行为。在中国执行判决可能很难，在欧洲和美国同样不容易。为赢得审判，公司要勇于创新，充分利用被告方的所有弱点。简而言之，专利是一项长期投资，在中国《专利法》和执法程序逐步走向成熟时，不申请专利的公司将很快被市场淘汰。

找到合适的人，在中国创造知识产权

下列方法很重要：

- 同公司顶尖创新者建立良好联系，由他们培训并教会其他人批判性思考。（我们并不缺少高素质人才，但当中有多少是真正的创新者？）
- 雇用具备创新潜质的人才。（我们很容易关注员工的语言技能而非批判性思维。为解决语言技能的匮乏，公司其实可以聘请翻译。）
- 说服教育者改变他们教育年轻人的风格，将批判性思维纳入教学内容。（中国的一流大学已经开始教授学生如何批判性思考，但在中国教育体系中，许多其他级别的教育机构还没有开展这项教育。）
- 同当地的研究机构达成契约，合作开展“当地产品应对当地需求”或是“当地产品应对全球需求”的项目。
- 允许研发人员优先了解当地客户及其需求。

保护商业秘密

公司很难证明商业泄密行为，因为不仅必须说明被泄露事项确实是公司秘密，还须证明公司因泄密而蒙受了损失。因此，最好的方法显然是防止泄密。下列四条原则可用于保护商业秘密：

- 创建一份存货清单
- 评估存货价值
- 标记商业秘密
- 保证商业秘密的安全

其他保护商业秘密的方法包括：

- 考虑保留中文版保密文件，也许能够作为证据协助执法。
- 从知识产权办公室、安保人员和相关事业部中挑选员工成立一支本地团队，用于确定商业秘密并为其提供有形与无形的保护。分离职权并限制访问权是保护商业秘密的重要措施。为原材料建立编码公式和清单可能会有所帮助。

一家欧洲的跨国公司在中国进行了许多开放式创新，但并不特别担心知识产权问题。该公司中国区研发总监告诉我们：总会发生有人带着皇冠宝石离开的事。但我们公司最不可能做这种事情的人是英国人。人们担心中国科学家会带着我们的机密离开，这种担心帮助我时刻保持警觉。我只是举个例子。实际上，我认为出现这种担心是因为欧洲人和美国人想要保护他们的大本营，而防止员工盗走我们机密的最好方法就是好好对待他们。

潜在侵权

能快速察觉到侵权行为对公司而言非常重要。有效的措施包括增强对本地情况的认识，其中包括有关竞争对手、权利申请和产品的信息。此外，应在中国网站和数据库中用中文进行知识产权搜索，以便确定风险并发现机遇。用英文进行搜索必须依赖中文翻译，而译文可能有错，或遗漏相关文档。作为语音工具，拼音对学习汉字发音非常有用，但不能用于搜索。

在中国申请知识产权

在中国申请知识产权的总成本与欧洲相当。中华人民共和国国家知识产权局收取的费用非常低，但负责申请和行政手续的本地代理收费高昂。

决定通过国家或是专利合作协定申请在中国寻求知识产权保护，将关系到保护战略和成本。假如要在中国境外完成计划申请知识产权的发明，且需要在多个国家寻求保护，则通常选择专利合作条约申请。假如仅在少数几个国家寻求保护，通过直接国家申请可能更为合适，包括通过国家知识产权局申请。假如计划申请的发明实际是在中国境内完成的，为遵守中国法律规定，公司必须首先在中国申请知识产权。通常情况下，以专利合作条约方式申请的发明意味着其独创性更高，但尚无证据证明申请本身能用来衡量发明质量。在辖区申请知识产权需要更多审查时间，但对于在中国寻求知识产权局保护的公司而言，这可能是一个优势。

西方公司应考虑在中国利用实用新型专利[14]，这类专利能为公司快速提供保护，它们的成本低，且对发明独创性仅有一个较低要求。此外，这些专利很难撤销，对公司的竞争对手而言，它们可能会是重要障碍。但利用实用新型专利同样存在一个风险：本土公司可能在中国通过实用新型专利注册西方公司的一项技术，假如西方公司想要在当地使用该技术，那么这家中国企业将起诉西方公司侵权。可采取的应对措施是：若公司计划在中国使用于中国境外完成的某项技术，可为该技术在中国申请一个实用新型专利。

在专利侵权案件中，商标保护可作为有力支持，且非常有助于提供证据。一个商标名称同样可用中文字符注册，但很重要的一点是，公司不应只关注翻译的读音是否正确，还须注意译文含义是否合适。可口可乐公司花了很长时间才找到“可口可乐”（美味且快乐）这个中文名。另一个不错的例子是BMW（德国宝马汽车公司），它的中文译名是“宝马”（宝贵的马匹）。

起诉

诉讼案件和专利局都表明中国的法律解释同欧洲的一致。专利权利请求必须有大量实例作为支持，因为请求范围可能取决于实例的范围。首个专利失效案由国家知识产权局专利复审委员会（PRB）进行复审，能赢得这种级别的专利权利请求对公司而言非常重要。仅有 10% 至 15% 的复审决议会被高级法院撤销。

发明人奖励与报酬政策

中国的《专利法》有望得到进一步修订，其中包括修订“发明人奖励与报酬规定”。在雇佣公司没有将发明商品化的情况下，这些修订可能会影响发明人获得报酬的方式以及能获得的权利。因此，建议制定明确的发明人奖励与报酬政策及行政程序，并落实到位，确保公司记录所有想法，且每个想法均对应一个具体状态，用以给发明人支付合理的报酬。

协议

下列步骤会有所帮助：

- 为公司的中国研发场所制定一项“看门人”政策，培训员工如何避免政府官员获得超出所需信息范围以外的内容。

• 有大量可供本土公司利用的补贴与税收减免政策，其中一些政策会要求公司以当地实体的名义注册专利或持有知识产权，公司可对这些政策加以利用。

• 协议应适合中国的执法程序。理论上，国际仲裁是强制性的，但执行可能不会落实到位。因此，公司最好遵照中国内地或香港的法律规定。协议应为双语版。

• 确保公司拥有普通话版译名。拼音（语音）不具法律效力。公司商标（印章）上的公司名即为法定实体的名字。在中国，签名具备的法律效力有限，但商标具备签名的法律效力。

• 在合约性研究中，研究的改进成果不会自动归项目承包人所有。除非合约规定有单独支付条款，否则改进成果归支付方所有。

• 位于中国的客户对知识产权问题的意识在不断提高，他们可能会要求销售人员在采购合同中加入“可自由使用知识产权”的规定。

但合同在中国的作用仅限于此。一家德国汽车公司的代表告诉我们，该公司制定了保密协议，但从来不知道实际保密效果是否值得花费印刷所耗成本。真正的重点在于公司为中国带来了多少知识产权，以及如何在中国保护它们。高档汽车制造商在德国大获成功，前面提到的这位代表说，这些成功不是因为公司建立了竞争壁垒，而是源自德国汽车产业的竞争性与创新性。对于一家跨国公司而言，要想在中国获得成功，必须持有技术创新。若想领先于竞争对手，尤其是中国的竞争对手，那么公司必须比它们更快完成创新。

执行

中国政府计划截至2025年，将中国打造成为“创新强国”。要实现这一目标，为本地公司和外国公司实施知识产权保护将变得更为重要。但中国政府是否会落实知识产权的执行，这是所有在中国运营的跨国公司最大的担忧。在欧盟和美国发布的专利可在非有效地区供人们自由阅读和拷贝。值得注意的是，一些中国参与者会将从外国公司拷贝过来的知识产权注册成自己的实用新型专利。因此，为捍卫自己在中国的地位，跨国公司必须在中国注册自己的知识产权，这样既便于执行，也便于同他方协商，例如授权事宜。相关要点如下：

- 《中华人民共和国知识产权法》《中华人民共和国民法通则》和《中华人民共和国刑法》可用于行使知识产权权利。
- 若外国原告对知识产权的执行比中国被告更成功，则可将这一事实作为轶事证据。

• 收集证据和采取行动时，需要当地的法律支持。

• 收集证据非常困难，必须在合适的管辖区以合适的方式开展收集行动。

• 执行法律行动的管辖区至关重要。中国共有 122 个知识产权法院，但对跨国公司而言，仅在北京和上海的知识产权法院更加公平。公司同特定管辖区当地政府的关系可能也会对诉讼产生影响。

• 尚无可用的可靠数据能够证实判决已被成功执行，似乎很难证实执行是否成功。

信任中国的合作伙伴

跨国公司对在中国失去知识产权的担忧可能比实际情况更糟。本章中，我们将以Globular公司如何在中国处理和诸多创新合作伙伴的知识产权问题作为结束，其中包括同院校和研究机构的合作。

据Globular公司所说，它始终关注如何在中国保护知识产权，因此并不担心在中国失去自己的知识产权，且它在其他国家同样如此。Globular发现了一个保护知识产权的方法，其中第一要点就是充分了解公司需求。Globular发现公司对专属权的需要实际比预期要少，而速度相比需求更为重要，于是放宽了对中国合作伙伴在专属权方面的限制。它在全球已有几十年参与合资企业的经验，并已知道公司不应仅依赖于法律协议，真正需要的是合适的合作关系。Globular不会同每个潜在合作伙伴都建立合作关系，但会对所有已经建立的合作关系做出投资。这种方法需要公司能够明确并同意合作关系的条款，持续对合作进展进行重新评估，并及时应对问题。

在同创新合作伙伴建立的战略合作关系中，Globular制定了一份框架协议作为总体指导文件，来囊括协议双方合作的所有事项。针对单个具体的研发项目，Globular无须讨论知识产权问题、法律问题或财务问题。因框架协议已有必需的知识产权安排规定，公司仅需遵守该协议。

Globular最具说服力的评论可能是这条："中国人非常务实。"我们将其解读为只要存在双赢空间，大部分中国员工或合作伙伴都会愿意同雇主或合作伙伴合作，并保护其知识产权，而公司的任务则在于创造并维持双赢空间。

另一家公司发现了一个有效方法来处理和中国合作伙伴的知识产权问题，它就是已经在中国拥有大量研发设备的美国通用电气公司。一位高级经理告诉我们，通用电气期望本地研发人员能够和外部合作伙伴建立合作关系，这已成为他们正常的工作职责。这类合作的许多项目都很小，但每个项目的知识产权问题都会通过合作双方签署的协议做出规定，而公司会提前仔细制定好这些协议。协议条款包含技术共享、技术分配、授权与使用，以及资源贡献等问题。由于通用电气已有众多合作伙伴，相关经验非常丰富，因此它能确保协议内容可使合作双方满意。

小结及建议

在中国处理知识产权问题非常困难，尤其是在相关法律法规仍处于制定阶段的地区。在我们的4C框架中，文化最能影响公司在中国对知识产权的保护。长期存在的非法抄袭文化带来了如何保卫知识产权的难题。中国政府希望将中国打造成技术独立型国家的意愿鼓励了公司，尤其是国有企业，来模糊知识产权的界限。但就如我们前文所述，中国对如何保护自身知识产权的兴趣日益浓厚，因此相关执法力度正在逐步增强。通过仔细运用本章所述框架和工具，外国公司和中国企业均能提高保护自身知识产权的能力。

联合作者：曦玛雅

CHINA'S NEXT STRATEGIC ADVANTAGE

第八章

世界向中国学习

许多世纪以前，世界向中国学习。然而，在过去的几百年间，中国始终保持耐性并向世界学习。如今，又轮到世界向中国学习。

在前面几章中，根据4C框架中的2C——客户和文化，我们描述了中国创新能力发展的前两个阶段。客户的规模、丰富性、动态性、特质和多样性为创新精神花开遍地提供了肥沃的土壤。中国企业家精神、对客户的深刻了解、前瞻性领导和矢志不移的推动力，加上企业抱负与政府投资，则为创新生根发芽、日益繁茂提供了种子和养分。在这个过程中，外国投资，无论是西方跨国公司或是海外华裔所创办公司的投资，均在中国1979年对外开放后早期阶段起到了决定性作用。[1]尽管早期跨国公司是为中国这一饥渴市场带来新产品和新工艺的主导者，但由于本土公司已发掘出自身能力，跨国公司不得不放弃在诸多方面的主导权。一些跨国公司已得出结论，在中国得到的回报并不值得付出那么多，而跨国公司在中国的发展于2015年中期出现的减速也为这个观点增加了一定的可信度，但我们在此仍认为这个想法是错误的。本章中，我们将尽力提供说服力强的理由来鼓励跨国公司乘风破浪，走出变化无常的局面，从其在中国的发展中汲取宝贵的经验教训。

秉承着“适用原则”，中国企业通过模仿、改造、试验与学习来实现渐进式创新，努力达到世界标准，其最新阶段的目标为：立志凭借自身实力进驻国外市场，成为跨国公司。中国企业能否达成这一目标将取决于另外两个因素：能力和现金。作为本书的最后一章，我们将在本章中抛开研发和创新，讨论公司能从中国习得的领导力与战略经验。我们有一个新想法，它可能令人震惊：跨国公司如今可向中国学习如何改进它们在全球的商业活动。

产生这样的想法源自我们提倡的4C框架，且在中国企业的主场直面它们的竞争，是跨国公司提升自身竞争能力并增加竞争所需现金的最好方式。公司在中国竞争对手的本土市场直击它们时会遇到阻力，其中许多阻力不易在中国的表象环境中察觉，且在公司自己的本土环境中相当不显眼，而中国的竞争对手已面对并成功应对过相同阻力。竞争中国市场使得跨国公司有着同竞争对手相似的经历，并可培养出新的能力，我们认为，这些新能力将帮助公司更好地在全球市场上竞争。是的，外国公司角逐中国市场时会遇到障碍，但相当多的跨国公司已克服这些障碍并在中国市场繁荣发展，它们能意识到巨大的中国市场的价值所在，且能从中国市场的竞争中学到可运用至其他地区商业竞争的经验教训。宝洁公司充分意识到了抢占中国市场的必要性，它已在中国市场活跃30年。在20世纪80年代初期，宝洁进驻日本市场，而本地竞争对手阻击猛烈，极力试图将宝洁赶出日本，宝洁直面并战胜了挑战，从中学到了宝贵一课。宝洁董事长埃德·阿特兹在当时做出了一个极具历史意义的决定：宝洁将留在日本市场并提供必要资源。他做出这个决定的理由是："我们坚持在他们的后院夺得一席之地，是因为我们有一天将在自己的后院迎接他们的挑战……因此，我们必须在日本取得成功。"[2] 尽管日本和中国的客户与文化有着许多不同，但在日本习得的经验教训促使宝洁在中国市场取得成功。如今，在中国市场排名前五的消费者品牌中，有三个品牌均隶属于宝洁。

中国的市场太庞大，让人无法忽视。意外的是，同20世纪80年代的日本公司一样，中国企业同样能为其他公司提供管理、商业模式与领导力方面的理念，这些理念可帮助其他公司稳固本土市场，并在全球取得成功。20世纪60年代至80年代，西方公司忽视了日本公司的核心经营理念，如看板管理、全面质量管理和适时反应战略。而如今，西方公司可能正处于错失中国新管理理念的危险之中。尽管中国尚未发展出同日本经营理念一样高度通用的革命性管理理念，但中国具备这样的潜能，我们在接下来的总结中将看到中国管理环境的独特之处，以及中国和西方领导人能在中国学到的经验教训。

我们发表上述大胆言论的第一个理由是中国的独有特色、复杂环境，极具学习价值。我们在第1章说明了中国的需求特性如何在今天成为企业实施创新的优势。在第1章和其他章节中，我们都识别出了中国环境的许多特性。在此，我们想要关注中国环境中的一些独有特点，这些特点能为跨国公司提供学习和锻炼反应的机会。这些特点都可归入前两个因素：客户和文化。中国市场可被视为一个动态体，同中国企业的经历一样，外国公司参与这个动态体所承受的压力和获得的机会能为它们带来学习新知识与发展新能力的广袤土壤，从而改变其全球战略。图8.1反映的是客户、文化与能力之间的联系。图8.2反映的是能力与现金之间的联系，二者能使第1章讨论的第三个创新阶段成为可能。

客户：中国市场的独有特性

中国的客户有着许多独特的特性和行为，并在中国内部呈现出多种多样的形态。

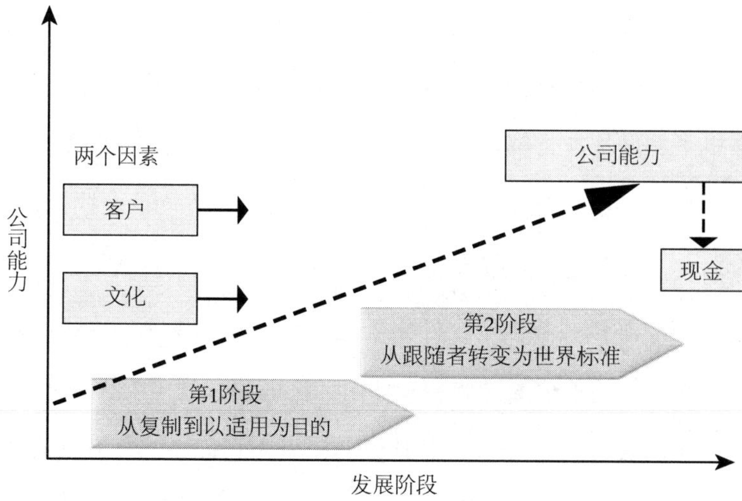

图 8.1　在中国创新的前两个阶段

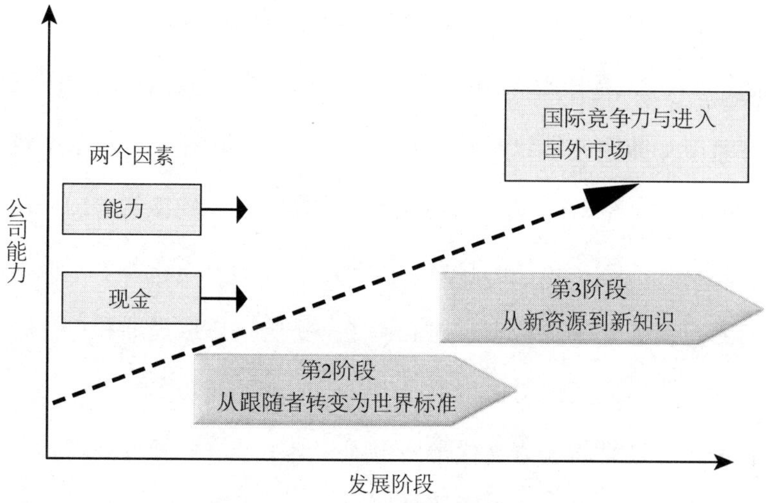

图 8.2　在中国创新的第三个阶段

同世界其他地区相比，今天中国市场上的客户和用户表现截然不同，他们成熟速度快，能很快接受发展新趋势，且通常在电子领域都非常精明。他们容易“原谅和遗忘”，不断变化的喜好总能创造出特别小众的市场。尤其是中国的年轻人，他们有着多种多样的社会价值观与政治观点，并不墨守成规。他们关心同龄群体并热衷于个性化表达，崇尚唯物主义但又兼具理想主义，然而他们的民族主义和国际化情节之间可能存在矛盾。这些中国式的喜好和行为非常重要，因为它们可能是其他市场发展趋势的早期信号，其中包括西方市场。

在 20 世纪 80 年代中期，丰田公司认为中国人在 50 年内都不具备购买汽车的能力，它因此拒绝了政府进驻中国发展汽车制造产业的邀请。同丰田一样，也许当时没人能预料到中国消费者能如此快速地致富并走向成熟。正如我们在第 4 章中所讨论的，仅仅在 30 年前，所有从本国向中国出口模型的跨国公司都无须关注本土市场的特点。然而，今天的中国在各个领域都有着日渐成熟的消费者，他们会仔细挑选，只选择能和自己的喜好、生活方式及文化传承产生共鸣的产品及服务。可口可乐和麦当劳成功将西方文化带到中国，但美泰公司却发现将其全球偶像产品芭比娃娃带到中国并非易事。中国的家长和儿童更倾向于选择土生土长的喜羊羊（有着教育意义的卡通羊形象），而非适合后青春期的美国娃娃。麦肯锡最近的一份报告表明，中国新一代的奢侈品消费者正越来越重视产品蕴含的中国价值观，而非西方价值观。[3]

如今，中国消费者被视为能最快接受新产品与应用的群体之一。根据市场调研公司尼尔森的调查，中国已成为三大新型快消品市场中的一员。尽管中国消费者时常对新奇事物满腔热情，但他们最引人瞩目的特点应该是对两类产品及服务怀有极大热忱：与互联网相关的和与手机相关的产品及服务。中国消费者会用智能手机做许多事情，以至于他们的手机屏幕通常是全世界最大的，其中许多屏幕由中国企业设计与制造，而非外国公司。中国消费者对手机的痴迷使得重庆市甚至为边走路边看手机的行人设立了单独通道。[4]

与此同时，同西方消费者相比，作为第一代或第二代消费者的中国消费者更易原谅和遗忘，因此公司所犯错误不会在中国市场产生同西方市场一样长期的不良后果。在第3章中，我们描述了奇瑞QQ汽车的众多缺陷没能阻止奇瑞成为中国最畅销汽车制造商的事实。相比之下，在引入美国市场时，早期的意大利菲亚特汽车和（更为糟糕的）南斯拉夫Yugos汽车至今未从质量丑闻中恢复元气。在中国运营的跨国公司通常会担心在中国市场犯下的错误会对其全球声誉带来不良影响。它们有理由产生这种担忧，但这会抑制它们同中国本土公司一样快速迎合市场需求的能力。一家跨国公司的代表告诉我们，出于对企业声誉的考虑，他所掌管的公司花了近两年时间才从总部得到授权，允许生产一种能在中国市场带来新消费群体的产品。假如跨国公司能够学习中国本土公司的实践方法，以中国消费者预期的速度来实施创新，且能将在中国学到的实践经验融入企业的全球流程，那么这种能力将在各个运营点为企业带来丰厚收益。

中国的市场：动态、不同且多样

中国市场的变化速度与市场多样性均史无前例。1978~2015年间，中国的城市化率由17%上升至55.6%，每位新城市居民的消费能力提升了10倍。英国（城市化率为82.5%）、美国（81.6%）和日本（93.5%）花费了更长时间才达到这样的消费增长水平。以现行的美元为计量单位，中国居民的平均收入水平从2000年低于1 000美元提升至2014年的7 594美元。[5]以购买力平价为衡量基准，中国居民在2014年的平均购买力平价为13 216美元（美国平均为54 629美元）。但这一平均值蕴含着巨大落差。中国在2014年的总体基尼系数为0.47（同经济合作与发展组织规定的0.32相比，这一系数表明收入分配不太平等）[6]。中国消费者中，有相当一部分顶层消费者是国际标准的大买家。中国1/3的财富掌握在1%的公民手里。因此，在中国出现了许多极端的消费行为。例如，卡尔蔡司只在中国售出了价值百万美元的镶钻眼镜，其中许多消费者是男性而非女性。在大众市场上，海尔推出了一系列面板镶有施华洛世奇水晶的家用电器。无法贴近中国市场需求的跨国公司会错失中国数量众多的利基市场。中国的利基市场规模可能是某些西方国家的市场规模总和。

任何公司都能从这些极端的消费者喜好中有所收获。在更早时期，日本公司了解到日本消费者倾向于选择“质轻、短小、轻薄”但高质的产品，这一发现使得日本公司在全球市场取得成功，如本田雅阁汽车、索尼随身听，和宝洁公司不得不与之抗衡的日本精致消费品。而在中国，消费者似乎更加偏好体积大、外观夺目的产品，尽管中国成熟且富有的消费阶层对产品的选择变得越来越谨慎。中国消费者的这一偏好可能对成熟市场的大部分消费者缺乏吸引力，但它很可能吸引到其他发展中市场的顶层消费群体，且通常能吸引发达国家中希望通过购买产品提升阶层感的消费者。日本消费者坚持购买品质最好的产品，而购买高价产品的中国消费者则极度追求产品的真实性与品牌性，这里有在巴黎、伦敦和纽约的精品店蜂拥购买正品奢侈品的中国游客为证。

在金字塔底层的则是中国数以亿计的消费者。这些消费者需要不同类型的创新，我们在第1章将其称为“差不多即可”或“以适用为目的”的创新。第1章中，我们已说明中国企业成功满足了这类庞大消费群体的需求，它们从中孕育了创新能力，并将其用于创造与满足其他消费群体。拓展创新能力能为公司培养出优秀的创新实力。包括艾迪伊欧在内的设计公司非常了解“极端用户”的价值，尽管这类用户不能代表公司现有的平均用户，但他们品位独特、眼光敏锐，是产品未来发展趋势的象征。在欧洲，飞利浦通过和著名大厨杰米·奥利弗合作，成功开发出一系列新型厨房设施。此外，通过观察到中国消费者对传统熨烫方式的厌恶，飞利浦中国事业部引入了首台挂烫机。纯粹的西式思维体系可能会忽视掉“极端”所能带来的机遇。

除收入水平不等外，中国不同地区还有着诸多文化与行为上的差异。不同的用户习惯源自不同地区深层文化信仰的差异、种族多样性和历史的不同。地区的界定并非静止不变，尽管中国实施户口制度，但仍有源源不断的人潮在远离家乡的省份就业。在这种遍布中国的动态人力流动环境中，消费者市场的行动速度快并不让人吃惊，几乎在推出新产品的同时，市场上就可能涌现出大量替代品。例如，在温暖的南方地区，如广东省，消费者清洗脏衣的频率较高，更偏好小容量洗衣机；而在北方地区，消费者清洗频率较低，更偏好大容量洗衣机。海尔对此采取的应对策略是为南方市场制造小型洗衣机。地域差别同样会影响B2B市场。比如，基于中国地质条件与气候的多样性，施工设备制造商三一重工会针对每种用途开发设备模型，其数量比外国竞争者的模型数量要多出许多。在开拓市场的同时，三一重工还在拓展有利于开发其他发展中市场的能力，这类市场包括泰国和菲律宾。

在中国南方，由于受到香港的影响，干邑白兰地是正式宴请和商务晚宴的庆祝用酒。为节约成本并保证正品，宴请人通常会在宴会开始前从批发商店整箱购买昂贵的白兰地。这种消费习惯使得在这些地区形成了一个较为发达的批发市场，尤其是食品和饮料业，能够接受在中国其他地区不常看到的顾客自带酒水行为。察觉这些细微差别需要公司能够在不同地域与不同人群紧密互动。

中国经济的快速发展、大量空白的市场空间和多样性使得创新项目更易取得成功。当地企业家意识到许多机会都隐藏在尚未有人踏足的“空白空间”中，且还有充足空间可供思考探索不同的商业模式和实践方法。举例说明，海底捞是当地人气火爆的连锁火锅店，它的餐厅经理想出新主意让客人的等位时间变得不再难熬：为等位的客人提供按摩和美甲服务。作为响应，海底捞会对提出这类新想法的员工予以奖励。与此形成对比的则是专注于标准、“质量”管控和提供有限服务的典型西方快餐式销售模式。西方零售商百安居和宜家已进驻中国，它们曾试图打造出一个DIY主导型家居市场。但宜家很快明白中国消费者缺乏DIY的经验，他们更倾向于零售商在自己家中完成安装工作。于是宜家改变策略，转而向顾客提供家装创意和构想（鼓励家庭参观宜家卖场，将此作为家庭外出活动）。现在，宜家会组织员工去顾客家里安装他们购买的产品。然而，百安居则坚持其少量服务零售中心的经营模式（而公司有太多非生产性员工），其结果是公司收益率降低。

在第3章中，我们说明了中国企业的创新有何不同。意料之中的是，中国企业仍在设计与商业流程方面持续创新。实际上，今天在中国看到的最具创意的想法中，有许多想法都出自中国企业。第6章已对小米公司的创新实践进行讨论，作为一家发展迅猛的中国移动手机制造商，小米已打造出高度创新的商业模式，这种模式能使它以更低价格创造出可匹敌甚至超过竞争者的产品属性。[7] 小米能取得成功的原因有三个。第一，通过采用专属线上销售渠道，小米可将成本降低约30%。第二，小米采用了独特的产品战略。当其最大竞争者苹果公司以一次专注研发一部智能手机而闻名时，另一个主要竞争者三星公司则制定了一系列复杂的定价策略，并通过供应大量品名不同的手机来迎合大众市场的广泛需求。小米的产品战略则综合了上述两个竞争对手的显著特点。它一次仅推出部分型号，但软件更新的时间非常迅速，因此用户会感觉小米手机经常升级。小米基于安卓系统打造的操作系统所用软件可承载这类常规升级（这类升级源自忠实用户的反馈），并能满足更高程度的手机定制要求，这一特点使得小米从竞争者中脱颖而出。相比之下，小米的两个亚洲竞争对手均生产大量多种型号的智能手机，但它们仅针对精心挑选出的少数几款提供软件升级服务。第三，小米在价值链管理上的创新同样帮助公司控制了成本，并增加了收益。小米也会利用智能手机作为推出付费软件与应用程序的渠道。在小米公司成立后不久，小米用户下载应用的次数便已高达十亿。除生成额外收入流外，应用程序还维持了用户对小米应用平台的黏性。尽管小米的应用平台并非公司的原创性创新，但小米的生态系统将用户融入附加应用、游戏和其他服务的开发过程中，由此促进了小米的快速发展。

文化：中国的激烈竞争者

激烈竞争中会诞生能力超群的赢家，这是迈克尔·波特在其国家竞争优势来源的开拓性研究中所确定的因素之一。[8] 硅谷是竞争能促进强大创新型公司发展的最好实证。如今轮到中国成为孕育世界一流竞争者的摇篮，波特的分析能充分证实这一点。大部分世界领先公司正在角逐中国市场，但由于一些本土公司已历经我们在第 1 章中描述的三个成长阶段并快速发展壮大，它们已具备世界级的竞争能力，因而同中国市场上的世界领先公司形成竞争。开展进出口业务的本土公司学习速度很快，尽管它们在公司发展早期并没有设立大型研发部门。某些观点认为本土公司的快速壮大归功于数字时代更易于公司复制商业活动，因而公司早期的吸收模仿能力并没有阻碍其实现进一步发展。[9] 此外，公司的快速发展可能还有一部分应归功于技术得以被更广泛地利用。

本土公司同样从跨国公司在中国的技术溢出中获益。自 2005 年起，许多本土公司已具备顶级跨国公司的竞争力，且很多时候它们的竞争实力甚至更强。某些公司已成为业内的世界级领先企业，联想便是其中一员。成立于 1984 年的联想在 2004 年末收购了 IBM 的个人电脑业务，自此成为全球规模最大的电脑制造商。[10] 其他公司也已通过快速发展取得全球领先地位，其庞大规模已形成世界最大市场。格兰仕在 1995 年成为全球最大的微波炉制造商。虽然中国并没有根深蒂固的饮奶传统，但蒙牛在2010年超过意大利公司帕玛拉特成为世界上最大的即饮牛奶生产商。的确，很多中国人都患有乳糖不耐症，但政府大力宣传牛奶的营养价值，而蒙牛抓住这一机遇获得了成功。如第二章所述，华为公司将创新投资与国内产业规模投资结合在一起，成为世界领导者，海尔公司同样如此。这些公司没有依靠运气或政府支持，它们以创新为导向，在激烈的竞争中获取优势，占据主导地位。如今，这些公司的规模足以为继续创新投资与海外扩张提供资源和现金，华为、海尔和联想便是实例。是的，在某些情况下，政府会拨款为企业的研发或设备投资提供现金，这类帮助大多依靠保护措施或当地采购政策。但成功的中国企业领袖会不断谈及当地激烈的竞争环境以及公司为保留地位而需持续创新的必要性。丹·布莱兹尼茨和迈克尔·默夫里观察了本土公司在全球供应链中的行为，将之描述为“红皇后”现象：快速奔跑仅仅是为了留在原地。[11]我们同许多中国企业高管的对话证实，无论公司是私营还是国有，规模大或小，这都已成为公司常态。

许多中国企业不仅遵循了我们在前面概括的方法理念，从复制转向渐进式创新和“以适用为目的”，而且已成功度过“世界标准”的阶段，如今正积极寻求新知识。企业的这些进步不仅源于其自身进驻全球市场的雄心，还来自中国消费者收入的增加、成熟度的提升，以及他们对高品质产品与服务的无限热情。我们在第1章曾强调，中国企业的格局已演变为在基于创新的竞争中加强能力，直至满足新的市场需求。商业组织的格局大多取决于客户。（日本消费者对产品要求很高，导致日本公司因极度追求产品质量和细节而闻名于世。）如果客户对产品细节有着较高要求，会对公司造成压力，因而迈克尔·波特将高要求客户视为形成国家竞争优势的另一股力量。在对全球高要求客户的需求成功做出回应时，公司可培养出卓越的创新能力。[12] 由此可知，实际上，中国消费者对新奇事物的热情迫使在中国公司必须不断努力使自己脱颖而出，这同达尔文生物进化论中的“生存竞争”如出一辙。如第三章所述，中国企业另一个特点是：它们不仅创新速度快，而且做任何事情都很快。因为已经深入了解客户，且始终在寻找新的市场需求，中国企业能够快速实践创新，快速安排大量资源来解决问题，并会在市场上快速验证解决方案原型是否有效。这种激烈而迅猛的竞争已形成一个全球最大的孵化器，培育世界级的竞争者们。

根据4C框架，我们可将中国企业的海外扩张归功于它们在本国培养的能力和在当地市场取得成功所获得的现金，二者使中国企业具备在新市场收购品牌、技术和市场份额的能力。大量在中国市场获得胜利的其他本土创新公司已经通过技术创新成为世界领导者，其中最为知名的包括研发风力涡轮机的远景能源和生产家用太阳能板的皇明太阳能。在中国还有一群创新公司活跃于互联网和移动技术领域，该领域在中国已形成巨大规模。由以色列人设计的ICQ是一款领先的即时通信软件，腾讯公司最初靠模仿ICQ在中国起家，而今它已引入一系列创新服务来满足当地互联网用户的需求。腾讯是首家为网吧提供云存储服务的公司，此外，它还创造出广受欢迎的即时聊天应用微信，可通过手机提供文本和语音聊天服务。根据每月活跃用户数量进行排名，微信的创新功能已经使其成为全球最大的单机通信应用。在无任何推广的情况下，自推出后8个月内，微信便已快速覆盖30个国家，用户数高达两亿。

今天，腾讯已成为全球第三大互联网公司，它于2014年进入美国，踏上了国际扩张的征途。[13] 已享受过腾讯产品服务的国外客户希望在本国也能享受到相同的服务。微信在美国市场同WhatsApp（一款手机通信应用程序）展开激烈竞争。腾讯的美国高层说道，微信不仅可提供名片共享、“摇一摇”、扫描二维码和雷达扫描建群的服务，还能提供内置文本语音、群聊、视频电话和照片共享等功能。此外，微信同样能够提供经认证的安全信息服务。许多来自中国的通信服务第一次成功发掘到国际客户群，微信便是其中一员，同在境内相比，它在中国境外吸引到了更多用户。2015 年 1 月，腾讯推出微众银行，它是中国首家私人线上银行。

阿里巴巴在中国长期占据着电子商务领导者的地位，它已是全球最大的电子商务公司。在纽约证券交易所上市后，阿里巴巴便成为全球最具价值公司中的一员，如今正在施行全球化战略。它在中国设计并运营了多个电子商务平台，已同世界品牌建立合作，且帮助无数人在电子商务领域成功创业，其间积累的丰富经验将使其具备屹立于全球市场的能力。阿里巴巴正跨越产业边界，意在革新金融业。它如今已是全球电子支付领域的领导者，其影响力之大，以至于世界最大银行之一的西班牙桑坦德银行也在寻求同阿里巴巴和其他中国企业合作，以便学习如何搭建线上平台来为中国乃至全世界人民提供线上金融服务。阿里巴巴在 2013 年推出个人财富管理基金工具——余额宝。2015 年 6 月，它又推出了线上银行——网商银行，意在为难以从传统大型银行获得资助的小型公司提供金融服务。阿里巴巴之所以能够支撑这一庞大的新业务，主要得益于它利用电子商务平台帮助数以百万计的个体实现创业，成功研发出支付宝电子支付服务，并在互联网和数码技术方面积累了丰厚的专业知识。支付宝已成为国际支付工具，它可为外籍卖家提供一系列服务，包括线上接收中国买家付款、兑换外币和海外汇款，而这些服务原先通常都由银行提供。

这些公司在中国境外取得的成功对跨国公司敲响了一记警钟。跨国公司现在开始将中国视为全球竞争优势的来源之一。尽管许多跨国公司对中国的观点老旧过时，仅把它视为本土全球性产品和服务的一个出口对象，但如我们在第四章所述，针对中国市场在中国境内开展创新的实质性转变已经出现。转而在中国开展的创新活动正开始为创新者带来丰厚回报。比如，保乐力加（中国）贸易有限公司的大部分收益都来自基于特定市场实现的创新，而卡夫食品（中国）有限公司过去3年推出的产品在中国赚得的收益高于全球其他地区市场。

尽管中国是磨炼公司创新能力的实验基地，但在基于创新的激烈竞争中认真把握中国机遇，意味着外国公司和中国企业必须始终注重深化自身独特的可持续创新能力。如何实现呢？

能力：向中国学习什么

公司应如何探索中国的独有特征？我们建议向中国学习五大经验，并将其作为指导策略：

- 大胆实验，快速迭代，识别并创造创新机遇，确保公司的灵活性。

• 在创造性适应中创新——在对本土市场需求的关注中开展创新。

• 培养能快速发现并挖掘机遇的能力，用以创建新的产品类别。

• 设计可满足特殊需求的简单产品，注重“精益价值”，避免造成任何不必要的浪费，仅提供必需产品。

• 培养混合团队和全球领导人——中国当前的商业环境为公司管理多元背景的混合团队和培养未来全球领导人创造了优越条件。

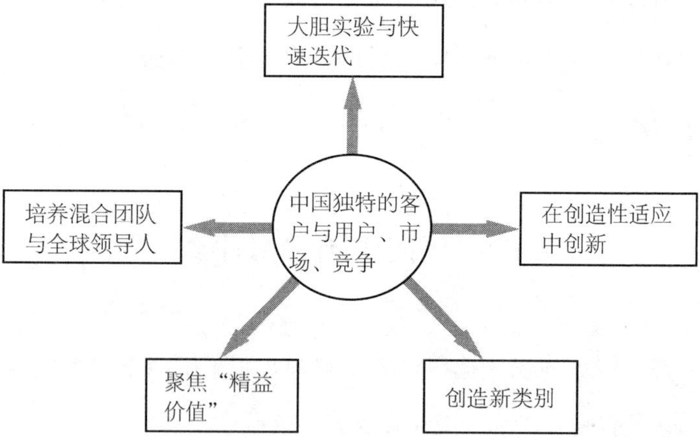

图 8.3　向中国学习

大胆实验与快速迭代

本地创新常被视为模仿。然而，尽管存在争议，在中国市场，机会主义似乎比创新更加重要。可口可乐耗资 1 500 万人民币推出维他命水，但仅在数月后，农夫山泉便推出售价更低（每瓶 5 元）但几乎一样的力量帝维他命水，抢占了维他命水的市场份额。于是，几个月后，可口可乐将维他命水的售价降至每瓶 6 元。2009 年，可口可乐模仿娃哈哈的营养快线（娃哈哈在 2005 年从零开始研发出了这款价值 20 亿人民币的“奶昔饮料”），以略低的价格推出了由公司位于上海的全球创新技术中心所研发的美汁源果粒奶优。自推出三个月内，果粒奶优的销售网点就遍布 300 多个城市，充分发挥出可口可乐在分销、宣传和营销方面的全球优势。虽然可口可乐的创新性模仿取得了巨大成功，但迄今为止，娃哈哈始终是市场领导者。值得思考的一个问题是：假如可口可乐推出果粒奶优和娃哈哈推出营养快线之间不存在这 4 年的时间差，那么可口可乐的市场地位能够提高多少？本土竞争者正快速创造新的大规模市场，假如跨国公司能够迅速跟上市场发展脚步并充分利用自身的全球优势，很有可能在新市场大获成功。但在实际中，我们不常看到这样的现象。比方说，尚未有一家西方跨国公司能成功进入繁荣的传统草本饮料市场，而这个市值高达 300 亿人民币。

为在中国市场取得成功，公司必须勇于实验，且愿意试错。例如，葛兰素史克针对中国神经系统疾病设立了研发中心（该中心拥有全球授权），相比公司设在西方国家的研发中心，该中心做出药物成分试验的决定要快许多，而试验的成分可多达三倍，这是公司在中国能够实现的效率，也是领先于中国的制药公司的优势之一。中国的制药公司，尤其是私人公司，通常十分大胆。它们不会为仿造感到羞耻，反而将这种行为看作向其他公司学习。许多（也许是大多数）西方和日本大型制药公司似乎已经忘却这种大胆精神，因本国药物管制严格且市场增长率较低，它们行事慎之又慎，非常担心会因在中国采取过于激进的做法而遭遇惨重代价。多家跨国公司的代表告诉我们，因总部制定决议的速度较慢，所以在中国市场推出产品的进程有所延迟。总部放缓决议的情况可分为几种，有时因不确定中国市场的重要性，有时因担心公司声誉受到影响，而有时则因对当地运营的授权不足。由于中国制药业成长速度很快，在 2014 年经历的较低增长率仍高达 7%，因而对公司而言，在中国市场采取大胆行动的风险较低。若想在中国学会冒险，西方跨国公司必须找到合意的方法并快速行动。

中国喜欢勇者。20 世纪 90 年代，宝洁勇于在中国市场冒险，而今则收获了价值 30 亿美元的护发业务。宝洁的第一次冒险是成立首家主攻二级市场的公司，在内部分销链尚未建立，且公司无有效追踪与分析销售数据应用的情况下，便在广州、上海和北京等发达市场以外的地区投入重金推广护发产品。第二次冒险则是针对取样投入大量资金，为合作意愿较低的零售商免费提供产品，增强他们的信心，使他们转而支持宝洁扩张。结合这些大胆的举动以及对中国消费者特定护发需求的深刻了解，宝洁得以在中国的护发市场提升销售额，并占据主导地位，即便在20年后，情况依然如此。

在创造性适应中创新

许多在中国成功实现的创新都源于公司对当地文化细致入微的理解，从而能在创造性适应的过程中打造新的产品类别或创造新的消费者需求。对本土公司而言，创造力通常来自公司内部某位重要人士的直觉，多数情况下，这个人是公司的创办者，在他任职期间，这种方法非常有效。相较于跨国公司，这种现象在中国企业更为常见。另一方面，已建有完整规范和流程的跨国公司则更应将当地创造力转化为自己的竞争实力。为实现这点，跨国公司更应重视，予以大力支持，而不应将注意力集中于应采取哪些措施。将当地的创造型人才保留在重要岗位上是非常关键的一步，且还需任命经验丰富的外国高层长期在中国负责监管。能力卓越的高层管理者通常需对多个地区负责，缩减他们负责的地理范围不失为明智之举，因为无论身处哪个国家，持续的商旅都会减少他们注意力集中的时间，导致工作效率下降。

某些情况下，跨国公司必须为中国改变整体商业运营策略。在前面几章中，我们发现新的中国企业会频繁利用创新商业模式，若跨国公司复制商业模式，则必然失败。易趣网（eBay在中国结盟的一个电子商务网站）在2003年便已占据中国初期线上C2C业务90%的市场份额。然而，中国电子商务的基本元素却在流失，如信用卡系统、物流网络、互联网普及率和电子商务用户基础。与此相反，如第二章所述，于1999年为B2B供应商创办线上平台阿里巴巴的马云则决定进入C2C市场，并在2003年推出注重快速成长的淘宝网（意为“发掘宝藏”）。基于实现的两次商业模式创新，淘宝网在三年内即将市场价值从20亿人民币增至超过300亿人民币，并改变了整个中国零售业的格局。马云的首次创新是为鼓励商家尝试使用淘宝网而剔除了交易费（如无广告收益，则很难长期维持，但在短期内是一个有效策略）。第二次创新是借由淘宝网引入线上支付系统（支付宝）来攻克信用卡基础设施不发达和中国消费者对网络购物态度过于保守的双重问题，支付宝最显著的特点是能提供履约保证服务。战败的eBay在淘宝网入市后一年便关停了在中国的业务。如今，淘宝网的收益额已是eBay的4倍，支付宝现已成为一项单独业务，发展迅猛。

百思买集团在中国失败的教训告诉我们，跨国公司确有必要实现创造性适应。在美国长期占据主导地位的电子产品零售商百思买在2006年入华，当时预计可改变中国的电子产品零售业。在2006年，百思买通过收购中国零售商五星电器增加了184个销售点，但在2011年，集团便关停在中国的全部9家百思买门店，并于2014年12月宣布出售收购的184个零售点。百思买在美国主导着电子产品销售环境，并已建立可信任的公平中间交易商形象，基于在美国的经验，它创建了以服务为核心的零售模式，但中国对这种模式并不感冒，而这并不是因为中国消费者不喜欢商家提供公平的建议、关怀顾客的员工和愉悦的购物环境，只是因为他们并不乐意在购买相机时为此额外支付100元人民币。百思买发现，集团将产品毛利用于培训员工并为他们提供优越薪酬待遇的做法，反而会遏制在中国发展潜在客户。此外，集团还忽视了中国市场盛行购买廉价商品的风潮。中国顾客乐于去百思买同其员工交谈，以便确定自己的实际需要；但他们同样乐于去当地零售商国美电器和苏宁电器购买（售价明显更低的）产品，节约现金。

与百思买相反，在中国均拥有超过 1 000 家门店的国美和苏宁更多的是扮演监管者的角色，它们向遴选出的品牌出租场地，由各品牌直接同客户进行交易（其员工的培训、雇佣和成本由品牌自行承担），从而成为中国市场的主导者。国美和苏宁同样放权给供应商自行决定内部装修（而百思买的内部装修则全部由集团负责，由此产生大量开支）。百思买的一位前任经理说道："我们在员工和内部装修上的开支（同本土竞争对手相比）多出了三到四倍。"由于门店数量受限，致使百思买无法为消费者提供比当地竞争者更低的零售价格。百思买发现集团在中国的运营成本过高，由此不得不将成本转嫁到消费者身上。相比之下，国美和苏宁的市场活动则始终注重保持成本优势。百思买没有真正了解中国独有的消费习惯以及竞争对手的优秀能力。百思买亚洲前任主席评论道："我们从中学到的最重要的教训是，你不可能改变中国市场，只能跟随中国消费者的脚步。"

虽然中国成熟的消费群体已经开始认可优秀服务的价值，但他们更喜欢实惠的价格。此外，中国市场对优秀服务的定义远不同于西方标准。本章联合作者正帮助在中国的西方客户完成组织变革，以期能够提供中式服务。也许对客户、文化和整个商业生态系统的深入理解能够帮助创造一个可行的创新商业模式。

洲际酒店集团（中国市场上的领先酒店经营商，在全球拥有9个知名品牌）承认，没有任何一家国际连锁酒店集团针对中国的文化差异设立专门的服务品牌。但洲际酒店量身定制了一个全新的酒店品牌华邑，用以满足中国消费者的特定需求。于2015年推出的华邑酒店注重创造卓越的“招待和宴请”体验，能为客户提供午夜用餐服务，旨在成为一家“纯中式酒店”。洲际酒店推出华邑的最初战略布局是为了扩张中国市场，但在未来十年内，中国出境游人数有望达到全球游客总数的25%，因此华邑最终将在全球遍地开花。专为中国设计的客户价值定位为洲际酒店在中国取得成功，预计它还将有利于集团在中国境外的长期发展。

中国企业已经开始在中国境外采用创造性适应策略。第三章中，我们描述了海尔通过研究美国消费者行为习惯从而发明了三级温控冰箱（最初用于存放冰淇淋），还讨论了华为深入了解外国客户的特殊基站需求，他们租赁的办公楼层通常很高，因此希望基站的占地面积尽可能小。好孩子集团在三个国家设有创新中心，它们不仅针对各国消费者喜好来为集团调整相应产品提供参考信息，相互之间还会交流想法和经验，以便产品能更好地融入每个市场。四维–约翰逊实业公司已针对运钞车产品开发出新的商业模式，它在中国利用廉价劳动力生产大规模定制的运钞车车身，随后将其运至欧洲完成最后的组装和销售。

跨国公司在中国境外实行逆向创新，利用全球应用来完成创造性适应，这种模式可考验公司从在中国的创新历程中吸收到多少经验教训。第五章中，我们列举了几家不同类型的公司，如阿克苏诺贝尔、宝马、通用电气、通用汽车和飞利浦。尽管西方市场和亚洲发达市场所处的低成长期已有抑制本国公司创造力的趋势，但中国市场的快速发展及其多元化则为成熟市场的公司重振创新雄风创造了条件。

若想识别出创造新商业模式的机会，公司不仅需要具备根据当地情况鉴赏当地文化的能力，还需要对企业管理保持敏感，勇于在不同市场接受并支持一个不同的服务概念。这样做可为公司带来双重益处：不仅能帮助公司在中国市场取得成功，还能为公司在其他地区实现逆向创新提供机会。

创造新类别

在中国市场，新的产品和服务类别层出不穷，它们通常会令人感到惊喜。如前文所述，中国领先的饮料公司娃哈哈推出了营养快线，这是一种混合了果汁和牛奶的饮料，并创造出一个全新的市场领域，引得许多公司纷纷效仿。泡沫红茶在遍布中国的咖啡馆和饮品店中都非常流行，但本土创业型饮料公司香飘飘则针对打包和居家饮料消费需求，在2005年真正为即饮泡沫红茶开发出市场。香飘飘珍珠奶茶的杯装造型酷似咖啡，并配有一个吸管，它由温和的椰浆淀粉调制而成，创新性地用椰果包取代原有耗时长的竹竽粉珍珠酿造流程。同咖啡的结合使香飘飘产品获得了高于其他饮料的溢价。截至2011年，已有多名饮料商参与打造这种新的饮料类别，其销售额高达100亿元人民币。这是中国企业在拥挤市场创造出新空间的一个实例。作为带有异国情调的外来物，“泡沫红茶”店已出现在西方市场。为什么跨国公司不能在国外市场推出一个相似产品呢?

许多公司都应将创造新的产品类别作为其战略重点。但有效执行这项战略则需要公司对当地文化有着深入了解。除消费者行为习惯有所区别外，不同地区还会在深层次的文化信仰和历史上有许多不同之处。在中国人的思维系统里，特定的食物会扰乱你体内的平衡，如红茶、酒精、红肉等会使人体内燥热，而绿茶、大部分绿色蔬菜和鸭肉等则性凉。中国人认为内热是不健康的表现，它会导致一系列疾病，从皮肤病到严重的器官功能障碍。不幸的是，中国的商务宴请偏好辛辣油腻的食物，且对于酒的需求量大，因此无法避免体内上火。加多宝集团将传统的草本凉茶从广东引入全国市场，由此解决了这个问题。王老吉于1995年进入市场，十年后，它在凉茶领域的销售额已增至超过200亿元人民币（30亿美元）。碳酸饮料同样被视为"内热"的导火索之一，在结合功能优势后，加多宝集团已陆续将喜爱碳酸饮料的消费者吸引至凉茶市场。

改变消费者体验产品或服务的方式同样能为企业发掘新的市场空间。徐福记将这种方法运用于糕点糖果业。徐福记没有采用整袋销售的模式，而是将糖果糕点分门别类，让消费者自行选择，随后装袋、称重、购买。这种让消费者自行选择和混合的购买方式同中国各地的传统市场消费习惯非常相似，消费者已习惯于亲手选择产品。徐福记将这种购买模式运用于现代糕点糖果的解决方案中，吸引人们购买公司产品。它还保留了专用销售柜台来同消费者直接互动。很快，徐福记便跻身中国最大糕点糖果公司的行列，并在2011年吸引雀巢公司花费17亿美元购买了60%的股份。

根据地理位置细分市场在新产品类别的开发中显得越来越重要，尽管对于在美国和日本市场已习惯产品同质化的公司而言，它在初期似乎缺乏吸引力。虽然中国一线城市和二线城市之间的市场竞争愈演愈烈，但中国已有100多个城市人口数量超过100万，而这些城市的发展将在未来数十年推动市场的繁荣发展。许多跨国公司如今正在三线和四线城市稳固根基，而在以前，它们从未将这些地区纳入优先考虑范围（这是百思买所犯的一个错误）。采取这种方式的问题在于，当地已有本土公司进驻且发展良好。中国有一个著名的作战策略叫作“农村包围城市”[14]，华为是首家将其用作市场扩张战略的本土公司，它利用在农村地区建立起的影响力，成功将市场版图扩展到一线城市。

一些跨国公司在二三级市场业绩斐然。例如，为避免和在一线城市扎稳脚跟的其他大规模超级卖场直接展开“肉搏”，由（中国台湾）润泰集团和（法国）欧尚集团合作控股的高鑫零售已积极扩张到二三线城市。高鑫零售于 2011 年入华，已经超过沃尔玛和家乐福，成为中国最大的综合大卖场运营商。宝洁创新性地在级别较低的城市推出单袋装洗发水，这些地区的收入较低，限制了购买数量。在制药行业，为在一线城市以外的地区开拓市场，西方制药企业已经改变销售模式，省略原有的中间商，转而直接安排销售代理商进入当地医院推销产品。

根据设于中国的美国商会所说，大部分美国企业在 2010 年都计划将投资重点集中于级别较低的城市。然而，进驻级别较低的城市并不能保证西方公司一定可在当地获得成功。本土品牌通常实力雄厚，且在一般情况下，当地的市场环境和大城市的有所不同。在一线和二线城市以外的地区，娃哈哈的非常可乐所占市场份额高于可口可乐或百事可乐，因此，假如外国竞争者计划进驻这些地区，那么，它们可能必须像当地竞争对手那样制定切实可行的行动战略。此外，二三级市场中的竞争并不仅是单纯的价格战争：娃哈哈已经巧妙地将民族情节融入产品定位，将非常可乐称为“中国人自己的可乐”。

如前面所述，中国消费者正日渐成熟，如今，在他们的身上可看到发达市场才具有的消费习惯和行为。但是，我们不应将这种现象归为“西化”。中国消费者仍保留有中国文化传承的根髓。随着中国消费者的不断成熟，他们会更加倾向于购买同本土文化相关的产品和服务。这是对知名公司敲响的一记警钟，在全球市场已获成功的优秀实践方法可能无法保证公司在中国市场同样成功创新，且中国市场的竞争对手层出不穷，它们随时准备为消费者提供更切合需求的产品和服务。另一方面，如跨国公司能深入了解消费者和当地的市场动态，并能运用已有的全球经验和技术来协调这些知识和信息，它们将具备相应基础来成功实现文化意义上的创新。

某些专为中国市场打造的新产品类别，如雀巢的剥皮香蕉雪糕笨Nana，同样可出口到世界其他地区。此外，在中国市场取得的成功有时会妨碍中国企业区别应对外国消费者的喜好。仅有极少数的中国企业能够创造出国际知名品牌。例如，中国化妆品龙头企业上海家化力图借由在当地备受喜爱的佰草集品牌来打入西方市场，佰草集系列产品均由中国传统中药里的草本成分制成，但西方消费者并不信任标有“中国制造”的保健、美容产品或食物。与之相比，上海滩（原为一家香港公司，现由全球第二大奢侈品公司瑞士历峰集团所有）透过现代人的眼光重新诠释了20世纪20年代的服饰潮流，如今已成为国际服装品牌。

我们能从这些案例中得出的经验教训是：对跨国公司而言，与其强调产品来自中国，不如灌输中国人不断猎奇的消费理念，刺激他们的购买欲望。为实现“中国产品应对世界需求”而创造的产品已被视为“逆向创新”的成功范例，但这类产品在海外市场上的吸引力取决于其能否满足普遍需求，而非它们的中国特色。为满足普遍需求，跨国公司可能会采用低成本、高效或更多元化的方式（如通用电气的便携式超声波仪和四维–约翰逊的运钞车），或是创造一种新奇的产品（如雀巢的剥皮香蕉雪糕笨Nana和腾讯的微信）。中国是一个仍在快速成长的国家，涉足中国市场能让跨国公司接触到形形色色的客户与文化，并能帮助它们认清竞争对手的优势所在。

注重“精益价值”

西方公司在中国可自主操控价格溢价的时代即将结束。质量差距在日益缩小，对质量的认可度也在日益降低，出于个人偏好和成本考虑，中国消费者正越来越多地选择本土品牌。与此同时，跨国公司通常不像本土公司那样迫切希望以“质量过硬”且具备“精益价值”的产品和服务惠及大众，反而只是将重点集中于如何获取理想收益并消除无关紧要的成本。例如，宝洁（中国）花费数年时间才获得总部许可，将佳洁士牙膏作为中等价位品牌推出。但一经推出，佳洁士立即在中国成为领先牙膏品牌。由于新兴中产阶级人数多达3亿，因此通常认为这一部分市场的前景非常乐观，但若想吸引拥有大量可自由支配收入的西方中产阶级，中国仍然有很长的路要走。此外，城市（上海市2014年的平均可支配收入达46 000元人民币）与农村地区（西藏自治区同年的平均可支配收入仅为10 700元人民币，为全中国最低）在可支配收入上存在巨大悬殊。中国2014年的总体平均可支配收入为20 170元人民币（约3 280美元）。对于许多追求高质量生活的中产阶级而言，房产债务和其他生活成本使得其可自由支配收入所剩无几。

因此，尽管富有的游客多集中在大城市中心，但大多数中国人只携带少量现金来支付日常生活必需品以外的消费。此外，消费者面临的空气质量、食品质量、健康、教育、国内住房和保险等各种问题需通过创新途径予以解决。鉴于此，跨国公司应认真考虑“以适用为目的”的产品和服务所蕴含的创新潜能，应利用公司大量的研发资源来设计各种解决方案，满足消费者想在花费适度的情况下获取合理价值的多种需求。车载空气净化器、蒸汽挂烫机、低强度台灯、吸收甲醛的室内油漆、价格低廉的心脏监视器和超声波仪都是跨国公司为满足这类需求创造出的产品。

随着市场的扩大，仅开发高端产品将无法满足需求。宜家明白其在中国的使命是让“很多人”都能拥有品质高且设计好的产品，因此，它拒绝像普通西方企业一样专注于在中国发展高端品牌。随着陆续在中国开设连锁店，宜家积极关注如何完善其现有的精益模式来刺激大众市场快速发展。例如，一个简单但坚固耐用的宜家餐盘售价为 2.90 元人民币（约 50 美分），但在上海和北京一家名为“城市超市”的高端购物馆内，一包最便宜的一次性白色餐巾纸的售价是宜家餐盘的 4 倍，因为“城市超市”的定位是满足高收入群体和外籍人士的需求。

由于来自发达国家的跨国公司希望不断细分其本土市场，因此它们通常会将“功能型通胀”理念注入产品开发，继而导致产品价格上涨而价值萎缩，而中国消费者不愿为功能过多的产品和服务买单。因此，中国成了一个绝佳的实践场地，用来实验西方现行但尚未根深蒂固的经营理念。跨国公司为之付出的努力将经受重大考验，它们因而能从这种实验中大获裨益。由此，中国成了一个极好的检验场所，用来实践设计思维和精益制造。

培养混合团队和全球领导人

今天的企业领导者提倡快速变化、勇于创新和培养混合团队，而中国则为培养领导才能提供了一个良好环境。宝洁便是从中获益的一个绝佳例子。在20世纪80年代末期和90年代初期，宝洁在招聘中国顶尖大学人才方面处于领先地位，能够吸引到国内最优秀的新兴人才。为有效培养并保留这些前途光明的新员工，宝洁从在亚洲新建的组织机构中调派了一些最佳人选，但没有调派美国和欧洲的员工，尽管这样更易操作。由此，一个文化多元且民族多样的中间管理层群体得以形成，并在深入了解中国文化发展进程的基础之上形成了一种创业精神和创造力文化。宝洁挑选的最佳人选来自中国香港、新加坡、印度、日本、菲律宾和中国台湾地区，这表明它非常有信心用“亚洲”视野来开展业务。此外，美国和欧洲的员工也提供了诸多成熟的商业运营实践方法。东西方最优秀人才的强强联合促使宝洁迎来了前所未有的十年成长期。这些地区的高层领导人均支持创新，他们对创新既充满热情而又格外审慎，其中包括阿兰·乔治·雷富礼、罗伯特·麦克唐纳和迪米特里·帕纳尤托波洛斯。雷富礼和麦克唐纳都曾担任宝洁的首席执行官。帕纳尤托波洛斯是宝洁（中国）的前负责人，后被提拔为董事会副主席。

以开明的方式在中国寻求学习机会使宝洁获益匪浅，这不仅对其中国的业务，对企业整体都具有更广泛的意义。宝洁在中国的护发业务以美国的加强型护发洗发水技术为基础，它意识到低价密封小袋装洗发水应用于东南亚地区的重要性，并借鉴了日本的供应链生产效率。宝洁在中国的护肤业务则以了解的日本多步护肤法为基础，借鉴了欧洲衣用洗涤剂的分销经验。中国没有原有模式可用，并且不存在占有主导地位的文化群体，这就促使各种新思想萌芽，让年轻的中国管理者们去影响和创造以中国为中心的运营模式。

在今天已获成功的高管们必须具备跨文化技能，才能成为未来的全球领导者。中国目前的商业环境为公司培养由多元背景成员组成的混合团队提供了一次良机。但是，除多元化的工作环境外，中国为管理人员的培养还提供了许多其他条件，包括教授重要课程，如制定决策的速度、客户亲密度、如何应对激烈竞争、精益运营和设计思维等。能力匹配的人若是能充分吸收这些内容，便可将其在中国积累的经验教训传到跨国公司的总部及其他运营点。

学会在中国学习

宝洁的经验为何如此强大，因为宝洁能在一开始便意识到公司应倡导学习，即应将学习不同的经验教训视为首要任务。为了解必须学习的内容，公司必须积极制订学习计划，包括向本土公司学习，学习如何“做中国企业”，并颠覆传统学习模式来逆向学习中国企业在国内外的经营经验（请记住第6章霍尼韦尔的目标——成为一家中国企业）。

针对希望向中国学习并发掘可在别处习得内容的跨国公司，我们确定了两大原则：

- 积极制订向中国学习的计划，并将经验应用于实践。
- 学习中国最优秀企业的显著特点，如风险承担、行动速度、精益价值（以适用为目的）和新客户需求的识别等。

积极制订学习计划

公司不能对学习抱有侥幸心理：学习必须是经过深思熟虑，且有规划的行为。包括宝洁在内的一些公司已在中国市场开展学习活动，但其他许多公司并没有这样做。多数日本公司坚信它们非常了解中国文化，因此在学习中国市场的特质时并没有付出应有的努力。而一些西方企业则怀有优越感。与之相反，受启发更多的西方跨国公司则认为自己对中国市场和中国文化知之甚少，它们从一开始就做好了向中国学习的计划。

跨国公司在学习时面临的一大难题是如何审慎地改变陈旧观念。傲慢或自满情绪已无容身之处。多年前，一家领先的西方电信公司的中国负责人这样说道："华为能在市场上占有一席之地，是因为它照搬我们跨国公司的模式，并且依靠政府补助供养。"但在最近，这家西方电信公司已被市场淘汰，而华为则在中国及海外市场占据了领先地位。尽管现在的公司高层不太可能随意忽视中国企业的实力，但他们仍持有其他不易察觉的负面态度。我们近期同一位造访中国的外国公司首席执行官有所接触，在听说本土竞争对手的情况后，他要求团队将主要注意力放在同大型跨国公司的竞争上。与此相反，另一家多元化跨国公司的首席执行官经验较为丰富，他告诉我们美国市场只有几个规模较大的竞争对手，而中国市场却有"几十甚至上百个竞争对手”。国家间市场的比较往往会隐藏真实情形。许多全球跨国企业为公司在中国市场呈现出两位数的增长率而欢呼不已，因为相比其他国家的市场，中国市场成绩斐然。然而，它们容易忘记的是，某些中国本土公司一直以来都有着三位数的增长率，且它们已经对50%的增长率习以为常。另有一家公司设想在中国成为业内顶级跨国公司，但跨国公司在业内的市场占有率已缩减至不超过20%。我们强烈要求跨国公司的领导者谨记红皇后现象：假如你的公司在中国的年增长率为30%，这可能意味着它的市场份额在降低。

向本土公司学习

对公司领导者而言，学习中国最优秀企业的显著特点非常重要。中国是全球最重要的市场，这里充满了各种满怀激情的本土公司，它们立志在快速增长的国内市场中占据主导地位。通观本书，我们已举出这类本土创新者的实例来说明中国的创新规模与多样性。但我们的真实目的是通过这些实例来提供一套新的商业规则。最优秀的中国企业都是聪明的创新者，它们往往会超越目前引领西方的最佳实践做法。它们快速迭代，大胆模仿，在竞争中积极进取，且对产品定位有着深刻见解。若想在中国成功实现创新，公司需要具备这些特性，且还需要重新学习如何在中国以外的市场，包括其本国市场，将这些特性付诸实践。

机会来得正好

为充分利用中国市场动态的优势，公司必须跳出现有市场的条条框框，超越现存需求，将眼光延伸至更长远的层面。伴随着快速发展，市场已进入新的竞争阶段，在中国取得创新成功不再取决于能在有限的市场空间内完善产品，或能提供可满足当前需求的产品，而是从战略层面重新界定市场空间，并回答以下问题：我们如何能够利用快速变化的优势来开发新的产品种类？我们如何能够满足新发展区域的新需求？我们如何能够制定有别于过去的商业模式并加快成功步伐？以及我们能从中国市场的发展中得出什么经验教训，来应用于其他快速发展的国家和我们自己的本土市场？有远见的本土公司和跨国公司会以发散思维来思考客户在当下和不久以后会有什么需求，什么样的产品和服务能满足这些需求，以及未来的生产基地、销售产品、销售市场以及销售方式等，并已基于此重新制定企业战略。对每家公司而言，这些都是永恒不变的问题，但它们通常不会将其纳入战略进程。向中国学习可激励公司将这些问题融入企业战略的制定过程。

对于在华运营的西方企业而言，实现具有中国特色的创新已是必需。多年来，最优秀的中国企业已学会如何依靠自身创新能力来朝着市场主导地位迈进。如今轮到跨国公司开始向本土竞争者学习。面对这一艰巨任务，跨国公司将不得不实行改革：以灵活性为先导，培育创新文化，发散思维，抓住机遇，深入了解当地文化，甚至可效仿本土公司的某些行为模式。

但是，我们不要忘记，跨国公司较之本土公司在全球资源上有着极大优势。尽管大多数中国企业在国内实力强劲，但其全球扩张仍处于一个初始阶段，若想取得成功并非易事。同时，跨国公司拥有各种可运用于当地市场的丰富产品和专业技能。例如，在本土公司将其创新成果引入市场时，跨国公司可利用自身积累的专业优势快速加以改进，通过模仿和完善使之成为自己的成果。

最为重要的是，在中国习得的经验教训能够且应该用于其他市场。在中国的某些逆向创新实例中，我们已注意到这点。例如，在2004年专为中国市场打造的美汁源果粒奶优是可口可乐首个源自新兴市场且价值十亿美元的全球品牌。更广泛来说，西方国家面临着经济变化形势的不明朗，因而在市场份额争夺日益激烈的世界中，从对中国动态竞争格局的引导中习得的经验教训会是强有力的创新力量。

行动号召

在本书出版之际，中国全国人民代表大会已通过“十三五”规划。李克强总理在 2014 年 11 月说道，中国应坚持把发展作为第一要务，加强改革创新……施行改制，精简管理，并将权力下放……贯彻实施对外开放。[15] 在 2015 年 5 月 27 日发表的讲话中，习近平主席强调中国应保持经济增长、转变经济发展方式、调整优化产业结构、推动创新驱动发展、加快农业现代化步伐、改革体制机制、推动协调发展、加强生态文明建设、保障和改善民生、推进扶贫开发。[16] 这些讲话均表明，为了持续提高中国人民的生活水平，改变体制与结构势在必行。这意味着中国将尤其注重为创新与经济增长创造条件。

编写本书时，中国正在经历经济发展速度放缓，虽然这次放缓在预料之中，但仍引起了全世界的关注。中国的股票市场已经出现动荡，人们担心还会出现更严峻的后果。我们在编写过程中对这些现象保持警觉，但同样期望中国政府将采取财政措施来抵消这些现象带来的不良影响，同其在 2008 年全球金融危机中采取的行动一样，为市场注入资金。通过这种方式，中国政府必将启动即时生效的平衡措施，如进行基础设施投资，并推行更系统化的政策。在接下来的规划中，其中一个重要目标即为推动中国以工业为基础的价值链发展，使之更为成熟，降低劳动密集度，提高价值增值。鉴于此，国务院在 2015 年印发《中国制造 2025》行动纲领。由工业和信息化部起草的《中国制造 2025》是一项宏大的计划，它旨在到 2049 年将中国建成引领全球且具有影响力的制造强国。[17] 该行动纲领计划到 2025 年将国内附加值提高至输出产值的 70%，它注重输出的品质而非产量。尽管选出了十个行业类别作为优先关注对象（原先制订的计划同样如此）[18]，《中国制造 2025》提倡对产业结构、微观经济环境、竞争条件和对创业与优势企业而言具有重要意义的其他领域做出更多改变，其中包含教育领域。

这些想法同在各国进行的多项竞争优势来源研究所得到的结果一致。迈克尔·波特的成果强调了“国家竞争优势理论”中的四个微观经济因素，涉及政府的部分很少。然而，人们日渐形成了一个共识：通过投资基础设施、金融与人力资源，并实施鼓励创业和竞争的政策，除商业发展外，政府在发展国家创新能力方面同样起到了重要作用。其他研究表明，政府在创新资本投资上有着举足轻重的作用，但政府投资是一个必需但不充分的条件，政府还必须鼓励营造以创新为导向的环境。[19]

因此，“十三五”规划标志着中国将转而朝着体制与微观经济政策改革的方向迈进，这一转变非常重要，也许将起到决定性作用，政策的改革将带来更高程度的自由化与竞争，不仅能为本土公司，同样可为跨国公司带来更多机遇。如市场环境鼓励跨国公司在中国扎根发展，中国可继续从跨国公司的资源、技能与创新能力中获益。我们真诚希望读者在这样的环境中阅读本书。

同时，我们在前面七章中也在强调：中国在短期内已培养出惊人的创新能力。在进入第三个成长阶段时，中国的商业活动将从渐进式创新转为根本性的突破创新。为在中国和在先进经济体系的市场中应对这些创新，公司领导人需要积极学习中国的经验。西方、日本和韩国公司的企业领导人和地方领导人都应积极推动中国子公司的发展，大胆采用我们前面讲述的五大战略。企业领导人应主动寻找机会来创造和部署组织流程与企业文化，将这类经验传递给公司位于世界其他地区的运营点。无论是否被安排在中国，公司领导人都应转移原先专注于传统市场的注意力，确保其管理的公司能吸收经验教训，学习如何在中国创新、为中国创新以及为世界创新。

许多世纪以前，世界向中国学习。然而，在过去的几百年间，中国始终保持耐性并向世界学习。如今，又轮到世界向中国学习。

联合作者：许琳，庄宜达

CHINA'S NEXT STRATEGIC ADVANTAGE | 关于作者

庄宜达（Yi Ta Chng）是一位咨询师，专注于亚洲和新兴市场的战略创新实务。他是Whatif! Asia的创始人兼首席执行官。作为领先的创新咨询机构，Whatif! Asia专注于战略创新，新业务流程、产品和服务开发，以及组织创新能力建设等，主要客户遍布多个领域。先前，他曾担任强生新兴市场副总裁，致力于推动公司在发展中市场的业务增长。他还曾担任宝洁公司总经理，推动了宝洁在亚洲市场的发展（尤其是中国、日本、韩国，以及东南亚地区），亦曾在伦敦负责公司的全球护发用品战略工作。（yitachng@chng.org）

多米尼克·乔利（Dominique Jolly）现任瑞士日内瓦韦伯斯特大学沃克商业和技术学院讲席教授、商业战略学教授，同时也是上海中欧国际工商学院客座教授。先前，他曾担任欧洲知识经济与管理学院（SKEMA）索菲亚–安提波利斯校区学院院长，兼任战略、创业和经济系主任。他自1998年起开始进入中国工作，为2008年创建的SKEMA苏州校区的发展做出了积极贡献。目前，他担任多家大型公司的顾问，同时也为国际组织和外国政府提供创新和技术咨询服务。（Jolly@webster.ch）

布鲁斯·马科恩（Bruce McKern）是一位教育工作者和专注于商业创新与战略的企业顾问。他是中欧国际工商学院国际商务学客座教授，曾担任该学院中国创新研究中心联合主任。目前，他在牛津大学技术管理发展中心担任客座研究员，早前亦在斯坦福大学胡佛研究所和英士国际商学院任客座研究员。他曾担任卡内基梅隆大学卡内基博世学院院长、斯坦福商学院下设斯坦福斯隆硕士项目主任，以及两家澳大利亚商学院的院长，并在多家公共和私人机构担任管理和董事职位。作为作者和编者，他出版过8本图书，包括《跨国公司与自然资源利用》（*Transnational Corporations in the Exploitation of Natural Resources*）和《管理全球网络化公司》（*Managing the Global Network Corporation*）等，同时也是《国际管理评论》（*Management International Review*）的编委会成员。（bmckern@ceibs.edu; bruce.mckern@gmail.com; robert.mckern@qeh.ox.ac.uk）

曦玛雅（Maja Schmitt）在本书撰写期间担任帝斯曼中国知识产权总监。她拥有高分子化学博士学位，具有英国和欧洲专利律师资格，曾担任帝斯曼在荷兰和中国的知识产权部门的负责人。（maja.schmitt@dsm.com）

许琳是一位专注于战略和创新的独立顾问，现居上海。她有着十余年的管理培训和咨询工作经验，服务客户包括跨国公司和中国企业，最近的客户有阿里巴巴、三星、夏普、杰尼亚（日本）、丰田通商和丸红等。此外，她还是中国多家顶级管理期刊的专栏作家。她持有日本一桥大学的硕士学位，后又获得美国麻省理工学院博士学位，并在美国巴布森学院任教。她是北京知名互联网咨询公司——中国实验室（China-Lab）的创始首席执行官。（2008linxu@gmail.com）

叶恩华（George S. Yip）是上海中欧国际工商学院中国创新研究中心战略学教授、联合主任（任期到2016年中），也是伦敦帝国理工学院商学院市场营销和战略学教授。他现在是《麻省理工斯隆管理评论》（*MIT Sloan Management Review*）编辑顾问委员会成员，曾担任《中国管理新视野》创始联合执行主编。先前，他还担任凯捷咨询副总裁、研究与创新总监，荷兰伊拉斯姆斯大学鹿特丹管理学院院长，在哈佛商学院、加州大学洛杉矶分校、剑桥大学贾吉商学院和伦敦商学院担任教职，在联合利华和普华永道会计师事务所担任管理职务，并在多家机构出任董事。他的著作包括《战略转型》（*Strategic Transformation*）、《管理全球客户》（*Managing Global Customers*）、《亚洲优势》（*Asian Advantage*）和《全球战略》（*Total Global Strategy*）等。（gyip@ceibs.edu, g.yip@imperial.ac.uk, and www.georgeyip.com）

曾勇勤是飞利浦中国研究院医疗保健研究部门高级总监、飞利浦中国研发开放式创新团队负责人。她于 2000 年加入飞利浦研究院，从 2005 年开始担任创新管理职务，此前曾从事教学和电子创新工作，拥有超过 15 年的经验。她在飞利浦担任过多个研究部门的负责人，涵盖无线通信、LED 照明系统及服务，以及医疗保健设备和医疗信息等多个行业。她毕业于重庆大学，先后获得理学学士和理学硕士学位，后又在英国帝国理工学院获得博士学位，所学专业均为电子工程学。（yongqin.zeng@philips.com）

CHINA'S NEXT STRATEGIC ADVANTAGE 致谢

我们要感谢的人很多。首先感谢所有参与创建中欧国际工商学院中国创新研究中心的人，因为该中心为本书研究课题提供了基础支持。中欧国际工商学院全球策略执行总监奈斯安（Annette Nijs）出力甚多。在中欧国际工商学院院长佩德罗·努埃诺（Pedro Nueno）的帮助下，她于2011年引入首批4家赞助商，为中国创新研究中心的成立提供资金支持。这4家赞助商分别是阿克苏诺贝尔、帝斯曼、飞利浦和壳牌，它们各派一人入驻中国创新中心顾问委员会，为我们的研究项目提供了宝贵指导。在该委员会成员中，率先倡议成立中国创新研究中心的是飞利浦亚洲的首席技术官何达纳（Frans Greidanus）博士。何达纳退休后，飞利浦中国研发中心主管、高级副总裁范凯斯

（Klaas Vegter）接任他的职务。飞利浦亚洲研究院业务拓展总监张玉英有时也会代表飞利浦出席顾问委员会。阿克苏诺贝尔公司派驻该中心的第一位顾问委员会成员是阿克苏诺贝尔（中国）研发与创新总监肖朝东，后由阿克苏诺贝尔中国及北亚区装饰漆业务部研发与创新总监陈玲接任。帝斯曼派出的第一位顾问委员会成员是帝斯曼业务孵化器副总裁、帝斯曼中国创新中心主管雅克·福柯（Jaco Fok），后由人力资源副总裁杨安岭（Jan-Anne Schelling）接任。壳牌派驻顾问委员会的第一位成员是壳牌（中国）项目技术公司外部科研与创新主任景旭东，壳牌开放式创新总经理雅克·福柯后来亦加入该委员会。博世集团在第二年成为我们的赞助商，其派驻的顾问委员会成员是博世工程系统中国区副总裁马丁·布雷特（Martin Brett），博世中国创新管理高级经理张迪担任其助手。

在这些赞助公司中，全球层面的支持者包括：阿克苏诺贝尔负责研发和创新的管理委员会成员爱格慕（Graeme Armstrong），负责中国事务的管理委员会前成员欧玛妍（Marjan Oudeman）；帝斯曼首席执行官谢白曼（Feike Sijbesma），管理委员会前成员杜博思（Stefan Doboczky），首席创新官罗布·范·利恩（Rob van Leen）和首席技术官马瑟尔·乌博尔特斯（Marcel Wubbolts）；飞利浦集团管理委员会前成员戈特弗里德·杜提尼（Gottfried Dutinné）和海克·克罗西（Hayko Kroese）；壳牌首席技术官杰拉尔德·肖特曼（Gerald Schotman）和创新副总裁蒂吉斯·尤尔根斯（Thijs Jurgens）。中国层面的支持者包括博世中国执行副总裁、首席财务官、董事会成员罗磊（Peter Loeffler）和博世中国负责财务和行政的副总裁卡特诺（Henri Catenos）。

在中欧国际工商学院，教务长约翰·奎尔奇（John Quelch）任命我们两人担任中国创新研究中心主任，并给予我们鼓励和支持，同时还要感谢其继任者苏理达（Hellmut Schütte）和丁远的鼓励和支持。中方教务长张维炯及其团队为中国创新研究中心提供了运营支持。在布鲁斯·马科恩卸下中欧国际工商学院教职后，韩践出任中国创新中心联合主任，维持了中心的正常运转。此外，中国创新研究中心团队也给予了我们大力支持。前中心经理张燮、陶相伊和现任经理汪王颖，参与了相关研究工作。研究助理杨毅（Eleonore Yang）贡献良多。我们还得到了中欧国际工商学院两名MBA（工商管理硕士）——吕慧和张葳，以及该院MBA团队的帮助。徐秋蓉为中心的运转和本书的筹备提供了相应支持。

非常感谢本书部分章节的联合作者，他们是：庄宜达（Yi Ta Chng）、多米尼克·乔利（Dominique Jolly）、曦玛雅（Maja

Schmitt）、许琳（Lin Xu）和曾勇勤（Yong qin Zeng）。为我们的研究和思考做出贡献的还有中欧国际工商学院的陈威如和麦克罗（Klaus Meyer），全球研发管理研究中心（GLORAD）、莫斯科斯科尔科沃管理学院的麦克斯·冯·泽德维茨（Max von Zedtwitz），浙江大学的马克·格瑞文（Mark Greeven），以及比利时哈塞尔特大学的维姆·范哈弗贝克（WimVanhaverbeke）和纳丁·罗亚科尔斯（Nadine Roijakkers）。资深中国专家、思略特负责人范贺文（Steven Veldhoen）和资深中国专家、波士顿咨询公司大中华区高级合伙人兼董事总经理麦维德（David Michael）为我们提供了思想支持。此外，我们还要感谢来自数十家中外企业的数百名高管，感谢他们拿出宝贵时间接受我们的采访或参加我们的论坛研讨；还有我们学院的同事，感谢他们在项目初期给予的评论和批评。感谢所有人，是你们让本书的出版成为可能。当然，书中还有很多不足之处。

感谢麻省理工学院出版社负责经济、金融和商业的高级并购编辑约翰·科维尔（John Covell），感谢他签约本书，也感谢他的洞见和鼓励。感谢匿名评审。感谢组稿编辑保罗·贝特格（Paul Bethge），感谢他的细致工作。

布鲁斯·马科恩要感谢欧洲知识经济与管理学院、英士国际商学院和牛津大学技术管理发展中心的同事，感谢他们的热情款待。他还要感谢斯坦福大学胡佛研究院多年来给予的慷慨支持，特别感谢副院长戴维·布雷迪（David Brady）的睿智建议和无私帮助。

最后，我们还要感谢各自的妻子莫伊拉和凯瑟琳，感谢她们对我们常驻中国给予的宽容。

叶恩华，马科恩

2015 年 8 月

注 释

第一章 中国的创新驱动力

1. Joel Mokyr, *The Lever of Riches* (Oxford University Press, 1990).

2. See, for example, Richard McGregor, *The Party: The Secret World of China's Communist Rulers* (Harper Collins, 2011); Juan Antonio Fernandez and Laurie Underwood, *China CEO: Voices of Experience from 20 International Business Leaders* (Wiley, 2006), chapter 8.

3. See Regina M. Abrami, William C. Kirby, and F. Warren McFarlan, *Can China Lead? Reaching the Limits of Power and Growth* (Harvard Business Review Press, 2014).

4. Ming Zeng and Peter J. Williamson, *Dragons at Your Door: How Chinese Cost Innovation Is Disrupting Global Competition* (Harvard Business School Press, 2007).

5. Dan Breznitz and Michael Murphree, *Run of the Red Queen* (Yale University Press, 2011).

6. See, especially, Xiaolan Fu, *China's Path to Innovation* (Cambridge University Press, 2015); Yifei Sun, Max von Zedtwitz, and Denis Fred Simon, editors, *Global R&D in China* (Routledge, 2008).

7. Anil K. Gupta and Haiyan Wang, How to Get China and India Right (Jossey-Bass, 2009).

8. Shaun Rein's book *The End of Copycat China: The Rise of Creativity, Innovation, and Individualism in Asia* (Wiley, 2014) is about individuals and policy rather than companies. Yinglan Tan, in *Chinnovation: How Chinese Innovators Are Changing the World* (Wiley, 2011), offers limited strategic advice.

9. Vijay Govindarajan and Chris Trimble, *Reverse Innovation: Create Far from Home, Win Everywhere* (Harvard Business Review Press, 2012).

10. Alibaba's platforms (Taobao, Tmall, and Juhuasuan) enabled 8 million small entrepreneurs to set up online businesses, serving 231 million active buyers. Source: Group Holding Ltd., Form F-1 Registration Statement, Securities and Exchange Commission, Washington, May 6, 2014.

11. See Joanna Lewis, *Green Innovation in China: China's Wind Power Industry and the Global Transition to a Low-Carbon Economy* (Columbia University Press, 2013); Kelly Sims Gallagher, *The Globalization of Clean Energy Technology: Lessons from China* (MIT Press, 2014).

12. The Ten-Thousand Talents Program was launched in August 2012 with the goal of fostering more than 10,000 talented Chinese people, including 100 world-class scientists (*China Daily*, 2013). This program is different from the Thousand Talents Program, which was launched in 2008 with the aim of recruiting talented people with from all around the world to extend their careers in China. The recruitment number had reached 4,000 in 2013 (Chinese Talents, 2013/12, original is in Chinese, translated by the authors' assistants.).

13. PricewaterhouseCoopers, Tax Preferential Policy for R&D Activities in China, 2012.

14. Breznitz and Murphree, *Run of the Red Queen*.

15. See, for example, Loren Brandt and Eric Thun, "The fight for the middle: Upgrading, competition, and industrial development in China," *World Development* 38, no. 11 (2010): 1–20.

16. Xiaobo Wu, Rufei Ma, Yongjiang Shi, and Ke Rong, "Secondary innovation: The path of catch-up with 'Made in China,'" *China Economic Journal* 2, no. 1 (2009): 93–104.

17. Qingdao Haier Investor Relations, October 21, 2013 (http://www.haier.net/en/investor_relations/haier/).

18. Authors' estimate, based on Heritage Foundation, China Global Investment Tracker Dataset (http://www.heritage.org/research/projects/china-global-investment-tracker-interactive-map).

19. José F. P. Santos and Peter J. Williamson, "The new mission for multinationals," *Sloan Management Review* 56, no. 4 (2015): 45–54

20. Héctor Hernández et al., 2014 EU Industrial R&D Investment Scoreboard. Joint Research Centre—Institute for Prospective Technological Studies, European Commission, Luxembourg.

21. Including Chinese companies having a corporate registration in the Cayman Islands or Bermuda.

22. The abbreviation PCT refers to applications made through the Patent Cooperation Treaty process, which facilitates the filing of patent applications in multiple countries by making a single application that conforms to certain standardized requirements in any one of the 148 PCT contracting states, or directly with the WIPO. An international search process is initiated, and the applicant gains time before entering into the national phase, when it seeks approval from specific countries. The decision to grant a patent in each country and the administration of patents remain national prerogatives. Approximately 10 percent of worldwide patent applications are filed through the PCT process.

23. World Intellectual Property Organization, March 19, 2015 (http://www.worldipreview.com/news/huawei-tops-list-of-pct-filers-8066).

24. Royal Dutch Shell, the leading investor in R&D among Western oil and gas companies, invested $1.3 billion.

25. Barry Jaruzelski, John Loehr, and Richard Holman, "The Global Innovation 1000: Navigating the digital future," *strategy+business*, issue 73, winter 2013.

26. Thompson Reuters, 2013 Top 100 Global Innovators, 2013.

27. Barry Jaruzelski, Volker Staack, and Brad Goehle, "The Global Innovation 1000: Proven paths to innovation success," *strategy+business*, issue 77 (2014). (On March 31, 2014, Booz & Company merged with PwC to form a consulting unit within PwC called Strategy&.)

28. *Forbes*, "The world's most innovative companies," August 13, 2014 (http://www.forbes.com/innovative-companies/list/).

29. The Forbes Innovation Premium is "a measure of how much investors have bid up the stock price of a company above the value of its existing business based on expectations of future innovative results (new products, services, and markets). Members of the list must have $10 billion in market capitalization, spend at least 2.5 of revenue on R&D and have seven years of public data."

30. Baidu, Henan Shuanghui Investment and Development, Tencent Holding, Tingyi Holding, Hengan International Group, and Inner Mongolia Yili. (Kweichow Moutai and China Oilfield were on the 2013 list but not the 2014 one.)

31. For an example, see Regina M. Abrami, William C. Kirby, and F. Warren McFarlan, "Why China can't innovate," *Harvard Business Review* 92, no. 3 (2014): 107–111.

32. For a survey of these reforms and China's economic development, see Lyn Denend and Bruce McKern, The Business Environment of China: Challenges of an Emerging Economic Superpower, Case Study IB-57, Stanford Graduate School of Business, 2009.

33. George Yip and Bruce McKern, "Innovation in emerging markets—the case of China," *International Journal of Emerging Markets* 9, no. 1 (2014): 2–10.

34. See Denis Simon and Cong Cao, *China's Emerging Technological Edge: Assessing the Role of High-End Talent* (Cambridge University Press, 2009).

35. National Science Foundation, Science and Technology in the World Economy, Science and Engineering Indicators 2014, appendix, table 2-39. More recent data weren't available at the time of publication, but the numbers have certainly increased. See http://www.nsf.gov/statistics/seind14/index.cfm/appendix/tables.htm.

36. In 2013 the number of Chinese returning from abroad totaled 353,500 out of a total of 3 million who have gone abroad since 1979. Source: Xinhua News Agency,February22,2014(http://news.xinhuanet.com/english/china/2014-02/22/c_133135494.htm).

37. See also Chunlin Zhang, Douglas Zhihua Zeng, William Peter Mako, and James Seward, *Promoting Enterprise-Led Innovation in China* (World Bank, 2009).

38. Alibaba Group Holding Limited, Form F-1 Registration Statement, Securities and Exchange Commission, Washington, May 6, 2014. Updated from Company website.

39. Vijay Govindarajan and Chris Trimble, *Reverse Innovation: Create Far from Home, Win Everywhere* (Harvard Business School Press, 2012).

40. Orit Gadiesh, Philip Leung, and Till Vestring, "The battle for China's good-enough market," *Harvard Business Review* 85, no. 9 (2007): 81–89.

41. The program is described in The National Medium- and Long-Term Program for Science and Technology Development (2006–2020), State Council, People's Republic of China.

42. For a detailed discussion of China's development strategy, see *China 2030: Building a Modern, Harmonious, and Creative Society* (World Bank, 2013).

43. P. Zhou and L. Leydesdorff, "The emergence of China as a leading nation in science," *Research Policy* 35, no. 1 (2006): 83–104.

44. Junying Fu, Rainer Frietsch, and Ulrike Tagscherer, Publication Activity in the Science Citation Index Expanded (SCIE) Database in the Context of Chinese Science and Technology Policy from 1977 to 2012, Discussion Papers Innovation Systems and Policy Analysis no. 35, Fraunhofer Institute for Systems and Innovation Research, 2013.

45. Authors' estimate, based on National Science Foundation, National Center for Science and Engineering Statistics (September 2013); Battelle Memorial Institute estimates of other funding sources, in Battelle Memorial Institute and R&D Magazine, *2013 R&D Funding Forecast*, 2012.

46. M. M. Keupp, A. Beckenbauer, and O. Gassmann, "How managers protect intellectual property rights in China using de facto strategies," *R&D Management*, 39, no. 2 (2009): 211–223; X. Quan and H. W. Chesbrough, "Hierarchical segmentation of R&D laboratories in China," *IEEE Transactions on Engineering Management* 57, no. 1 (2010): 9–21.

47. State Council, People's Republic of China, The National Medium- and Long-Term Program for Science and Technology Development (2006–2020): An Outline (English translation, 2006), p. 8.

48. Ibid., p. 9.

49. Ibid, p. 10.

50. Marina Mazzucato, *The Entrepreneurial State: Debunking Public vs. Private Sector Myths* (Anthem, 2013).

51. Haiyang Zhang and Tetsushi Sonobe, "The development of science and technology parks in China, 1988–2008," *Economics* 5, no. 6 (2011) (doi:10.5018/economicsejournal. ja.2011–6; http://dx.doi.org/10.5018/economics-ejournal.ja.2011-6).

52. Albert Guangzhou Hu, "China's technology parks and regional economic growth," in proceedings of the Fourth International Conference on the Chinese Economy, Clermont-Ferrand, 2003.

53. We thank one of the anonymous MIT Press reviewers for suggesting this section.

54. World Bank, World Development Indicators, 2014.

55. National Bureau of Statistics of China, Communiqué on National Expenditures on Science and Technology in 2013, October 23, 2014.

56. There is a discrepancy of 1.4 percent in the National Bureau of Statistics data, so these figures don't add up precisely.

57. Converted to US dollars at the average 2013 exchange rate of 0.1613. Source: Oanda.com.

58. Organization for Economic Cooperation and Development, Main Science and Technology Indicators, June 10, 2014 (http://www.oecd.org/sti/msti). The OECD estimated China's R&D intensity to be 1.984 percent in 2012 and that of the European Union to be 1.978 percent. The differences are no doubt insignificant.

59. About 59 percent of US government R&D spending is defense-related. Since some of that has spinoffs for commercial business (e.g., Apple's iPhone), our estimate includes $10 billion of the research component of defense R&D.

60. World Bank, World Development Indicators, 2014.

61. Fu et al, Publication Activity in the Science Citation Index Expanded (SCIE) Database in the Context of Chinese Science and Technology Policy from 1977 to 2012.

62. QS Quacquarelli Symonds, QS World University Rankings 2014 (http://www.topuniversities.com/university-rankings/world-university-ranking).

63. Mazzucato, *The Entrepreneurial State*.

64. Authors' calculation, based on Battelle Memorial Institute and R&D Magazine, *2013 R&D Funding Forecast*, 2012.

65. Thomas Barlow, Innovation in America: A Comparative Study, United States Studies Centre, University of Sydney, 2008.

66. Abrami et al., "Why China can't innovate."

67. Stephen L Sass, "Can China innovate without dissent?" *New York Times*, January 21, 2014.

68. For example, the low participation of foreign researchers in patents granted in China, noted below.

69. Anil K. Gupta and Haiyan Wang, "Beijing is stifling Chinese innovation," *Wall Street Journal*, September 1, 2011 (http://www.wsj.com/articles/SB10001424053111904583204576541732014359842).

70. PricewaterhouseCoopers, Tax Preferential Policy for R&D activities in China.

71. Gross domestic expenditure on R-D by sector of performance and source of funds, OECD StatExtracts (http://stats.oecd.org/Index.aspx?DataSetCode=GERD_FUNDS). The figure of 4.4 percent of the total GERD is not specified in the OECD statistics.

72. Li Keqiang, Report on the Work of the Government, delivered at Second Session of Twelfth National People's Congress. Source: Xinhua News Agency, March 5, 2014.

73. Jessica Morrison, "China becomes world's third-largest producer of research articles," *Nature*, February 6, 2014 (http://www.nature.com/news/china-becomes-world-s-third-largest-producer-of-research-articles-1.14684).

74. SCImago,SJR—SCImago Journal & Country Rank, 2012 (http://www.scimagojr.com).

75. Ibid.

76. There are big differences here from the National Science Foundation's data, which show the United States' share as 30.7 percent and China's as 13.6 percent in 2012. See National Science Foundation, Science and Technology in the World Economy, Science and Engineering Indicators 2014.

77. "Looks good on paper," *The Economist*, September 28, 2013.

78. Anil K. Gupta and Haiyan Wang, "China as an innovation center? Not so fast," *Wall Street Journal*, July 28, 2011.

79. State Intellectual Property Office of the PRC, Annual Report 2013, appendix 1: Statistical Data (http://www.sipo.gov.cn/).

80. US Patent and Trademark Office, US Patent Statistics, Calendar Years 1963–2013, 2013.

81. State Intellectual Property Office of the PRC, Annual Report 2013, appendix 1: Statistical Data (http://www.sipo.gov.cn/).

82. Interestingly, nine of the top ten design patent applications were from non-Chinese companies. Source: World Intellectual Property Organization, PCT Yearly Review, Geneva, 2013.

83. World Intellectual Property Organization, *PCT Yearly Review*, Geneva, 2013.

84. For an explanation of the PCT process, see note 22 above.

85. OECD Factbook 2014: Economic, Environmental and Social Statistics (http://www.oecd-ilibrary.org/economics/oecd-factbook-2014_factbook-2014-en).

86. Alan Marco, Richard Miller, and Jay Kesan, Perspectives on the Growth in Chinese Patent Applications to the USPTO, working paper 2014-1, Office of Chief Economist, US Patent and Trademark Office, Alexandria, Virginia, 2014.

87. Ibid., p. 14.

88. For more details, see World Intellectual Property Organisation, PCT—The International Patent System (http://www.wipo.int/pct/en/).

89. World Intellectual Property Organization PCT Yearly Review 2014: The International Patent System. Geneva, 2014.

90. Ibid. No other Chinese company was in the top 50.

91. World Intellectual Property Organization, PCT Yearly Review 2014.

92. World Intellectual Property Organization, PCT Yearly Review 2013. The proportion of foreign investors was lower for both Japan and South Korea.

93. World Intellectual Property Organization, World Intellectual Property Indicators 2013.

94. Stuart Anderson, "40 percent of *Fortune* 500 Companies founded by immigrants or their children," *Forbes*, June 19, 2011.

95. Gupta and Wang, "Beijing is stifling Chinese innovation."

96. High-technology products are defined as products with high R&D intensity. Data are in US dollars as of this writing.

97. IHS Global Insight, Science and Engineering Indicators 2012, World Trade Service database, 2011, appendix, tables 6-26–6-31.

98. Authors' calculations, based on IHS Global Insight, Science and Engineering Indicators 2012.

99. Robert Koopman, Zhi Wang, and Shang-jin Wei, "Estimating domestic content in exports when processing trade is pervasive," *Journal of Development Economics* 99, no. 1 (2012): 178–189; Hong Ma, Zhi Wang, and Kunfu Zhu, Domestic Value-Added in China's Exports and Its Distribution by Firm Ownership, US International Trade Commission working paper 2013-05A, 2013.

100. World Intellectual Property Organization, World Intellectual Property Indicators 2014.

101. McKinsey Global Institute, The China Effect on Global Innovation, July 2015.

102. "Fast and furious. Chinese private firms are embracing innovation," *The Economist*, September 12, 2015.

103. A book published in 2013 by Jossey-Bass (Seung Ho Park, Nan Zhou, and Gerardo R. Ungson, *Rough Diamonds: The Four Traits of Successful Breakout Firms in BRIC Countries*) uses a framework of four cs quite different from the one we have developed. In that work, four phrases beginning with the letter c are used to explain the success of a selection of privately owned firms from four countries (China, Russia, Brazil, and India). The four cs of Park et al. are characteristics that they have identified as internal strategies or behaviors of these firms that do not explicitly include external variables: "Capitalizing on Late Development," "Creating Inclusive Market Niches and Segments," "Crafting Operational Excellence," and "Cultivating Profitable Growth." Park et al. make some specific reference to features of Chinese companies in their ninth chapter, and they identify three sets of factors that are in some respects similar to the ten distinctive characteristics of Chinese companies we identify as elements of our *capabilities* factor. Those three sets of factors are "Early Success," "Core Competences," and "Growth Management."

第二章 中国企业的创新模式

1. Eden Yin and Peter Williamson, in a paper titled "Rethinking innovation for a recovery" (*Ivey Business Journal* 75, no. 3, 2011: 1–6), offer a 2 × 2 matrix pertaining to innovation in China that considers incremental process and product in-

novation, radical process and product innovation via basic R&D, cost innovation and application innovation, and business-model innovation. See also P. Williamson and M. Zeng, "Chinese multinationals: Emerging through new global gateways," in *Emerging Multinationals in Emerging Markets*, ed. R. Ramamurti and J. V. Singh (Cambridge University Press, 2009).

2. Ming Zeng and Peter J. Williamson, *Dragons at Your Door: How Chinese Cost Innovation Is Disrupting Global Competition* (Harvard Business School Press, 2007).

3. Yin and Williamson, "Rethinking innovation for a recovery."

4. Ibid.

5. Peter Williamson, BROAD Group: Chinese Innovation in the Air, case study 311–115–1, Cambridge Judge Business School, 2011.

6. See also S. Roy, K. Sivakumar, and I. Wilkinson, "Innovation generation in supply chain relationships: A conceptual model and research propositions," *Journal of the Academy of Marketing Science* 32, no. 1 (2004): 61–79.

7. Liang Haishan, Haier Supply-chain Management (company presentation, Supply Chain Conference, 2004).

8. See also Rajesh K. Chandy and Gerard J. Tellis, "Organizing for radical product innovation: The overlooked role of willingness to cannibalize," *Journal of Marketing Research* 35, no. 4 (1998): 474–487.

9. http://www.4gspeed.net/articles/share/211418/

10. See also Rosanna Garcia and Roger Calantone, "A critical look at technological innovation typology and innovativeness terminology: A literature review," *Journal of Product Innovation Management* 19, no.2 (2002): 110–132.

11. See also Peter Skarczynski and Rowan Gibson, *Innovation to the Core: A Blueprint for Transforming the Way Your Company Innovates* (Harvard Business School Press, 2008), pp. 111–114.

12. Booz & Company, Benelux Chamber of Commerce, CEIBS Center on China Innovation, and 21st Century Business Review, An Emerging Innovation Power: 2013 China Innovation Survey, 2013); Strategy& and CEIBS Center on China Innovation, China's Innovation's Going Global: 2014 China Innovation Survey, 2014.

13. http://www.haier.net/en/about_haier/haier_strategy/

14. Tarun Khanna, Krishna Paelpu, and Philip Andrews, Haier: Taking a Chinese company global in 2011, case study 9-712-408, Harvard Business School, p. 3.

15. "Who's afraid of Huawei?" *The Economist*, August 4, 2012 (http://www.economist.com/node/21559922).

16. According to Huawei's 2014 annual report.

17. http://enterprise.huawei.com/ilink/en/bout-huawei/newsroom/press-release/HW_062703?KeyTemps=Awards

18. See also Huawei R&D and Innovations (Huawei corporate presentation, 2013); David de Cremer and Jess Zhang, "Huawei to the future," *Business Strategy Review* 25, no. 1 (2014): 26–29.

19. Alibaba Group Holding Ltd., Form F-1 Registration Statement, Securities and Exchange Commission, Washington, 2014. Updated from Company website.

20. Victor Luckerson, "China's Alibaba finds riches on Wall Street," Time.com, September 19, 2014 (http://time.com/3404714/alibaba-ipo-jack-ma-wall-street/).

21. Robert D. Hof, "eBay's patient bid on China," *BusinessWeek Online*, March 15, 2004 (http://www.businessweek.com/magazine/content/04_11/b3874019.htm).

22. Mike Butler, "Alibaba considering Alipay spin-off," *Yahoo Finance*, November 11, 2014 (http://finance.yahoo.com/news/alibaba-considering-alipay-spin-off-132555779.html).

23. Alibaba, *Ma Yun's Speeches* (in Chinese), Hongqi Press, 2010, p.161.

24. Its full name is Jiangsu Yuwell Medical Equipment and Supply Co., Ltd.

25. Changjiang Securities, Maintain Stable Growth, Blood Sugar Meter Business Becomes the Power of Future Development, December 5, 2012.

26. "Fast and furious: Chinese private firms are embracing innovation," *The Economist*, September 12, 2015.

27. Ibid.

28. In 2012 and 2013, this survey included the collaboration with the Benelux Chamber of Commerce and the Wenzhou Chamber of Commerce in China. In 2014, the German Chamber of Commerce replaced the Wenzhou Chamber. See each year's report: Innovation—China's Next Advantage? 2012 China Innovation Survey, joint report by Booz & Company, Benelux Chamber of Commerce, CEIBS Center on China Innovation, and Wenzhou Chamber of Commerce; An Emerging Innovation Power: 2013 China Innovation Survey, joint report by Booz & Company, Benelux Chamber of Commerce, CEIBS Center on China Innovation and 21st Century Business Review; China's Innovations Going Global: 2014 China Innovation Survey, joint report by Strategy& and CEIBS Center on China Innovation. The survey response counts were 110 in 2012, 264 from 1,500 sent in 2013, and 386 from 2,000 sent in 2014.

29. Booz & Company, Benelux Chamber of Commerce, CEIBS Center on China Innovation, and 21st Century Business Review, An Emerging Innovation Power: 2013 China Innovation Survey, 2013.

30. Strategy&, China's Innovations Going Global: 2014 China Innovation Survey.

31. See also P. Williamson and M. Zeng, "Chinese multinationals: Emerging through new global gateways," in *Emerging Multinationals in Emerging Markets*, ed. R. Ramamurti and J. V. Singh (Cambridge University Press, 2009).

第三章 中外企业的创新差异

1. "Joyoung beats multinationals and became industry leader" (http://homea.people.com.cn/n/2013/0220/c41390-20542830.html).

2. For a discussion of the "good enough" market, see Orit Gadiesh, Philip Leung, and Till Vestring, "The battle for China's good-enough market," *Harvard Business Review*, September 2007: 2–11.

3. Sea-jin Chang and Sam H. Park, "Winning strategies in China: Competitive dynamics between MNCs and local firms," *Long Range Planning* 45, no. 1 (2012): 1–15.

4. http://baike.baidu.com/view/10036350.htm

5. www.carsurvey.org

6. See http://en.wikipedia.org/wiki/Chery_QQ

7. M. Zeng and P. J. Williamson, *Dragons at Your Door: How Chinese Cost Innovation Is Disrupting Global Competition* (Harvard Business School Press, 2007).

8. Gadiesh et al., "The battle for China's good-enough market."

9. Clayton Christensen, *The Innovator's Dilemma: Why New Technologies Cause Great Firms to Fail* (Harvard Business School Press, 1997).

10. Zeng and Williamson, *Dragons at Your Door*.

11. http://washersearch.co.uk/haier-washing-machine.html; Dan Wang, "Haier shakes up the stubborn European consumer world," *Global Entrepreneur* 19 (October 2012): 26–28.

12. Peter J. Williamson and Eden Yin, "Accelerated innovation: The new challenge from China," *MIT Sloan Management Review* 55, no. 4 (2014): 27–34.

13. Ruxiang Jiang, "China's hard-work culture: Today an advantage, tomorrow a weakness," HBR Blog Network, 2011 (http://blogs.hbr.org/cs/2011/12/chinas_hard-work_culture_today.html).

14. Nils Behnke and Norbert Hueltenschmidt, Changing Pharma's Innovation DNA, Bain & Company, 2010.

15. Ruxiang Jiang, "China's hard-work culture."

16. "Learning from wolves to fight lions," *China Daily*, September 1, 2010 (http://www.chinadaily.com.cn/bizchina/2010-09/01/content_11241465.htm).

17. Zhanghong Zhou, "Huawei's secrets," *Fortune China*, December 2012.

18. Williamson and Yin, "Accelerated innovation."

19. M. Wade, Y. Fang, and W. Kang, Tencent: Copying to Success, case study 3-2274, IMD business school, 2011.

20. Ibid.

21. Glenn Leibowitz and Erik Roth, "Innovating in China's automotive market: An interview with GM China's president," *McKinsey Quarterly*, February 2012.

22. Ibid.

23. Tian Wei, "China's electric cars lag behind in global race," *China Daily*, October 23, 2012 (http://www.chinadaily.com.cn/cndy/2012-10/23/content_15837888.htm).

24. Industrial and Commercial Bank of China, ICBC Annual Report for Brand and Corporate Culture 2011.

25. Mansour Javidan and Nandani Lynton, "The changing face of the Chinese executive," *Harvard Business Review* 83, no.12 (2005) (http://hbr.org/2005/12/the-changing-face-of-the-chinese-executive/ar/1).

26. Lynn S. Paine, "The globe: The China rules," *Harvard Business Review*, June 2010: 103–108 (http://hbr.org/2010/06/the-globe-the-china-rules/ar/1).

27. See "Warren Buffett cried in a BYD vehicle," *Bloomberg Business Week* 2 (2013): 88–92. BYD stands for "build your dream."

28. As ranked in the 2009 Hurun China Rich List.

29. See Williamson and Yin, "Accelerated innovation."

30. Thomas M. Hout and Pankaj Ghemawat, "China vs the world: Whose technology is it?" *Harvard Business Review*, December 2010 (http://hbr.org/2010/12/china-vs-the-world-whose-technology-is-it/ar/1).

31. Ibid.

32. Guangyu Li and Jonathan Woetzel, "What China's five-year plan means for business," *McKinsey Quarterly*, July 2011(https://www.mckinseyquarterly.com/Strategy/Innovation/What_Chinas_five-year_plan_means_for_business_2832).

33. "China's first bullet train exported to Europe rolls off line," *People's Daily* Online, July 9, 2015.

34. http://www.nea.gov.cn/2012-01/21/c_131370764.htm; http://www.nea.gov.cn/2012-08/02/c_131755182.htm

35. http://www.goldwind.com.cn/web/about.do?action=story

36. Raymond Vernon and L. T. Wells, "International trade and international investment in the product life cycle," *Quarterly Journal of Economics* 81, no. 2 (1966): 190–207.

37. Also see Williamson and Yin, "Accelerated innovation."

38. "Made in China 2025 plan unveiled to boost manufacturing," Xinhua News Agency, May 19, 2015.

39. Scott Kennedy, "Made in China 2025," Center for Strategic and International Studies, 2015 (https://csis.org/publication/made-china-2025).

第四章 跨国公司在华创新行动

1. See also Denis Fred Simon, "Whither foreign R&D in China: Some concluding thoughts on Chinese innovation," *Asia Pacific Business Review* 13, no. 3 (2007): 471–480; Yifei Sun, Maximilian Von Zedtwitz, and Denis Fred Simon, "Globalization of R&D and China: An introduction," *Asia Pacific Business Review* 13, no. 3 (2007): 311–319.

2. Dominique Jolly, Bruce McKern, and George S. Yip, "The next innovation opportunity in China," *Strategy+Business* 80, autumn 2015: 16–19.

3. Courtney Fingar, "China passes US in race for FDI in research and development," *Financial Times*, July 22, 2015.

4. Raymond Vernon and L. T. Wells, "International trade and international investment in the product life cycle," *Quarterly Journal of Economics* 81, no. 2 (1966): 190–207.

5. Lars Hakanson and Robert Nobel, "Foreign research and development in Swedish multinationals," *Research Policy* 22, no. 5–6 (1993): 373–396; Alexander Gerybadze and Guido Reger, "Globalization of R&D: Recent changes in the management of innovation in transnational corporations," *Research Policy* 28, no. 2–3 (1999): 251–274; Tony S. Frost, "The geographic sources of foreign subsidiaries' innovations," *Strategic Management Journal* 22, no. 2 (2001): 101–123.

6. John Hagedoorn, Danielle Cloodt, and Hans van Kranenburg, "Intellectual property rights and the governance of international R&D partnerships," *Journal of International Business Studies* 36 (2005):175–186; Ito Banri and Wakasugi Ryuhei, "What factors determine the mode of overseas R&D by multinationals? Empirical evidence," *Research Policy* 36 (2007): 1275–1287.

7. Maximilian von Zedtwitz, "Managing foreign R&D laboratories in China," *R&D Management* 34, no. 4 (2004): 439–452.

8. Guo Bin and Jing-Jing Guo, "Patterns of technological learning within the knowledge systems of industrial clusters in emerging economies: Evidence from China," *Technovation* 31, no. 2–3 (2011): 87–104.

9. Paul Almeida and Anupama Phene, "Subsidiaries and knowledge creation: The influence of the MNC and host country on innovation," *Strategic Management Journal* 25, no. 8–9 (2004): 847–864.

10. Ming Zeng and Peter J. Williamson, *Dragons at Your Door: How Chinese Cost Innovation Is Disrupting the Rules of Global Competition* (Harvard Business School Press, 2007).

11. Dan Breznitz and Michael Murphree, *Run of the Red Queen* (Yale University Press, 2011).

12. "Wages in China," *China Labour Bulletin*, June 2013 (http://www.clb.org.hk/en/content/wages-china).

13. R. McKinnon, "Wage increases: The win-win answer on China trade," *Wall Street Journal,* July 29, 2010.

14. M. von Zedtwitz and O. Gassmann, "Market versus technology drivers in R&D internationalization: Four different patterns of managing research and development," *Research Policy* 31 (2002): 569–588; B. McKern and G. Yip, "Innovation: The key to China's structural transition," in New Champions in Innovation, report published by World Economic Forum and *Harvard Business Review China*, 2012.

15. Orit Gadiesh, Philip Leung, and Till Vestring, "The battle for China's good-enough market," *Harvard Business Review* 85, no. 9 (2007): 81–89.

16. Jeffrey R. Immelt, Vijay Govindarajan, and Chris Trimble, "How GE is disrupting itself," *Harvard Business Review* 87, no. 10 (2009): 56–65.

17. "Testing GM's shock absorbers," *The Economist*, May 1999; K. Walsh, *Foreign High-Tech R&D in China: Risks, Rewards, and Implications for US-China Relations* (Henry L. Stimson Center, 2003).

18. Raymond Vernon, "The product cycle hypothesis in a new international environment," *Oxford Bulletin of Economics and Statistics* 41, no. 4 (1979): 244–267.

19. Peter J. Williamson and Eden Yin, "Accelerated innovation: The new challenge from China," *MIT Sloan Management Review* 55, no. 4 (2014): 27–34.

20. M. W. Peng and D. Y. Wang, "Innovation capability and foreign direct investment: Toward a learning option perspective," *Management International Review* 40, no.1 (2000): 79–93; O. Gassmann and Z. Han, "Motivations and barriers of foreign R&D activities in China," *R&D Management* 34, no. 4 (2004): 423–437.

21. Fingar, "China passes US in race for FDI in research and development."

第五章　跨国公司在华创新组织方式

1. We had help in a few of these interviews from Wim Vanhaverbeke and Nadine Rooijakkers of Hasselt University, and also benefited from their ideas.

2. See also Maximilian Von Zedtwitz, "Managing foreign R&D laboratories in China," *Research Policy* 34, no. 4 (2004): 439–452; Maximilian Von Zedtwitz, Sascha Friesike, and Oliver Gassmann, "Managing R&D and new product development," in *The Oxford Handbook of Innovation Management*, ed. Mark Dodgson, David M. Gann, and Nelson Phillips (Oxford University Press, 2014).

3. This issue was first identified by Raymond Vernon in *Sovereignty at Bay: The Multinational Spread of US Enterprises* (Basic Books, 1971). For a more recent discussion, see Ravi Ramamurti, "The obsolescing 'bargaining model'? MNC-host developing country relations revisited," *Journal of International Business Studies* 32, no. 1 (2001): 23–39.

4. See also Maximilian von Zedtwitz, "Initial directors of international R&D laboratories," *Research Policy* 33, no. 4 (2003): 377–393.

5. See note 12 to chapter 1.

6. This study was led by Hester B. Boomgaard as part of her thesis work for an Executive Master of Finance & Control at Maastricht University, advised by Bruce McKern and George Yip and by her mentor at Maastricht University, A. G. van Riel.

7. Guido Reger, "Coordinating globally dispersed research centres of excellence—the case of Philips Electronics," *Journal of International Management* 10, no. 1 (2004): 51–76.

8. See Vijay Govindarajan and Chris Trimble, *Reverse Innovation: Create far from Home, Win Everywhere* (Harvard Business Press, 2012).

9. Jeffrey Immelt, Vijay Govindarajan, and Chris Trimble, "How GE is disrupting itself," *Harvard Business Review* 87, no. 10 (2009): 56–65.

10. One Chinese company that is successful in this field, Mindray, also launches new equipment first in the US market, but it does so because gaining approval from the regulatory authorities there greatly strengthens its credibility among hospitals and medical practitioners in the Chinese market.

11. Steven Veldhoen, Anna Mansson, Bill Peng, George Yip, and Bruce McKern, 2013 China Innovation Survey: An Emerging Innovation Power, Booz & Company, Shanghai, 2013.

12. Francesca Sanna-Randaccio and Reinhilde Veugelers, "Multinational knowledge spillovers with decentralised R&D: A game-theoretic approach," *Journal of International Business Studies* 38, no. 1 (2007): 47–63; Jaeyong Song and Jongtae Shin, "The paradox of technological capabilities: A study of knowledge sourcing from host countries of overseas R&D operations," *Journal of International Business Studies* 39, no. 2 (2008): 291–303; José Santos, Yves Doz, and Peter Williamson, "Is your innovation process global?" *MIT Sloan Management Review* 45, no. 4 (2004): 31–37; Steven D. Eppinger and Anil R. Chitkara, "The new practice of global product development," *MIT Sloan Management Review* 47, no. 4 (2006): 22–30; Dimitris Manolopoulos, Klas Eric Söderquist, and Robert Pearce, "Coordinating decentralized research and development laboratories: A survey analysis," *Journal of International Management* 17, no. 2 (2011): 114–129.

13. On how to create global products, see George S. Yip, *Total Global Strategy: Managing for Worldwide Competitive Advantage* (Prentice-Hall, 1992), chapter 4.

第六章　中国的开放式创新

1. Open innovation has been defined as follows: "Open Innovation means that valuable ideas can come from inside or outside the company and can go to market from inside or outside the company as well." Henry Chesbrough, *Open Innovation: The New Imperative for Creating and Profiting from Technology* (Harvard Business School Press, 2003), p. 43.

2. Important as OI is, very little was known about the phenomenon in China, with a few exceptions. Notable here is the work of Xiaolan Fu, who, in her comprehensive analytical study of innovation in China, analyzed the determinants of open innovation in Chinese companies. (See chapter 7 of her book *China's Path to Innovation*, published by the Cambridge University Press in 2015.) Other work bearing on OI includes a study by S. Zhu and D.You of human capital and social capital (both internal and external) in Chinese high-tech firms. Zhu and You found that these three elements were positively related to innovation performance, and that integration of a firm's human capital and the external social capital also had a positive effect. See S. Zhu and D. You, "An empirical research on the influence of intellectual capital on innovation performance at the background of open innovation," *Journal of Xiangtan University* 37, no. 4 (2013): 72–76.

3. An ODM is a designer and maker of finished products that are then branded and sold by another company.

4. Xinghua, Made in China 2025 Plan Unveiled to Boost Manufacturing, May 19, 2015 (http://www.xinhuanet.com/english/).

5. Fu, *China's Path to Innovation*.

6. Interview by the authors, GE China, 2013.

7. J. Chen and P. Wang, "Selective open innovation: Based on the case of SUPCON group," *Soft Science* 25, no. 2 (2011): 112–115.

8. *Asia Today International*, August/September 2012: 8.

9. Fu, *China's Path to Innovation*.

10. Part of one of the thirteen regional branches of the Chinese Academy of Sciences.

11. See note 15 below for an explanation of the key R&D programs.

12. Y. Chen and W. Ye, "The interaction between internal R&D and external knowledge sourcing: The study on innovation strategy of STI and DUI industries," *Studies in Science of Science* 31, no. 2 (2013): 266–285.

13. Likewise, Akzo Nobel has developed "communities of practice" to formalize and reinforce the existing informal networks of knowledge among its 4,000 scientists and technologists and to facilitate sharing of knowledge and practice. See https://www.akzonobel.com/innovation/rd_organization/.

14. Xinhua News Agency, October 23, 2014.

15. The 863 Program (formally the National High-tech R&D Program), implemented during three successive five-year plans, is aimed at boosting China's overall high-tech development, R&D capacity, socioeconomic development, and national security. It focused initially on five sectors, to which two others were added. It was preceded by the Key Technologies R&D Program, initiated in 1982 and implemented through four five-year plans. It was followed by the National Basic Research Program of China (the 973 Program), which is intended to strengthen basic research by developing human resources. It official goal is described by the Ministry as follows: "a contingent of scientific talents will be trained and a number of high-level national research bases will be established to upgrade the primary innovative capacity of the nation." The 973 Program was supported by funding in the tenth five-year plan. See http://www.most.gov.cn/eng/programmes1/200610/t20061009_36223.htm.

16. Larry Downes and Paul Nunes, *Big Bang Disruption: Strategy in the Age of Devastating Innovation* (Penguin Portfolio, 2014).

17. Weiru Chen and Zhuoxuan Yu, *Platform Strategy: Business Model in Revolution* (CITIC Press, 2013).

18. Kevin Boudreau, "Open platform strategies and innovation: Granting access vs. devolving control," *Management Science* 56, no. 10 (2010): 1849–1872.

19. Lenovo Unveils Internet-centric Business Platform in China Aimed at Startups. Lenovo News Release, Beijing, July 24, 2014 (http://news.lenovo.com/article_display.cfm?article_id=1804).

20. Ibid.

21. Xiaomi Open Platform: http://dev.xiaomi.com/.

22. European Commission, Open Innovation 2.0 Yearbook 2014, p. 149.

第七章　保护知识产权的法律规定与战略性建议

1. Anil K. Gupta and Haiyan Wang, "Safeguarding your intellectual property in China," *Bloomberg Businessweek*, May 20, 2011; M. M. Keupp, A. Beckenbauer, and O. Gassmann, "How managers protect intellectual property rights in China using de facto strategies," *R&D Management* 39, no. 2 (2009): 211–223.

2. We do not seek to provide a complete guide to protecting IP; rather we provide an overview and recommendations for best practice, based on the experience of MNCs in China. For an excellent in-depth discussion of managing intellectual property rights in China, see Oliver Gassmann, Angela Beckenbauer, and Sascha Friesike, *Profiting from Innovation in China* (Springer, 2012). See also Andrew Mertha, *The Politics of Piracy: Intellectual Property in Contemporary China* (Cornell University Press, 2007). For a very useful short article, see David Llewelyn and Peter J. Williamson, "China's IP protection minefield: Separating fact from fiction," *Intellectual Asset Management*, no. 69 (2015): 34–40.

3. This section is based on research conducted in 2015 by Gary Liu (Lü Hui), an MBA student at CEIBS.

4. http://jolt.law.harvard.edu/digest/patent/chinas-ip-reform-state-interests-align-with-intellectual-property-protection-again

5. http://jolt.law.harvard.edu/digest/patent/chinas-ip-reform-state-interests-align-with-intellectual-property-protection-again

6. http://www.spruson.com/china-new-ip-court-system-starts-first-ip-court-beijing-3/

7. This section is based on work done by Dominique Jolly of SKEMA Business School with Bruce McKern and George Yip.

8. David J. Teece, "Proφiting from technological innovation," *Research Policy* 15, no. 6 (1986): 285–305.

9. David J. Teece and Gary P. Pisano, "How to capture value from innovation: Shaping intellectual property and industry architecture," *California Management Review* 50, no. 1 (2007): 278–296.

10. Ibid.

11. See also X. Quan and Henry W. Chesbrough, "Hierarchical segmentation of R&D process and intellectual property protection: Evidence from multinational R&D laboratories in China," *IEEE Transactions on Engineering Management* 57, no. 1 (2010): 9–21.

12. This subsection is based primarily on Maja Schmitt, "Intellectual property protection in China from a multinational company perspective," in *China Strategies* (Apex Asia Media, 2015). The author is IP Director for DSM China.

13. See http://english.sipo.gov.cn/laws/annualreports/2013/ (the 2014 report was not available at the time of writing) and http://www.wipo.int/ipstats/en/wipi/.

14. In China, the term "utility model patent" means something different from what "utility patent" means in the United States (that is, an original invention), and "utility model patent" means a new application of existing knowledge. The criteria

for originality are much less stringent, and the duration is restricted to ten years. For more on this, see http://www.wipo.int/sme/en/ip_business/utility_models/utility_models.html and http://english.sipo.gov.cn/laws/annualreports/2013/. A good source of statistics is http://www.wipo.int/ipstats/en/wipi/.

第八章 世界向中国学习

1. For a short summary of the early development, see Lyn Denend and Bruce McKern, The Business Environment of China: Challenges of an Emerging Economic Superpower, Case Study IB-57, Stanford Graduate School of Business, 2009.

2. Paul H. Stoneham and Michael Yoshino, Procter & Gamble Japan (C), Case Study 9-391-005, Harvard Business School, 1991.

3. McKinsey online, 2011 (https://solutions.mckinsey.com/insightschina/).

4. Allegedly copied from a trial in Washington, and later copied by the city of Antwerp.

5. World Bank, Economic Development Indicators, 2105 (http://data.worldbank.org/indicator/).

6. Angel Guerria, Setting the Stage for China's 13th Five-Year Plan: The OECD Contribution, OECD, Beijing, 2015.

7. This section is based on analysis by Gong Jiong, formerly of the Accenture Institute for High Performance and now at the University of International Business and Economics in Beijing.

8. Michael E. Porter, *The Competitive Advantage of Nations* (Free Press, 1990).

9. Xiaohui Liu and Trevor Buck, "Innovation performance and channels for international technology spillovers: Evidence from Chinese high-tech industries," *Research Policy* 36, no. 3 (2007): 355–366.

10. Although trailing Apple and Samsung in revenue by a large margin.

11. Dan Breznitz and Michael Murphree, *Run of the Red Queen* (Yale University Press, 2011).

12. Porter, *The Competitive Advantage of Nations*.

13. Rebecca Fannin, "Tencent's recent hire pushes WeChat mainstream in the US—Watch out, WhatsApp," *Forbes*, March 2014 (http://www.forbes.com/sites/rebeccafannin/2014/03/18/tencents-recent-hire-pushes-wechat-mainstream-in-the-us-watch-out-whatsapp/).

14. One of Mao's successful military strategies.

15. "China holds meeting on 13th five-year plan," *China Daily*, September 5, 2014(http://news.xinhuanet.com/english/china/2014-09/05/c_133621684.htm).

16. "President Xi outlines position on 13th five-year plan," Xinhua News Agency, May 28, 2015 (http://news.xinhuanet.com/english/2015-05/28/c_134279414.htm).

17. "Made in China 2025 plan unveiled to boost manufacturing," Xinhua News Agency, May 19 2015 (http://www.xinhuanet.com/english/).

18. The "ten key sectors" are new information technology, numerical control tools and robotics, aerospace equipment, ocean engineering equipment and high-tech ships, railway equipment, energy saving and new energy vehicles, power equipment, new materials, medicine and medical devices, and agricultural machinery. Source: Xinhua News Agency.

19. See, for example, Jeffrey L. Furman and Richard Hayes, "Catching up or standing still? National innovative productivity among 'follower' countries 1978–1999," *Research Policy* 33, no. 9 (2004): 1329–1354.

CHINA'S NEXT STRATEGIC ADVANTAGE | 参考文献

Abrami, Regina M., William C. Kirby, and F. Warren McFarlan. "Why China can't innovate." *Harvard Business Review* 92 (3) (2014): 107–111.

Abrami, Regina M., William C. Kirby, and F. Warren McFarlan. *Can China Lead? Reaching the Limits of Power and Growth*. Boston: Harvard Business Review Press, 2014.

Almeida, Paul, and Anupama Phene. "Subsidiaries and knowledge creation: The influence of the MNC and host country on innovation." *Strategic Management Journal* 25 (8–9) (2004): 847–864.

Barlow, Thomas. *Innovation in America: A Comparative Study*. United States Studies Centre, University of Sydney, 2008.

Boudreau, Kevin. "Open platform strategies and innovation: Granting access vs. devolving control." *Management Science* 56 (10) (September 2010): 1849–1872.

Brandt, Loren, and Eric Thun. "The fight for the middle: Upgrading, competition, and industrial development in China." *World Development* 38 (11) (2010).

Breznitz, Dan, and Michael Murphree. *Run of the Red Queen: Government, Innovation, Globalization, and Economic Growth in China*. New Haven: Yale University Press, 2011.

Bullinger, Angelika C., Matthias Rass, Sabrina Adamczyk, Kathrin M. Moeslein, and Stefan Sohn. "Open innovation in health care: Analysis of an open health platform." *Health Policy* 105 (2) (2012): 165–175.

Chandy, Rajesh K., and Gerard J. Tellis. "Organizing for radical product innovation: The overlooked role of willingness to cannibalize." *Journal of Marketing Research* 35 (4) (November 1998): 474–487.

Chang, Sea-jin, and Sam H. Park. "Winning strategies in China." *Long Range Planning* 45 (1) (2012): 1–15.

Chen, J., and P. F. Wang. "Selective open innovation: Based on the case of SUPCON group." *Soft Science* 25 (2) (2011): 112–115.

Chen, Weiru, and Zhuoxuan Yu. *Platform Strategy: Business Model in Revolution*. Beijing: CITIC Press, 2013.

Chen, Yufen, and Weiwei Ye. "The interaction between internal R&D and external knowledge sourcing: The study on innovation strategy of STI and DUI industries." *Studies in Science of Science* 31 (2) (2013): 266–285.

Chesbrough, Henry W. *Open Innovation: The New Imperative for Creating and Profiting from Technology*. Boston: Harvard Business School Press, 2003.

Christensen, Clayton M. *The Innovator's Dilemma: When New Technologies Cause Great Firms to Fail*. Boston: Harvard Business School Press, 1997.

Development Research Center of the State Council of PRC and World Bank. *China 2030: Building a Modern, Harmonious, and Creative Society*. Washington: World Bank, 2013.

Dodgson, M., and L. Xue. "Innovation in China." *Innovation: Management, Policy and Practice* 11 (2009): 2–5.

Dodgson, Mark, and David M. Gann. "Technology and innovation." In *The Oxford Handbook of Innovation Management*, ed. Mark Dodgson, David M. Gann, and Nelson Phillips. Oxford University Press, 2014.

Dodgson, Mark, David M. Gann, and Nelson Phillips. "Perspectives on innovation management." In *The Oxford Handbook of Innovation Management*, ed. Mark Dodgson, David M. Gann, and Nelson Phillips. Oxford University Press, 2014.

Downes, Larry, and Paul Nunes. *Big Bang Disruption: Strategy in the Age of Devastating Innovation*. Penguin Portfolio, 2014.

Eppinger, Steven D., and Anil R. Chitkara. "The new practice of global product development." *MIT Sloan Management Review* 47 (4) (2006): 22–30.

Fernandez, Juan A., and Laurie Underwood. *China CEO: Voices of Experience from 20 International Business Leaders*. Singapore: Wiley, 2006.

Frost, Tony S. "The geographic sources of foreign subsidiaries' innovations." *Strategic Management Journal* 22 (2) (2001): 101–123.

Fu, Junying, Rainer Frietsch, and Ulrike Tagscherer. Publication Activity in the Science Citation Index Expanded (SCIE) Database in the Context of Chinese Science and Technology Policy from 1977 to 2012. Fraunhofer ISI Discussion Papers Innovation Systems and Policy Analysis, No. 35, 2013.

Fu, Xiaolan. *China's Path to Innovation*. Cambridge University Press, 2015.

Furman, Jeffrey L., and Richard Hayes. "Catching up or standing still? National innovative productivity among 'follower' countries 1978–1999." *Research Policy* 33 (2004): 1329–1354.

Gadiesh, Orit, Philip Leung, and Till Vestring. "The battle for China's good-enough market." *Harvard Business Review 85* (9) (2007): 81–89.

Gallagher, Kelly Sims. *The Globalization of Clean Energy Technology: Lessons from China*. Cambridge: MIT Press, 2014.

Gao, J., and G. Jefferson. "Science and technology take-off in China? Sources of rising R&D intensity." *Asia Pacific Business Review* 13 (2007): 357–371.

Gao, J., X. Liu, and M. Y. Zhang. "China's NIS: The interplay between S&T policy framework and technology entrepreneurship." In *Science and Technology*

Based Regional Entrepreneurship: Global Experience in Policy & Program Development, ed. S. Mian. Cheltenham: Edward Elgar, 2011.

Garcia, Rosanna, and Roger Calantone. "A critical look at technological innovation typology and innovativeness terminology: a literature review." *Journal of Product Innovation Management* 19 (2) (2002): 110–132.

Gassmann, Oliver, Angela Beckenbauer, and Sascha Friesike. *Profiting from Innovation in China*. Berlin: Springer, 2012.

Gerybadze, Alexander, and Guido Reger. "Globalization of R&D: Recent changes in the management of innovation in transnational corporations." *Research Policy* 28 (2–3) (1999): 251–274.

Govindarajan, Vijay, and Chris Trimble. *Reverse Innovation: Create Far from Home, Win Everywhere*. Boston: Harvard Business Review Press, 2012.

Gu, S., and B. A. Lundvall. "Policy learning as a key process in the transformation of the Chinese innovation system." In *Asia's Innovation Systems in Transition*, ed. B. A. Lundvall, P. Intarakumnerd and J. Vang. Cheltenham: Edward Elgar, 2006.

Guo, Bin, and Jing-Jing Guo. "Patterns of technological learning within the knowledge systems of industrial clusters in emerging economies: Evidence from China." *Technovation* 31 (2–3) (2011): 87–104.

Gupta, Anil K., and Haiyan Wang. *Getting China and India Right: Strategies for Leveraging the World's Fastest Growing Economies for Global Advantage*. Hoboken: Jossey-Bass, 2009.

Hagedoorn, John, Danielle Cloodt, and Hans van Kranenburg. "Intellectual property rights and the governance of international R&D partnerships." *Journal of International Business Studies* 36 (12) (2005): 175–186.

Hakanson, Lars, and Robert Nobel. "Foreign research and development in Swedish multinationals." *Research Policy* 22 (5–6) (1993): 373–396.

Hernández, Héctor, Alexander Tübke, Fernando Hervás, Antonio Vezzani, Mafini Dosso, Sara Amoroso, and Nicola Grassano. *2014 EU Industrial R&D Investment Scoreboard*. Luxembourg: Joint Research Centre—Institute for Prospective Technological Studies, European Commission, 2014.

Hu, M. C., and J. A. Mathews. "China's national innovative capacity." *Research Policy* 37 (2008): 1465–1479.

Immelt, Jeffrey R., Vijay Govindarajan, and Chris Trimble. "How GE is disrupting itself." *Harvard Business Review* 87 (10) (2009): 56–65.

Ito, Banri, and Ryuhei Wakasugi. "What factors determine the mode of overseas R&D by multinationals? Empirical evidence." *Research Policy* 36 (8) (2007): 1275–1287.

Jolly, Dominique, Bruce McKern, and George S. Yip. "The next innovation opportunity in China," *Strategy+Business*, September 2015.

Keupp, M. M., A. Beckenbauer, and O. Gassmann. "How managers protect intellectual property rights in China using de facto strategies." *R & D Management* 39 (2) (2009): 211–223.

Khanna, Tarun, Krishna Paelpu, and Philip Andrews. Haier: Taking a Chinese Company Global in 2011. Case study 9-712-408, Harvard Business School.

Koopman, Robert, Zhi Wang, and Shang-jin Wei. "Estimating domestic content in exports when processing trade is pervasive." *Journal of Development Economics* 99 (2012): 178–189.

Leibowitz, Glenn, and Erik Roth. "Innovating in China's automotive market: An interview with GM China's president." *McKinsey Quarterly*, February 2012.

Lewis, Joanna. *Green Innovation in China: China's Wind Power Industry and the Global Transition to a Low-Carbon Economy*. New York: Columbia University Press, 2013.

Liu, Xiaohui, and Trevor Buck. "Innovation performance and channels for international technology spillovers: Evidence from Chinese high-tech industries." *Research Policy* 36 (3) (2007): 355–366.

Llewelyn, David, and Peter J. Williamson. "China's IP protection minefield: separating fact from fiction." *Intellectual Asset Management* 69 (January 2015): 34–44.

Luo, Y., and R. L. Tung. "International expansion of emerging market enterprises: A springboard perspective." *Journal of International Business Studies* 38 (4) (2007): 481–498.

Ma, Hong, Zhi Wang, and Kunfu Zhu. Domestic Value-Added in China's Exports and Its Distribution by Firm Ownership. Working paper 2013-05A, US International Trade Commission, 2013.

Manolopoulos, Dimitris, Klas Eric Söderquist, and Robert Pearce. "Coordinating decentralized research and development laboratories: A survey analysis." *Journal of International Management* 17 (2) (2011): 114–129.

Martin, J. A., and K. M. Eisenhardt. "Rewiring: cross-business-unit collaborations in multibusiness organizations." *Academy of Management Journal* 53 (2) (2010): 265–301.

Mazzucato, Marina. *The Entrepreneurial State: Debunking Public vs. Private Sector Myths*. London: Anthem, 2013.

McGregor, Richard. *The Party: The Secret World of China's Communist Rulers*. New York: Harper Collins, 2011.

McKern, Bruce, and George Yip. "Innovation: The key to China's structural transition." *Harvard Business Review China* (October 2012): 96–98.

Mertha, Andrew. *The Politics of Piracy: Intellectual Property in Contemporary China*. Ithaca: Cornell University Press, 2007.

Mokyr, Joel. *The Lever of Riches: Technological Creativity and Economic Progress*. Oxford University Press, 1990.

Needham, J. *The Grand Titration: Science and Society in East and West*. London: Allen and Unwin, 1969.

OECD Factbook 2010: Economics, Environment and Social Statistics. Paris: Organization for Economic Cooperation and Development, 2010.

OECD Review of Innovation Policy: China. Paris: Organization for Economic Cooperation and Development, 2008.

Ostry, S., and R. Nelson. *Techno-Nationalism and Techno-Globalism*. Washington: Brookings Institution, 1995.

Peng, M. W. *Business Strategies in Transition Economies*. Thousand Oaks: SAGE, 2000.

Peng, M. W., and D. Y. Wang. "Innovation capability and foreign direct investment: Toward a learning option perspective." *Management International Review* 40 (1) (2000): 79–93.

Peng, M. W., S. L. Sun, B. Pinkham, and H. Chen. "The institution-based view as a third leg for a strategy tripod." *Academy of Management Perspectives* 23 (3) (2009): 63–81.

Porter, Michael E. *The Competitive Advantage of Nations*. New York: Free Press, 1990.

Qi, M., Y. Wang, H. Zhu, and M. Y. Zhang. "The evolution of R&D capability in multinational corporations (MNCs) in emerging markets: Evidence from China." *International Journal of Technology Management*. Forthcoming.

Quan, X., and H. W. Chesbrough. "Hierarchical segmentation of R&D process and intellectual property protection: Evidence from multinational R&D laboratories in China." *IEEE Transactions on Engineering Management* 57 (1) (February 2010): 9–21.

Ramamurti, Ravi. "The obsolescing 'bargaining model'? MNC-host developing country relations revisited." *Journal of International Business Studies* 32 (1) (2001): 23–39.

Redding, G. "Overseas Chinese networks: Understanding the enigma." *Long Range Planning* 28 (1995): 61–69.

Reger, Guido. "Coordinating globally dispersed research centres of excellence—the case of Philips Electronics." *Journal of International Management* 10 (1) (2004): 51–76.

Rein, Shaun. *The End of Copycat China: The Rise of Creativity, Innovation, and Individualism in Asia*. New York: Wiley, 2014.

Roy, Subroto, K. Sivakumar, and Ian F. Wilkinson. "Innovation generation in supply chain relationships: A conceptual model and research propositions." *Journal of the Academy of Marketing Science* 32 (1) (2004): 61–79.

Sanna-Randaccio, Francesca, and Reinhilde Veugelers. "Multinational knowledge spillovers with decentralised R&D: A game-theoretic approach." *Journal of International Business Studies* 38 (1) (2007): 47–63.

Santos, José F.P., and Peter J. Williamson. "The New Mission for Multinationals." *MIT Sloan Management Review* 56 (4) (2015): 45–54.

Santos, José, Yves Doz, and Peter Williamson. "Is Your Innovation Process Global?" *MIT Sloan Management Review* 45 (4) (2004): 31–37.

Schmitt, Maja. "Intellectual property protection in China from a multinational company perspective." In *China Strategies*. Hong Kong: Apex Asia Media, 2015.

Simon, Denis Fred. "Whither foreign R&D in China: Some concluding thoughts on Chinese innovation." *Asia Pacific Business Review* 13 (3) (2007): 471–480.

Simon, Denis, and Cong Cao. *China's Emerging Technological Edge: Assessing the Role of High-End Talent*. Cambridge University Press, 2009.

Skarczynski, Peter, and Rowan Gibson. *Innovation to the Core: A Blueprint for Transforming How Your Company Innovates*. Harvard Business School Press, 2008.

Song, Jaeyong, and Jongtae Shin. "The paradox of technological capabilities: A study of knowledge sourcing from host countries of overseas R&D operations." *Journal of International Business Studies* 39 (2) (2008): 291–303.

State Council, PRC. *The National Medium- and Long-Term Program for Science and Technology Development (2006–2020)*. Beijing, 2006.

Stening, B. W., and M. Y. Zhang. "Challenges confronting higher education in China." In *Higher Education in Hungary and the World: Tendencies and Potentialities*, ed. Z. Szalai. Budapest: Mathias Corvinus Collegium, 2011.

Strategic Research Group of China's NIS Construction. *The Developmental Report on China's National Innovation System*. Beijing: Strategic Research Group of China's NIS Construction, 2008 (in Chinese).

Sun, Y., M. von Zedtwitz, and D. F. Simon, eds. *Global R&D in China*. New York: Routledge, 2008.

Sun, Yifei, Maximilian von Zedtwitz, and Denis Fred Simon. "Globalization of R&D and China: An introduction." *Social Science Electronic Publishing* 13 (3) (2007): 311–319.

Tan, Yinglan. *Chinnovation: How Chinese Innovators Are Changing the World*. Singapore: Wiley, 2011.

Teece, David J. "Profiting from technological innovation." *Research Policy* 15 (6) (1986): 285–305.

Teece, David J., and Gary P. Pisano. "How to capture value from innovation: Shaping intellectual property and industry architecture." *California Management Review* 50 (1) (2007): 278–296.

Vernon, Raymond, and L. T. Wells. "International trade and international investment in the product life cycle." *Quarterly Journal of Economics* 81 (2) (1966): 190–207.

Von Zedtwitz, Maximilian. "Initial directors of international R&D laboratories." *Research Policy* 33 (4) (September 2003): 377–393.

Von Zedtwitz, Maximilian. "Managing foreign R&D laboratories in China." *R & D Management* 34 (4) (2004): 439–452.

Von Zedtwitz, Maximilian, and Oliver Gassmann. "Market versus technology drivers in R&D internationalization: Four different patterns of managing research and development." *Research Policy* 31 (2002): 569–588.

Von Zedtwitz, Maximilian, Sascha Friesike, and Oliver Gassmann. "Managing R&D and new product development." In *The Oxford Handbook of Innovation Management*, ed. Mark Dodgson, David M. Gann, and Nelson Phillips. Oxford University Press, 2014.

Von Zedtwitz, M., O. Gassmann, and R. Boutellier. "Organizing global R&D: Challenges and dilemmas." *Journal of International Management* 10 (2004): 21–49.

Von Zedtwitz, M., T. Ikeda, L. Gong, and S. Hamalainen. "Managing foreign R&D in China." *Research Technology Management* 50 (2007): 19–27.

Williamson, Peter J. BROAD Group: Chinese Innovation in the Air. Case study 311-115-1, Cambridge Judge Business School, 2011.

Williamson, P. J., and A. Raman. "The competitive advantage of emerging market multinationals." In *The Competitive Advantages of Emerging Market Multinationals*, ed. P. J. Williamson, R. Ramamurti, A. Fleury and M. T. Leme Fleury. Cambridge University Press, 2013.

Williamson, Peter J., and Eden Yin. "Accelerated innovation: The new challenge from China." *MIT Sloan Management Review* 55 (4) (2014): 27–34.

Williamson, P. J., and M. Zeng. "Chinese multinationals: Emerging through new global gateways." In *Emerging Multinationals in Emerging Markets*, ed. R. Ramamurti and J. V. Singh. Cambridge University Press, 2009.

Winchester, Simon. *The Man Who Loved China: The Fantastic Story of the Eccentric Scientist Who Unlocked the Mysteries of the Middle Kingdom*. New York: HarperLuxe, 2008.

World Intellectual Property Organization. *World Intellectual Property Indicators 2014*. Geneva, 2014.

Wu, Xiaobo, Rufei Ma, Yongjiang Shi, and Ke Rong. "Secondary innovation: the path of catch-up with 'Made in China'." *China Economic Journal* 2 (1) (2009): 93–104.

Vernon, Raymond. *Sovereignty at Bay: The Multinational Spread of US Enterprises*. New York: Basic Books, 1971.

Yin, Eden, and Peter Williamson. "Rethinking innovation for a recovery." *Ivey Business Journal* 75 (3) (2011): 28.

Yip, George. *Total Global Strategy: Managing for Worldwide Competitive Advantage*. Englewood Cliffs: Prentice-Hall, 1992.

Yip, George, and Bruce McKern. "Innovation in emerging markets—the case of China." *International Journal of Emerging Markets* 9 (1) (2014): 2–10.

Zeng, Ming, and Peter J. Williamson. *Dragons at Your Door: How Chinese Cost Innovation Is Disrupting Global Competition*. Boston: Harvard Business School Press, 2007.

Zhang, Chunlin, Douglas Zhihua Zeng, William Peter Mako, and James Seward. *Promoting Enterprise-Led Innovation in China*. Washington: World Bank, 2009.

Zhang, M. Y. "The intersection of institutional entrepreneurship and industry convergence: The evolution of mobile payments in Korea." Presented at Academy of Management Conference, San Antonio, 2011.

Zhang, M. Y. "Innovation management in China." In *The Oxford Handbook of Innovation Management*, ed. Mark Dodgson, David M. Gann, and Nelson Phillips. Oxford University Press, 2014.

Zhang, M. Y., and B. W. Stening. *China 2.0: The Transformation of an Emerging Superpower ... and the New Opportunities*. Singapore: Wiley, 2010.

Zhou, P., and L. Leydesdorff. "The emergence of China as a leading nation in science." *Research Policy* 35 (2006): 83–104.

Zhu, S., and D. You. "An empirical research on the influence of intellectual capital on innovation performance at the background of open innovation." *Journal of Xiangtan University* 37 (4) (2013): 72–76.